NOS ANAIS DE MARX

PAVINATTO

Autor de *Da Silva, a grande fake news da esquerda*

NOS ANAIS DE MARX

A TROLHA DO COMUNISMO TRANSVIADO PARA ENCAÇAPAR IDIOTES

70

Rio de Janeiro, 2025

Nos Anais de Marx

Edições 70 é um selo da Editora Almedina do Grupo Editorial Alta Books (STARLIN ALTA EDITORA E CONSULTORIA LTDA).

ISBN: 978-65-5427-290-2

Impresso no Brasil — 1ª Edição, 2025 — Edição revisada conforme o Acordo Ortográfico da Língua Portuguesa de 2009.

Dados Internacionais de Catalogação na Publicação (CIP)
(BENITEZ Catalogação Ass. Editorial, MS, Brasil)

P365n
1.ed. Pavinatto, Tiago
Nos anais de Marx : a trolha do comunismo transviado para encaçapar idiotas / Tiago Pavinatto. - 1.ed. - Rio de Janeiro : Edições 70, 2025.
240 p.; 15,7 x 23 cm.

Bibliografia.
ISBN 978-65-5427-290-2

1. Brasil - Política e governo. 2. Ciências políticas. 3. Comunismo - História. 4. Democracia - Aspectos sociais. 5. Karl, Marx, 1818-1883 - Crítica e interpretação. 6. Sociedade. I. Título.

01-2025/36 CDD 320.981

Índice para catálogo sistemático:
1. Brasil : Política e governo : Ciências políticas 320.981
Aline Graziele Benitez - Bibliotecária - CRB-1/3129

Grupo Editorial Alta Books

Produção Editorial: Grupo Editorial Alta Books
Diretor Editorial: Anderson Vieira
Editor da Obra: Marco Pace
Vendas Governamentais: Cristiane Mutüs
Gerência Comercial: Claudio Lima
Assistente Editorial: Andreza Moraes
Revisão: Carol Colffield; Leandro Menegaz
Diagramação: Rita Motta
Idealização de capa: Tiago Pavinatto
Capa: Karma Brandão

ALTA BOOKS
GRUPO EDITORIAL

Rua Viúva Cláudio, 291 — Bairro Industrial do Jacaré
CEP: 20.970-031 — Rio de Janeiro (RJ)
Tels.: (21) 3278-8069 / 3278-8419
www.altabooks.com.br — altabooks@altabooks.com.br
Ouvidoria: ouvidoria@altabooks.com.br

Editora **afiliada à:**

À memória do Saudoso Amigo
CLODOVIL HERNANDES

SUMÁRIO

"Não sou incauto como o presidente [Lula], que chegou ignorante ao poder e misturou álcool a isso tudo."

— CLODOVIL

DE CUCA A GADO: O INCONSISTENTE COMUNISTA DE TAUBATÉ

Talvez Taubaté ainda seja a Capital Nacional da Literatura Infantil. Talvez não.

Talvez esse epíteto tenha sido cancelado pela milícia abusiva — logo, incorreta — do *politicamente correto*. Talvez esteja em processo de cancelamento. Lamento.

Talvez... Talvez, porque, há coisa de uma década, mais ou menos, essa patrulha já fez do escritor Monteiro Lobato, que nasceu nessa pacata cidade do interior paulista, às vezes de Geni — seja a Geni de Chico Buarque, apedrejada, cuspida e suja de bosta em meio à *Ópera do Malandro*, seja a Geni saída, sem paz nem toalha branca, de um *golden shower*, lavada de urina ao ocupar o lugar comum aos apurados pênis saidinhos de toda sorte, vale dizer, tal e qual um "mictório público", conforme a tragicômica epitetada que lhe dá o viúvo e falso puritano Herculano em *Toda Nudez será Castigada* de Nelson Rodrigues (tanto faz).

Com Lobato em boca de lobo, cessa, talvez, tudo o que o antigo *muso* conta, abrindo-se, assim, uma boca de Matilde tonta.

Monteiro Lobato jamais poderia saber, seria despejado da literatura. Despejo é, certamente, muito mais cruel se comparado à expulsão do heroico Peri da moita para que, nela, se acomodasse o acocorado (ou se acocorasse o acomodado) Jeca Tatu. Tal acontecimento literário foi anunciado por um bestificado Monteiro Lobato na edição de 23 de dezembro de 1914 do jornal *O Estado de S. Paulo*:

> Esboroou-se o balsâmico indianismo de Alencar ao advento dos Rondons que, ao invés de imaginarem índios num gabinete, com reminiscências de Chateaubriand na cabeça e Iracema aberta sobre os joelhos, metem-se a palmilhar sertões de Winchester em punho.
>
> Morreu Peri, incomparável idealização dum homem natural como o sonhava Rousseau, protótipo de tantas perfeições humanas que no

> romance, ombro a ombro com altos tipos civilizados, a todos sobreleva em beleza de alma e corpo.
>
> Contrapôs-lhe a cruel etnologia dos sertanistas modernos um selvagem real, feio e brutesco, anguloso e desinteressante, tão incapaz, muscularmente, de arrancar uma palmeira, como incapaz, moralmente, de amar Ceci.
>
> Por felicidade nossa — e de Dom Antônio de Mariz —, não os viu Alencar; sonhou-os qual Rousseau. Do contrário lá teríamos o filho de Araré a moquear a linda menina num bom braseiro de pau-brasil, em vez de acompanhá-la em adoração pelas selvas, como Ariel benfazejo do Paquequer.

Antes que o citado artigo completasse cem anos — faltavam dois —, sob as sentenças de ordem "racista", "eugenista", "nazista" e coisa que o valha, Monteiro Lobato, que morrera de espasmo cerebral, no sentido literal, em 1948, morreria, outra vez, pelo mesmo motivo, mas no sentido figurado: de *espasmo cerebral alheio*, um mal pandêmico sobre o qual poucos ousam discorrer, decorrente da paúra de se vitimar.

Acerca do acometimento, imperioso dizer que, observada a típica reação sintomática de tomar as partes — nem todas elas, somente algumas — de um contexto histórico remoto vivenciado, pelo todo de um contexto histórico futuro e inacessível, temporal e culturalmente, a uma personalidade qualquer "revisitada", o diagnóstico do *espasmo cerebral coletivo em culturas politicamente corretas* é fatal tanto para o cérebro militante lobotomizado quanto para o corpo de uma obra *lobatomizada*.

Assim, deitada fora como o cocar de penas de arara trocado pelo chapéu de palha rebatido à testa, quem poderia imaginar que as estórias de Monteiro Lobato — obelisco da literatura infantil nacional e bastião de uma fantástica nobreza representada por uma espiga de milho intelectual e um leitão guloso e covarde criado como animal de estimação, todos em uma infantil, porém vanguardista, ciranda puxada por uma boneca de pano maneira, dona de um pó fantástico e seguida de um grandioso elenco vivo nesse *semipanteão* — pudessem ser obliteradas pela estória de uma história conterrânea?

Aconteceu, de fato. Dona Carochinha ficou ainda mais rabugenta; o Barão de Tremembé, de queixo caído... Até o Doutor Caramujo sentiu-se ultrajado. Ora! Por mais de seis décadas, ninguém foi, jamais, páreo para todas as personagens do taubateano.

Mas eis que, a ostentar o mesmo gentílico, galga ao topo do pódio do folclore brasileiro, nos idos de 2012, Maria Verônica Santos... A Grávida de Taubaté.

Suprimida a literatura de Monteiro Lobato pelo estágio avançado do *espasmo cerebral coletivo da cultura politicamente correta* alastrada no Brasil, alevanta-se a Grávida de Taubaté e, com absoluto êxito, reduz o folclore brasileiro a brasileiro folclórico.

Pedagoga, ou seja, profissional dedicada à educação infantil e seus princípios fundamentais, conjuntos de teorias e métodos de ensino, a Grávida de Taubaté, ao se passar por gestante de quadrigêmeos com uma barriga postiça de silicone, com enchimentos e munida de um ultrassom alheio, participou de diversos programas televisivos e, por meio dessa farsa, arrecadou doações de toda espécie em benefício próprio e de seu marido e cúmplice.

Diferentemente de Monteiro Lobato, o casal da gravidez farsesca restou impune: nem a Justiça brasileira nem a patrulha do politicamente correto condenaram o ato típico de estelionato. O casal taubateano vive livre e discretamente. Se Maria Verônica nada foi capaz de parir, mandou a quem os pariu seus incautos benfeitores.

Quanto a Taubaté, uma vez que incerta a condição do seu epíteto tradicional, é inquestionável e corretíssima a sua forma adaptada: Capital Nacional do Faz de Conta.

É, portanto, no reino do faz de conta que, ao som de *O Ciclo Sem Fim* e no papel do sábio babuíno Rafiki, Paulo Freire exsurge no topo da Pedra do Rei e, em suas mãos ainda coloridas de vermelho em virtude do ritual da unção, ergue e expõe, para que todos os animais da savana venerem, o fantasioso fruto do ventre da Grávida de Taubaté: o Comunista de Taubaté.

Nessa ópera de malandro, convém que toda nudez seja castigada, pois, como dois e dois são quatro, o marxismo é campo tão promissor e fértil aos *gays* quanto foi o útero da Grávida de Taubaté a quadrigêmeos.

Minha reação é única todas as vezes em que me deparo com um registro foto ou videográfico ou, ainda, quando me encontro na presença de um homossexual, particularmente do sexo masculino, vestido com uma camiseta, comunissimamente vermelha, estampada com a imagem de Ernesto "Che" Guevara: da mesma maneira que bom cristão, semioticamente, curva-se diante da cruz, eu, diante do militante descrito, espanto-me como quem vê a barriga descomunal da Grávida de Taubaté.

O mesmo resultado semiótico em mim opera quando, em vez do carniceiro argentino, na camiseta, em outra peça de vestuário ou em um acessório qualquer do sujeito homossexual é ostentada a imagem de Karl Marx ou de Fidel Castro ou, então, da foice e do martelo cruzados. Não somente quando do indivíduo homossexual, mas também de qualquer outro indivíduo declaradamente heterossexual que, seja pela feminilidade ou delicada masculinidade nos modos, seja pela defesa explícita das pautas mais caras à diversidade sexual — das lutas mais legítimas, como o casamento igualitário, às bandeiras mais ordinárias, como a ideologia de gênero —, se declara marxista, marxiano, comunista, marxista-raiz, socialista ou esquerdista radical e coisas que o valham dentro do rosário de expressões artificiais denominadoras de militâncias — cada vez mais — segregadas.

Isso porque um indivíduo do sexo masculino, isto é, um homem que veio ao mundo com um pipi separando as suas coxas, apenas pode ser, de fato, um homossexual ou um *homem feminino heterossexual* que defenda pautas vinculadas à defesa da sexualidade divergente e, ao mesmo tempo, um convicto marxista, marxiano, comunista, marxista-raiz, socialista ou esquerdista radical etc., nos domínios de uma Dona Benta expropriada, ou seja, dentro dos limites fronteiriços do Sítio do Pica-Pau Amarelo invadido — ou, como costumam eufemizar, "ocupado" — para fins de reforma *à gralha* pelo movimento politicamente correto.

Esse indivíduo, então, nada mais é do que uma personagem intrusiva; um usurpador nas terras do faz de conta: o filho da Grávida de Taubaté, nas fictícias paisagens folclóricas taubateanas, com Cuca se encontra. Dentro dessas bandas, é conhecido como o Comunista de Taubaté, mas tem, como qualquer outro personagem, um nome — afinal, dá-se até a Rabicó. Chama-se Sodomarxista.

Ele assim foi batizado na capela indicada pela Mula Sem Cabeça. Em evento que reuniu os mais diversos animais fantásticos, de bruxa réptil à Vaca Mocha — vale dizer, de Cuca a gado —, sua mãe, a Grávida de Taubaté, da mesma maneira que fez vida brotar de silicone, cunhou um nome que fez marxismo brotar de Sodoma. De Cuca a gado, todos festejaram.

Até hoje, todos esses animais, de Cuca a gado, defendem a sua criação e desejam vida longa a Sodomarxista... E que nenhuma Narizinho se meta nessas Reinações! Contra nenhum dos seus habitantes, de Cuca a gado, há Narizinho que possa. Logo, entre tantas e diversas lendas, segue altivo Sodomarxista, personagem folclórico já reconhecido, assimilado, aceito e aclamado... De Cuca a gado.

Se Platão, em seus diálogos *Crítias* e *Timeu*, apresenta ao pensamento Ocidental, como fonte primária, o trágico destino de Atlântida — a mítica ilha dominada por uma confederação de reis que governava também outras ilhas e extensas partes do continente, mas, por seu ímpeto expansionista insolente, derrotada por Sólon à frente dos gregos (homens virtuosos e fortes, observadores das *Leis*, quer dizer, das regras que compõem o sistema ordenado e regular revelado pela Grande Deusa) e condenada a terremotos que engoliram os corpos de seus habitantes e inundações que varreram Atlântida do mapa —, os escritos da Torá, coisa de quinhentos anos antes, versam sobre acontecimentos no Vale de Sidim (ou Vale dos Campos), um lugar paradisíaco submerso nas águas salgadas do Mar Morto que, outrora, formava uma confederação de cinco reinados: Sodoma, Gomorra, Zebolim, Admá e Bela (ou Zoar).

No livro do Gênesis (19,1-11), então, a civilização se depara com a primeira condenação da homossexualidade representada na destruição de Sodoma. Historiadores e arqueólogos bíblicos — em especial, o respeitado arqueólogo dominicano francês Roland de Vaux — viram frustradas todas as suas expectativas ao tentar descobrir elementos que comprovassem a real existência dos grandes acontecimentos narrados na Bíblia Hebraica, principalmente aqueles constantes nos livros da Torá (Gênesis, Êxodo, Levítico, Números e Deuteronômio), já que eles fornecem uma boa porção de informações cronológicas e geográficas específicas, além de diversas combinações naturais e de animais como camelos, bem como de mercadorias e povos. Todas as buscas arqueológicas empreendidas foram malsucedidas, tanto quanto seriam eventuais aventuras que pretendessem demarcar as coordenadas geográficas do Sítio do Pica-Pau Amarelo.

De qualquer forma, a palavra *sodomita* aparece, além de no livro da Criação, no Deuteronômio (23,17), no Primeiro Livro dos Reis (14,24; 15,12; 22,47) e no Segundo (23,7). Mesmo que na maioria das ocorrências bíblicas "sodomita" seja empregado como sinônimo de "idólatra", a sua utilização vulgarizada, até os nossos dias, serve para se referir aos homens homossexuais.

Faz todo sentido, assim, que a Grávida de Taubaté tenha batizado o nosso Comunista de Taubaté como Sodomarxista. Nada mais pertinente... Afinal, a viabilidade de um "sodomita" sobreviver em um regime "marxista" é exatamente a mesma que a de um feto (ou quatro fetos) sobreviver em uma barriga de silicone. Aliás, de Cuca a gado, a chance é mesma.

Sodomarxista, portanto, significa "sodomita marxista".

Substantivo derivado, "sodomita" é vocábulo composto pela raiz "sodom" (nome próprio do reino ou cidade-estado) e pelo morfema "ita" (equivalente a "ista", ou seja, um sufixo formador de substantivo a partir de substantivo), e apresenta dois sentidos: (*a*) substantivo não avaliativo gentílico (substantivo sujeito proveniente ou pertencente a Sodoma); e (*b*) adjetivo formado de substantivo ("adepto", "simpatizante" da prática característica de Sodoma, isto é, da "sodomia", "homossexualidade").

"Marxista", por sua vez, deriva de Marx — não no sentido biológico-genealógico (a partir da pessoa de Karl Marx), mas como metonímia, ou seja, tomando-se o continente pelo conteúdo: Marx como figura de linguagem representativa da obra escrita por Karl Marx, por seu coautor, Engels, e por seus discípulos teóricos e práticos. "Ista", nesse sentido, é sufixo designativo de adjetivo e significa "partidário", "sectário", "fiel".

Nesse ponto, importa fazer menção acerca da utilização dos sufixos "-ismo" e "-dade" diante das noções vulgares que, como toda mentira, de tanto serem marteladas, tornam-se verdade (ou *verdadismo*?). A pauta da diversidade sexual, por exemplo, convencionou que o sufixo "-ismo" é semanticamente pertinente a doenças e, por isso, tornou-se verdadeiro ato de guerra a utilização das palavras *homossexualismo* e *transexualismo*. De fato, no caso dessas palavras, existe um verdadeiro estigma, uma vez que foram utilizadas, historicamente, como rótulo "científico" para a alegada *psicopatologia* dos homossexuais e dos transexuais. Nesse sentido, embora exista justo motivo para o rechaço na utilização de *homossexualismo* e *transexualismo* (em vez de homossexualidade e transexualidade), não existe, nas bases morfológicas do vernáculo, relação semântica entre o sufixo "-ismo" e patologias (ou qualquer vilania).

O sufixo "-ismo" tem origem grega e a sua função era formar os chamados *substantivos deverbais de ação*. No latim, embora encontremos vocábulos terminados em *-ismus*, não encontramos, nas gramáticas, regras para a sua utilização — apesar do seu uso constante no latim vulgar. Já o sufixo

"-dade" tem origem no latim clássico e plena aplicação na base erudita para compor as denominadas *palavras de terceira composição* (ou *acusativos*).

O latim vulgar socorreu-se de "-ismo" para se referir a questões de fé a partir de determinado adjetivo (por exemplo, "cristianismo") e, no português, também para caracterizar ideologias políticas por derivação da sigla partidária, bem como, de maneira ampla, na derivação de um nome próprio (por exemplo, "marxismo") tomado como qualificativo das ideias que representa. O sufixo "-dade", por sua vez, é formador de substantivos abstratos a partir de adjetivos axiologicamente neutralizados (como ilustração, a oposição entre "laicismo" e "laicidade"). Todavia, não existe uma regra semântica absoluta.

Nessa toada, gramaticalmente, são sinônimos os seguintes vocábulos: "marxista", "comunista", "socialista" e "esquerdista radical ou raiz". Todos são, por tautológica definição, partidários do "marxismo" e sectários, portanto, do "comunismo" — o ideal esperado a partir da efetivação do "socialismo". Dado que esses conceitos fundamentais são traçados pela doutrina marxista, não pode alguém, ao mesmo tempo, ser partidário do marxismo sem acreditar ou sem querer praticar o marxismo.

Parece óbvio e compreensível até para os asnos. Mas não o é, no entanto, para o Sodomarxista: um sodomita, seja ele um "adepto" ou "simpatizante" da prática que, pelos séculos dos séculos, é marca registrada de Sodoma, isto é, da "sodomia", da "homossexualidade", seja ele alguém que, como qualquer outro cidadão natural de Sodoma, vale dizer, mesmo que não homossexual, tolere e conviva ou, até mesmo, defenda, sem atrito moral algum ou nenhuma demonstração de hostilidade, com a homossexualidade ao seu redor — afinal, todos os que habitavam Sodoma, sem exceção, foram aniquilados pelo fogo e pelo enxofre do Senhor dos Exércitos, segundo narra o livro dos Gênesis —, é *persona non grata* tanto nas Escrituras quanto nos escritos marxistas.

A danação mítica de Sodoma é repetida por Friedrich Engels, conforme demonstrarei no **terceiro capítulo da primeira parte desta obra**, ao afirmar a danação histórica de Atenas. No penúltimo parágrafo da 67ª página da edição original de *Der Ursprung der Familie, des Privateigenthums und des Staats* (*Da origem da Família, da Propriedade Privada e dos Estados*) — obra baseada em notas de Karl Marx, que morrera no ano anterior, 1883 —, Engels crava, sem rodeio algum, que, ao marxismo e, portanto, ao ideal comunista, a homossexualidade masculina é repugnante (*Widerwärtigkeit* significa repugnância, desgosto, nojo, repulsa, revolta e abominação).

Na esteira desse pilar do marxismo, o sexo recreativo entre pessoas do mesmo sexo foi uma prática assimilada na dinâmica da vida familiar ateniense, que se tornou, com o tempo, modelo a partir do qual, cada vez mais, todos os gregos formataram as suas relações domésticas: as mulheres gregas, frequentemente, traíam os seus homens, que se entregavam a espécie de casos amorosos com cortesãos. Assim, os homens atenienses foram degradados a ponto de se afundarem na repulsiva prática do amor com meninos (*Knabenliebe* é o "amor com meninos", "pederastia"; o vocábulo tem, na literatura alemã, diversos usos pelos autores que investigam as variações regionais quanto à prática e a sua discutível aceitação de abertura social), degradando, para além de si mesmos, os seus deuses, como no Mito de Ganímedes.

Na mesma parte mencionada da presente obra, uma vez que o marxismo avança explicitamente contra a homossexualidade com base no citado mito olímpico, tratarei do Rapto de Ganímedes, cuja representação — uma entre as muitas feitas por diversos artistas — em óleo sobre tela pelo aclamado holandês Rembrandt, é reproduzida na capa deste livro. A pintura, de 1635, pode ser admirada, hoje, na *Gemäldegalerie Alte Meister* (Pinacoteca dos Mestres Antigos), em Dresden, Alemanha.

Também holandês, o historiador, colecionador e curador de arte Cornelis Hofstede de Groot, em 1916, assim registrou a obra na referida pinacoteca alemã:

> O RAPTO DE GANÍMEDES. (...) A águia de Zeus, na parte frontal e com as asas abertas, eleva-se em direção aos céus. Com o bico, prende as roupas e, com as garras, o braço esquerdo de uma criança com cabelos loiros encaracolados, que, virando-se abruptamente para a esquerda e visto quase de costas, encara o espectador como se gritasse e, com o braço direito, tenta afastar o pássaro. Suas vestes azuis claras com a camisa são repuxadas pelas garras da águia que assim, deixa completamente desnudas as pernas da criança. No canto esquerdo, um lenço com pendão esvoaça ao vento. O menino, que apavorado verte água, agarra cerejas com a mão esquerda. Uma luz brilhante, vinda da esquerda, ilumina a criança. O fundo sombrio contém, à esquerda, na parte inferior,

> alguns grupos de árvores à frente, por entre os quais se veem os pináculos de um edifício. Comprimento inteiro, tamanho real. Assinado no topo da bainha da camisa: "Rembrandt ft. 1635"; madeira de carvalho, 68,5 polegadas por 52 polegadas. (...) Na Galeria de Dresden, catálogo de 1908, n.º 1558.[1]

O raptado por um Zeus transformado em águia é Ganímedes. Conforme o Leitor descobrirá na primeira parte da obra, de seu nome provém a palavra *gay*. Em apertada síntese do mito, Zeus rapta (rapto é uma espécie de sequestro para fins sexuais) esse rapaz, que era dono de uma beleza descomunal, de Troia.

Ciente da narrativa mitológica e diante da tela de Rembrandt, em catálogo oitenta anos anterior ao de Groot, o comerciante de arte britânico John Smith, com certo espanto, sugere que a intenção do pintor holandês

> terá sido, certamente, a de parodiar o tema mitológico antes mencionado, pois representou o belo Ganímedes como uma criança enorme e rústica, com um rosto gordo e franzido, estendido e de braços abertos sob as garras e o bico de Júpiter transformado em águia. O pássaro agarra a criança por suas vestes pouco clássicas e o peso do seu corpo balofo despe-lhe das roupas até os ombros e deixa-lhes as partes baixas em estado de nudez; e, assim, é transportado pelo ar até o Olimpo.[2]

Transcritas essas especificações, se o Rapto de Ganímedes ilustra e fundamenta o rechaço marxista à homossexualidade masculina, a representação de Rembrandt foi escolhida para a capa desta obra justamente porque este autor compartilha do estranhamento de John Smith: a fantasia *sodomarxista* contemporânea, esse faz de conta, essa verdadeiríssima mentira, pinta o quadro de um acontecimento suficientemente bem descrito e registrado. Contudo, ao retratar o seu personagem, inadvertida ou maliciosamente, insere, na cena, um sujeito sem nenhum *physique du rôle*.

---

1 GROOT, Cornelis Hofstede. *A catalogue raisonné of the works of the most eminent Dutch painters of the Seventeenth Century*. Trad. Edward G. Hawke. Londres: Macmillan and Co., 1916. v. VI, p. 138. Tradução minha.

2 SMITH, John. *A catalogue raisonné the works of the most eminent Dutch, Flemish, and French painters*. Londres: Smith and Son, 1836. v. VII, p. 80-81. Tradução minha.

De qualquer forma, basta saber, por ora, que é a partir desse mito ateniense que o marxismo teoriza a pederastia como degeneração daqueles que exploram a classe trabalhadora, de maneira que, portanto, carece de qualquer lógica a hipótese de um marxista que aceite ou, menos ainda, ceda a tal degeneração.

Dito isso, passo, por fim, à razão pela qual este livro vem a lume: fui acusado de homofobia — logo eu! — por um autoproclamado comunista, um dito esquerdista radical, marxista da gema. Influenciador digital graduado em história, ele me processa por eu ter criticado, em programa de televisão, uma afirmação que ele próprio fizera em seu canal no YouTube. Disse o comunista: "nós, comunistas, acreditamos que tem pessoas que não têm o direito de se expressar, tá?".

Em minha crítica não somente jornalística, mas acadêmica, antes de qualquer outra coisa, além de rechaçar a doutrinação do influenciador que incitava os seus influenciados a praticarem certa perseguição a uma parcela da população por motivos políticos, destaquei que os modos pouco masculinos que compunham o estilo do influenciador "comunista", do cabelo aos maneirismos de fala — modos que, para um homossexual quarentão, como eu, são comuns a homossexuais —, são incompatíveis ao comunismo, ideal marxista buscado pelos regimes socialistas, que foram os que mais assassinaram homossexuais ao longo da história. Comunistas são genocidas de homossexuais, uma vez que a doutrina marxista do homem natural não admite degenerações.

Para minha surpresa — fato que torna o processo judicial ainda mais surreal —, o meu acusador revela, na sua denúncia criminal, que é homem com H, heterossexual, mas que defende as pautas identitárias da militância LGBT...+. Pouco importa. Para um "comunista", a homossexualidade não pode ser tolerada nem defendida. Nem mesmo por um sujeito "heterossexual" que, dentro do comunismo, deve se expressar como típico macho do imaginário biológico. O marxismo é contrário à homossexualidade tanto quanto à heterossexualidade feminina ou, simplesmente, a qualquer forma de tolerância com pautas degenerativas.

À época de Marx e Engels, aliás, o vocábulo "degeneração" estava em voga no debate científico: nas décadas finais do século XVIII, o matemático e naturalista francês Georges-Louis Leclerc, conde de Buffon, cuja obra inspirou Charles Darwin, definiu "degeneração" como "teoria da natureza".

Quase simultaneamente ao advento d'*A Ideologia Alemã* — também de Marx e Engels (1845–1846) —, essa utilização de Leclerc foi reforçada pelos trabalhos do psiquiatra franco-austríaco Bénédict Morel, de maneira que, ao longo da vida de Marx e Engels, a "degeneração" como "teoria da natureza" tratava do enfraquecimento físico e da ameaça à capacidade reprodutiva de parcelas da população europeia.

Do vocábulo latino *degeneratione*, degeneração refere-se a um processo degenerativo, palavra composta para se referir "ao abandono", "a uma baixa", "à perda do gênero", que é identificado por características ancestrais. O debate mais candente da militância LGBT...+ atual — por exemplo, o da "ideologia de gênero" — é, categoricamente, incompatível com o comunismo, o marxismo, o esquerdismo radical e o escambau.

Acontece que o Sodomarxista — esse Pedro Malasartes do folclore politicamente correto e, academicamente, imbecil — recusa a leitura de Marx e se nega a estudar o marxismo: ele é marxista e pronto! Se Marx estiver incomodado, que se mude.

Sodomarxista, ao que tudo indica, aprendeu filosofia com um conterrâneo seu, Jeca Tatu. Filósofo, o "seu grande esforço é espremer todas as consequências da lei do menor esforço — e nisto vai longe"[3] —, de maneira que, diria Monteiro Lobato, "todos os volumes do Larousse não bastariam para catalogar-lhe as crendices, e como não há linhas divisórias entre estas e a religião, confundem-se ambas em maranhada teia, não havendo distinguir onde para uma e começa outra."[4]

Sodomarxista é um refém mental do comunismo, um sujeito pouco privilegiado intelectualmente e tão raptado para servir aos líderes da causa quanto fora Ganímedes para servir aos deuses sem calça. É o típico militante da esquerda radical que "luta" por uma ideologia que o escritor Jorge Amado, já fora do Partido Comunista e por este perseguido, classificou como "merda". É o típico sujeito infectado por aquilo que o economista Roberto Campos chamou de "gonorreia juvenil".

Além desta já extensa introdução, o presente livro tem duas partes: na primeira, publico, em sua integralidade, o texto que escrevi como defesa própria para os autos da mencionada ação penal na qual sou acusado de

[3] LOBATO, Monteiro. *Urupês*. 2ª ed. São Paulo: Globo, 2009, p. 170.

[4] *Ibidem*, p. 176.

homofobia pelo Sodomarxista em espécie; na segunda parte, em virtude da total conexão temática, o Leitor encontrará a reedição de um artigo científico meu — aqui adaptado para melhor compreensão — publicado em um tratado jurídico por mim coordenado entre 2022 e 2023.

O título da segunda parte desta obra, *A Nau da Militância LGBT...+*, faz referência ao texto de Michel Foucault que trata da "Nau dos Loucos, estranho barco que desliza ao longo dos calmos rios da Renânia e dos canais flamengos."[5]

Tal como Foucault, ao tratar da história da loucura, embora não na idade clássica e, sim, na política contemporânea, posso avistar, na real paisagem, o aparecimento de um estranho barco encalhado: a Nau da Militância de Gênero.

Essa embarcação capitaneada *por sodomarxistas de todo gênero* é um movimento político-social divorciado de uma genuína luta pela identidade, pois, embora se apresente como movimento defensor das identidades, cultiva apenas uma espécie degenerada delas, uma identidade partidariamente engendrada que pretende dissolver a verdadeira e substituí-la por um cardápio extenso de muitas identidades artificialmente criadas (e ininterruptamente criáveis) sob a bandeira da diversidade.

A Nau dessa militância, na verdade, tão somente promove uma alteração quase imperceptível no conceito de diversidade: de algo que promove a individualidade, por caracterizar a personalidade (que é identidade; que tem começo e fim no próprio indivíduo), para um elemento anterior que moldaria a própria personalidade (a identificação da identidade dentro de um rol criado e apresentado pela militância identitária).

Se é que isso é possível, desejo-lhe, assim, uma boa leitura.

TIAGO PAVINATTO

São Paulo, inverno de 2024, 29ºC

---

5 FOUCAULT, Michel. *História da loucura: Na idade clássica.* 9ª ed. Trad. José Teixeira Coelho Netto. São Paulo: Perspectiva, 2010, p. 9.

SENTADO NO BANCO DOS RÉUS, COM O DEDO NOS ANAIS DE MARX

AO EXCELENTÍSSIMO SENHOR DOUTOR JUIZ DE DIREITO DA ▇▇▇ VARA CRIMINAL DO FORO CENTRAL DA COMARCA DE SÃO PAULO, ESTADO DE SÃO PAULO

Processo de autos nº ▇▇▇▇▇▇▇▇▇▇

1. QUALIFICAÇÃO

TIAGO PAVINATTO, ítalo-brasileiro, solteiro, empresário, escritor, professor, advogado, regularmente registrado nos quadros da OAB/SP sob o nº ▇▇▇, e jornalista, com registro profissional ▇▇▇▇▇▇▇▇, inscrito no CPF/MF sob o nº ▇▇▇▇▇▇▇▇ e portador da cédula de identidade ▇▇▇▇▇▇▇▇, ▇▇▇▇, residente e domiciliado ▇▇▇▇▇▇▇▇▇▇▇▇▇▇▇▇, vem, atuando em causa própria, à presença de Vossa Excelência apresentar a sua

DEFESA

nesta ▇▇.

2. PRELIMINARMENTE: NADA SE PODE PRETENDER DA PRÓPRIA TORPEZA

Ser estúpido não é crime... E também não é direito.

Se é certo que ninguém tem direito à estupidez, por óbvio, Excelência, não pode existir, em favor de qualquer estúpido, nenhuma pretensão jurídica legítima — pois seria, ela também, estúpida — a partir da própria e infeliz estupidez.

Em Direito, nada se admite ao estúpido, já que se tornaria, ele também, estúpido (e um direito estúpido não pode ser Direito)... Pretensões jurídicas e leis podem até, como as cartas de amor, ser ridículas. Entretanto, é certo, também, que nem aquelas nem estas devem ser estúpidas: mesmo que possa, eventualmente, constranger, o ridículo, de uma ou de outra forma, diverte, faz ruborizar ou, no máximo, faz sorrir. A estupidez, por sua inconveniente vez, faz, consciente ou inconscientemente, voluntária ou involuntariamente, sofrer, porque contém, em si, a validação para agredir.

Logo, se alguma juridicidade se levanta diante da estupidez, ela é, sempre, negativa, oposta. A estupidez pode não ser, conforme salientei acima, um crime, mas é possível, quando não provável, que resulte em uma antijuridicidade; afinal, quando o indivíduo estúpido atua, interage com o mundo na sua vida de relações, conforme os seus desígnios eivados da estupidez, que afetam o seu juízo e, via de consequência, as suas ações que podem, eventualmente, prejudicar sujeito outro, além do próprio estúpido em si.

Por qualquer prisma que se analise, a estupidez é, essencialmente, prejudicial e, sendo-o, é fenômeno que o direito vai enfrentar como ato ilícito, antijurídico, portanto. Ao estúpido, nesse sentido, outro polo processual não lhe é legítimo, dentro do litígio ajuizado, que não o polo passivo, de forma que outra qualidade não lhe será nem possível nem passível que não a de causador de um dano a outrem ou a de vítima de si mesmo.

A estupidez é, como é o pensamento humano — satisfatoriamente examinado nas magistrais obras de Kant (em especial, em *Crítica da Razão Pura*), Hegel (*Fenomenologia do Espírito*), Heidegger (*O Ser e o Tempo*) e Hannah Arendt (*A Vida da Mente*) —, um fenômeno imaterial, metafísico, que pode resultar em um número indeterminado e indeterminável de ações materiais e moralmente danosas tanto ao seu "hospedeiro" quanto a terceiros ao longo da sua existência.

Violação da regra de ouro sobre a qual se ergue toda a filosofia ocidental desde os antigos gregos, a estupidez é como um enunciado composto por (*a*) proposições falsas, por (*b*) um maroto encadeamento de proposições falsas entre proposições verdadeiras, por (*c*) proposições verdadeiras, mas insuficientes, isto é, insatisfatórias por desconhecimento ou omissão, ou, ainda, por (*d*) proposições verdadeiras, mas contraditórias.

A estupidez se constitui, metafisicamente, a partir da sistematização de ideias que gravitam em torno de desejos primordiais e, racionalmente, insustentáveis, a fim de justificar (validar) a tomada de ações respectivas (executar) que têm por finalidade impor tais desejos ao mundo fenomênico na vida humana de relações, seja com os outros seres humanos, seja com a natureza (o mundo como ente por si subsistente), seja com ambos. Tais ações, validadas através do fenômeno da estupidez, passam, assim, a ser predicadas como estúpidas e, para qualquer tipologia, são inumeráveis, tão irredutíveis quanto a própria criatividade humana. Ou seja: lamentavelmente, são infinitas as formas de manifestação da estupidez, de fenomenização fática desse fenômeno metafísico que é, despiciendo dizer, humano, exclusivamente humano, demasiadamente humano.

Nesse sentido, o trabalho de definir ou de descrever a essência da estupidez é tarefa que traz consigo a sempre complexa dificuldade comum a todos os exames de motivação em casos concretos: conforme os termos jurídicos penais, imputabilidade ou inimputabilidade, dolo ou culpa e dolo eventual ou culpa consciente; conforme o direito civil, capacidade ou incapacidade, responsabilidade ou não responsabilidade, responsabilidade subjetiva ou objetiva, negligência, imprudência ou imperícia. Da mesma maneira, deve-se separar aquilo que é intelecto daquilo que é sentimento dentro dos conceitos de inteligência e de conhecimento humanos, a partir de tudo que já se debateu e ainda se debate na psiquiatria e nas neurociências; do mesmo modo, naquilo em que não alcançam os marcadores biológicos que demarquem, suficiente e cientificamente, o caso sob análise (a grande maioria dos casos), em filosofia, atentando-se às mais diversas correntes filosóficas sem deixar de levar em consideração, ademais, as ponderações e divergências internas em cada uma das grandes escolas do pensamento humano.

Se alguma dificuldade acerca da compreensão da estupidez pôde, por um lado e paulatinamente, ser matizada e, às vezes até, superada desde o momento em que a psiquiatria começou a se firmar como ciência médica propriamente dita, em meados do século XX em razão dos avanços da farmacologia, por outro lado — isto é, a despeito do desvelamento científico desse fenômeno que é, em princípio e em termos filosóficos, espiritual e metafísico —, importa destacar que, em qualquer hipótese, a estupidez só pode ser analisada quando manifestada, materializada — em outras palavras, fenomenizada na vida de relações do indivíduo estúpido com as outras pessoas e com o mundo que o cerca.

Tal exteriorização, tal expressão da estupidez através de um resultado comportamental, acontece, fundamentalmente, de duas formas: ou (*i*) pelo advento de uma ação impositiva dela decorrente ou (*ii*) pela confissão da própria estupidez pelo sujeito estúpido — confissão que não se externa, necessariamente, como um reconhecimento axiomático pejorativo, mas, inclusive e quase sempre, como simples sinalização ou verbalização, comunicação expressa do desígnio como algo positivo e, até mesmo, como garantido juridicamente, haja vista que a estupidez é fundamental ao estúpido e vice-versa.

Deixado, então, a César o que é de César, ou seja, à parte de qualquer problemática científica pertencente aos debates da psiquiatria e das neurociências, em geral, a estupidez, enquanto fenômeno social a ser capturado pelo direito puro, poderá ser apreendida, como tal, através da simples verificação objetiva dos fatos que a circunscrevem, como também da própria ação deliberada que se averigua e que seja danosa e, alegadamente, justificada (validada) por um sentimento equivocadamente racional, porque socialmente inconveniente dentro de uma equação universal e igualitariamente distributiva do exercício da liberdade como um direito fundamental à vida humana que é, necessariamente, uma vida de relações.

A realidade metafísica, que é a origem da estupidez, portanto, apenas pode ser mapeada nos domínios da reserva mental do sujeito, motivo pelo qual ela é um fenômeno personalíssimo e, em princípio, insondável — e, por isso, inexplicável no seu silêncio omissivo. Em outros dizeres, a estupidez brota de um pensamento intimíssimo e sempre possível, em teoria, a qualquer ser humano dotado de ilimitada imaginação analítica e inventiva.

Nesse sentido, o pensamento pode se resumir a uma mera visualização mental — uma ideia desconexa, impossível, improvável, fantasiosa, doentia, grotesca, ilícita ou inconveniente, originada pelo sentimento, que surge inevitavelmente, mas pode terminar (entre tantas outras, a cada instante ao longo do tempo da vida humana) como hipótese não elaborada e sem maiores consequências (esquecida ou abandonada deliberadamente através da filtragem ética) — que não se identifica, por si e em si, com a estupidez, pois o pensamento, em termos kantianos, é um processo de orientação das intuições ideais de um ser humano, de maneira que a estupidez, portanto, é um acidente dentro da análise do pensamento racional.

Na outra ponta, a estupidez termina quando tem início a respectiva ação por ela justificada: com a revelação do sentimento estúpido inicial, primordial e irracional, quer dizer, quando fenomenizado esse desejo na ação tomada para a sua satisfação que, apesar de resultar da estupidez e ser qualificada como ação estúpida, a estupidez, em si, com ela também não se confunde — razão pela qual a identificação da ação estúpida com a estupidez só é possível como figura de linguagem, ou seja, metonímia. Então, cabe perguntar, ainda: onde está a estupidez? De fato, a partir da noção kantiana de fenômeno, a estupidez não está nem na ideia estúpida oriunda do sentimento, que é desejo (o apetite esconjurado por Platão ou, na clássica definição de Levinas, a infelicidade do feliz), nem na ação estúpida de satisfação dessa vontade estúpida.

Primeiro, não somente porque *ideal* (desejo) e *ação* (realização do desejo) não são estúpidos para o estúpido — a máxima psiquiátrica primordial nos ensina que as loucuras não são encaradas como tal pelos loucos —, mas também porque é inegável a divinal potencialidade humana da imaginação infinita (e o absurdo sempre fará "sentido" para alguém), e porque estamos, todos nós, sujeitos a acidentes (e acidentes, por definição, não são premeditados). Segundo, pela possibilidade de uma ação estúpida ser, por seus elementos indicadores externos (aparência fenomênica), idêntica a uma ação racional — inclusive, entre os mesmos agentes ativos e passivos dentro de igual circunstância fática (embora não motivacional) e com idêntico resultado objetivo —, isto é, a uma ação que, externadas as intenções daquele que age, não seja estúpida (desde a já mencionada ação acidental até, por exemplo, as ações de legítima defesa ou até mesmo aquelas respectivas à desobediência civil).

Nesse diapasão, é importante destacar o quanto segue: uma ação estúpida poderá, conforme as circunstâncias, se beneficiar da sua aparência com alguma ação legítima — um benefício, diga-se de passagem, é puramente egoísta, ególatra, isto é, um malefício social que se faz passar, enganosamente, por benefício social... Esse é, Excelência, o caso da presente ação.

Excluída, então, a estupidez tanto do momento inaugural do ideal estúpido (desejo) quanto do momento final da ação estúpida (ação de imposição do desejo), ela, como coisa de natureza metafísica, é uma coletânea de ideias, sejam essas estúpidas ou não, conexas ou desconexas, mas relacionadas ao tema do ideal estúpido primordial (desejo), que se sistematiza na ordem cognitiva do sujeito estúpido. Uma vez ordenadas essas ideias — de modo que ofereçam à intelecção qualquer lógica aparente na qual as desvantagens da tomada da ação danosa proibida ou inconveniente são menores ou irrelevantes diante da satisfação do apetite inicial ou da vaidade moral —, promovem a deliberação para, a partir desse momento, iniciar a sua realização (ação; meio de imposição do desejo; exteriorização do fenômeno da estupidez).

Porque acarreta prejuízo para o próprio sujeito estúpido, para qualquer terceiro ou para uma população inteira, a estupidez se apresenta como uma desvirtude (falha moral), isto é, um ardor justificado (através de um processo metafísico desvirtuado ou incompleto) e validador da execução de determinada ação imediata que, por sua vez, é compreendida pelo estúpido (enredado no mencionado processo metafísico falho) como virtude quando validada por aquela desvirtude inadvertidamente justificada no final do processo de sistematização e ordenação (pensamento) das ideias que gravitam ao redor do seu desejo — momento esse que marca o surgimento de uma ética estúpida (uma moral falha).

Desse modo, a estupidez é o processo metafísico que transforma uma desvirtude em uma virtude aparente e que, também, é capaz de permitir ao estúpido perseguir e realizar o seu desejo primordial a partir de ideias mal compreendidas ou mal formuladas. Ou, ainda: **a estupidez é o processo mental deficitário da jurisdição interior (perscrutadora de todas as intenções) que transforma uma vontade ambígua, centrípeta e egoísta, quer dizer, um vício (falha moral) em aparente virtude (moral falha).**

Esse processo (estupidez), que dá vida (ação estúpida) ao ideal (desejo estúpido), é mais ou menos complexo nos domínios do intelecto, a depender da formação e da expressividade (numérica e simbólica) de coletividades identitárias que gravitam em torno desse ideal (desejo estúpido), de forma que, isso posto, grandes grupos servidos de símbolos legitimados por certa tradição ou líderes carismáticos têm, inclusive, o poder de subverter o processo já subvertido racionalmente, que é a estupidez.

Em coletivos, tal processo metafísico falho pode ser reduzido ou, inclusive, completamente suprimido, a depender do grau da relação de interdependência, pelo medo: subvertido em dogma irresistível validado pela psicologia do grupo condicionada a procedimentos mentais de harmonização aparente entre argumentos e fatos incompatíveis.

Em acréscimo, se subjugada a lógica, uma vez que as premissas deverão surgir da conclusão (e não o oposto), para validar um ideal, o processo que define a estupidez chega a ser interrompido logo no início, abreviando-se o exercício cognitivo (pensamento) que, então, transforma a estupidez em um processo híbrido: o que, *a priori*, é um processo autônomo (sendo intrínseco o *risco* de frustração do desejo estúpido, já que os homens honestos e de bem não esgotam o sentido de suas existências, não reduzem as suas essências aos seus desejos), passa a ser um processo predominantemente heterônomo (aumentando, sobremaneira, a probabilidade da ocorrência da enormidade que é a ação estúpida).

Importa insistir que a estupidez, nesses casos nem tão excepcionais de *desexcelente* excelência do grupo (legitimação interna através do medo), pode, até mesmo, deixar de ser um processo quando a devoção ao símbolo coletivo é absoluta. Aceita de maneira fanática, a estupidez se confunde com o próprio símbolo, cujo poder inibe qualquer autonomia intelectiva do indivíduo sectário, que é, por ele, substituída como fundamento último, argumento heterônomo irresistível, seja por meio de sedução ou de ameaça. Como exemplo inescapável dessa forma extrema de estupidez coletiva, tem-se a banalização do mal por uma inimaginável coletividade nacional em torno do símbolo do *Führer*... Ou, como no caso que se debate nestes autos, a aceitação, a incondicional e fanática defesa de homofóbicos, como Marx, Engels, Che Guevara etc., tidos como heróis por homossexuais, ou outros membros da diversidade sexual e de gênero, e seus militantes.

Portanto, Excelência, a presente ação penal é fruto dessa esquizofrenia moral decorrente da irresponsabilidade ética que define a estupidez coletiva militante.

Assim sendo, vale a lição deixada por Ulpiano que, registrada no *Digesto* (D 17, 2, 63, 7), sobrevive à noite dos tempos e, saliente-se, é farta em variantes:

Nemo auditur propriam turpitudinem allegans:
Nec æquum est, dolum suum quemquam relevare.

Ninguém pode invocar a própria torpeza para requerer qualquer direito. Ninguém deve sequer escutar a alegação da torpeza própria, de maneira que, ainda nas palavras de Ulpiano, *nemo ex suo delicto meliorem suam condicionem facere potest* (D 50, 17, 134).

Em resumo, Excelência, se é imprestável, para qualquer um, uma defesa judicial que evoque a própria torpeza como argumento favorável para justificação da ação tomada, recorrer à própria torpeza com a pretensão de condenar alguém é, de fato, algo absurdo até mesmo nos domínios da insânia.

3. QUEM DEFENDE UM PENSAMENTO HOMOFÓBICO NÃO É VÍTIMA DE HOMOFOBIA AO SER CRITICADO

3.A. Breve Síntese do Acontecimento

Em apertada síntese, o autor desta ação penal pretende que este acusado seja condenado pela prática dos crimes de **(i)** calúnia, **(ii)** difamação e **(iii)** injúria racial (discriminação motivada por preconceito) naquilo que toca às questões de sexo, sexualidade e gênero, alegando que este acusado, em programa televisivo:

- **(i)** tenha imputado a ele, autor, a prática do crime de terrorismo e participação em milícia digital;
- **(ii)** o tenha difamado, ao manipular o seu discurso, e atribuído a ele falas que jamais teriam sido ditas; bem como
- **(iii)** tenha sido homofóbico ao criticá-lo, no mesmo programa, uma vez que a crítica, além de contestar a sua capacidade intelectual, tenha se valido de particularidades da sua identidade de maneira a menosprezá-la.

I. Não Houve Calúnia

Tendo analisado a inicial e todo o comentário deste acusado, o Ministério Público, em seu parecer — fartamente fundamentado na doutrina e na jurisprudência — acatado em Juízo, cravou, às fls. 80 e 81 destes autos, o entendimento de que "não se verifica a necessária imputação direta, pelo jornalista, de fato concreto e determinado que seja 'definido como crime' no direito pátrio", de maneira que o conteúdo da crítica deste acusado "não é suficiente para ensejar o crime de calúnia, por ausência de imputação direta da prática de conduta definida como crime". Nesse sentido, conclui:

> aplica-se no presente episódio o entendimento contido no Informativo Jurisprudência em Teses n.º 130 do colendo Superior Tribunal de Justiça de que "expressões eventualmente contumeliosas, quando proferidas em momento de exaltação, bem assim no exercício do direito de crítica ou de censura profissional, ainda que veementes, atuam como fatores de descaracterização do elemento subjetivo peculiar aos tipos penais definidores dos crimes contra a honra". O Min. NAPOLEÃO NUNES MAIA FILHO, no julgamento do AgRg na APn n. 313/DF, definiu que: "...5. Para a caracterização do delito de calúnia, devem estar presentes, simultaneamente, (i) a imputação de fato determinado e qualificado como crime; (ii) o elemento normativo do tipo, consistente na falsidade da imputação e (iii) o elemento subjetivo do tipo, o denominado *animus caluniandi*. 6. No caso concreto, não tendo o Querelado imputado ao Querelante um fato específico, determinado e concreto que seja qualificado como crime, a conduta é atípica para o delito de calúnia. A tipificação do crime imputado deve ser certa, determinada e precisa, sob pena de se instalar, no sistema de persecução penal, a atribuição difusa, inespecífica e genérica, capaz de abranger qualquer incriminação e impossibilitar a ampla defesa da pessoa acoimada da prática ilícita..." (AgRg na APn n. 313/DF, relator ministro Napoleão Nunes Maia Filho, Corte Especial, julgado em 4/4/2018, DJe de 18/4/2018).

De fato, quem descontextualizou o programa televisivo em que o acusado atuava como comentarista foi o autor. Se assistido em sua integralidade, qualquer um pode notar que, à época, ali debatia-se a inclusão indiscriminada de pessoas do espectro ideológico da direita no famigerado *Inquérito das Milícias Digitais* do ministro Alexandre de Moraes, no âmbito do Supremo Tribunal Federal (STF). O acusado, na condição de COMENTARISTA POLÍTICO E JURÍDICO — e não de REPÓRTER OU NOTICIANTE —, isto é, a título de opinião e não de informação, alinhavou as falas radicais e extremistas do autor, influenciador digital, à polêmica do referido inquérito supremo e do vocativo "terroristas" utilizado pelo ministro proprietário desse inquérito para se referir a "extremistas".

Tamanha é a desfaçatez do autor desta ação penal, que ele adultera todo o contexto do programa e o próprio perfil deste acusado, que é, e sempre foi, pública e notoriamente, crítico das medidas do ministro Alexandre de Moraes, contrário ao referido inquérito sem fim, bem como avesso ao uso da expressão "terroristas" pelo ministro citado. Portanto, quando este acusado fala em terrorismo diante das falas radicais do autor — que se assume como "esquerda radical" — e do merecimento em ser incluído no inquérito das milícias, quer dizer justamente o contrário. Infelizmente, ironia com nota-de-rodapé é alfafa.

Excelência, o que o autor desta demanda alega é falso; é falso porque é equivocado; é equivocado porque é torpe; e, sendo torpe, é estúpido.

É o que se vai, adiante, demonstrar.

II. Qual Crime Teria Cometido o Acusado?

a. Injúria Racial

O autor aduz que este acusado teria praticado, contra ele, o chamado crime de *injúria racial*: conduta descrita no artigo 140 do Código Penal brasileiro como crime de "injúria" na sua forma qualificada pelo §3º deste mesmo artigo (até o advento da Lei nº 14.532, de 11 de janeiro de 2023), isto é, "preconceito de raça".

A referida Lei nº 14.532, de 11 de janeiro de 2023, não apenas retirou a descrita qualificadora racial do Código Penal, transferindo-a como crime autônomo no *corpus* da transfigurada Lei nº 7.716, de 5 de janeiro de 1989 (popularmente conhecida como *Lei do Racismo*), bem como aumentou, de maneira significativa, os parâmetros para a fixação da pena restritiva de liberdade: da reclusão de um a três anos para o período de dois a cinco anos, além da habitual multa. É o que diz a redação do inédito artigo 2º-A da citada Lei: “Injuriar alguém, ofendendo-lhe a dignidade ou o decoro, em razão de raça, cor, etnia ou procedência nacional.”

Ainda no ano de 2023, a maioria dos ministros lotados no Supremo Tribunal Federal (STF) decidiu, embora de forma *extra petita*, em sintonia com a melhor jurisprudência daquela Corte, reconhecer que o vocábulo “raça” abriga os componentes *sexo*, *sexualidade* e *gênero* de uma pessoa ou grupo de pessoas.

De fato, nada mais fez o Pretório Excelso do que reconhecer a eficácia de um acórdão histórico e paradigmático de 20 anos: por maioria de votos, em 17 de setembro de 2003, o STF não concedeu *habeas corpus* a Siegfried Ellwanger, que pretendia ver reconhecida a atipicidade de sua conduta como crime de racismo. Ellwanger publicara, em 1989, diversos livros de conteúdo abertamente antissemita, tendo sido representado por crime de racismo em 1990. Alegava seu pedido que *judeu não é raça* e, por tal motivo, não poderia ter cometido crime de racismo.

No acórdão que julgou o *habeas corpus* de autos nº 82424-RS, ficaram vencidos os votos do Relator, o ministro José Carlos Moreira Alves, e dos ministros Carlos Ayres Britto e Marco Aurélio Mello, que, resumidamente, apesar das manifestações de contrariedade à discriminação, defenderam a atipicidade da conduta de Ellwanger, pois, à época dos fatos, inexistia tipificação do antissemitismo como forma de *racismo*; para eles (mal interpretando, pois, o texto constitucional é anterior e superior à lei penal), limitava-se à cor, à raça.

Os outros oito ministros (Maurício Corrêa, Celso de Mello, Gilmar Mendes, Carlos Velloso, Nelson Jobim, Ellen Gracie, Cezar Peluso e José Paulo Sepúlveda Pertence), na esteira do parecer do Professor Emérito da Faculdade de Direito da Universidade de São Paulo, Celso Lafer — com o qual este acusado teve o privilégio de aprender a disciplina de filosofia do direito e tem a honra da sua amizade —, indeferiram o pedido e trouxeram à ordem jurídica nacional o que se chamou de *conceito estendido de raça*.

O ministro Maurício Corrêa, tendo insistido que o racismo se origina de processo político-social de intolerância a uma coletividade de indivíduos que se diferenciam por suas especificidades socioculturais, amparado em documento da UNESCO de 1978, estabeleceu, em seu voto, que o conceito constitucional de *racismo* é o conceito antropológico de raça social definida por indicador físico ou cultural.

Destacando a gravidade da intolerância e das práticas discriminatórias contra grupos minoritários, o ministro Celso de Mello recorreu, diversas vezes, às palavras do Professor Lafer para dizer que o conteúdo jurídico do racismo "reside nas teorias e preconceitos que estabelecem diferenças entre grupos e pessoas, a eles atribuindo as características de uma 'raça' para discriminá-las", de modo que "raça é uma construção histórico-social, voltada para justificar a desigualdade", concluindo, ainda citando o Professor Lafer, que "os judeus não são uma raça, mas também não são raça os negros, os mulatos, os índios e quaisquer outros integrantes da espécie humana que, no entanto, podem ser vítimas da prática do racismo. É o caso, por exemplo, dos párias na Índia."[1] De fato, também recorrendo ao iluminado parecer, o ministro entendeu que não se pode reduzir o bem jurídico tutelado, sob pena de estarmos diante de um "um crime impossível pela inexistência do objeto: as raças".[2]

Por sua vez, o ministro Gilmar Mendes também transcreveu, em seu voto, o parecer do Professor Lafer para afirmar que "discutir o crime da prática do racismo a partir do termo raça (...) é uma maneira de reduzir e, no limite, esvaziar completamente o conteúdo jurídico do preceito constitucional consagrado pelo art. 5º, XLII" da Constituição da República, pois "o conteúdo jurídico do crime da prática do racismo reside nas teorias e preconceitos que discriminam grupos e pessoas", que nada mais fazem do que exercer seu "direito à diversidade".[3]

Concluindo que nenhuma liberdade está acima da dignidade humana, o ministro Carlos Velloso extraiu dos argumentos perfilhados pelo Professor Lafer, a partir de sua análise da Declaração da UNESCO, que o racismo não está no conceito de raça, pois o fato de pertencermos a uma única espécie não anula o direito à diversidade de pessoas e de grupos. No mesmo sentido, votaram os ministros Nelson Jobim, Ellen Gracie, Cezar Peluso e Sepúlveda Pertence.

---

1 Transcrições do parecer do professor Celso Lafer, STF, HC 82424-RS, Rel. Min. Moreira Alves, j. 17.09.2003, fls. 626(301).

2 *Idem*, fls. 627(302).

3 *Idem*, fls. 648(342).

Decerto, a partir desse julgamento, dúvidas não restaram sobre o conceito jurídico de *raça*, que pode, muito bem e desde então, ser assim, juridicamente, inclusive, definida: **raça é determinada característica biológica (genotípica ou fenotípica), vocacional, sentimental, de pensamento ou sociocultural diferencial e, político-socialmente, definidora de um indivíduo ou de qualquer grupamento humano por ela identificado.**

Trata-se de um conceito abstrato que, sozinho, é capaz de resolver, juridicamente, todo problema acerca dos critérios e das hipóteses para o combate à discriminação exigido pela Constituição e efetivado através da Lei nº 7.716, além de esclarecer um pouco mais sobre o conteúdo da dignidade da pessoa humana e definir limites para o exercício das liberdades fundamentais.

Em resumo, a partir dos argumentos do Professor Lafer no debatido acórdão de 2003, fica explícito que o racismo de que fala o artigo 5º, LXII, da Constituição, encerra toda forma de preconceito revelado nas práticas discriminatórias e, consequentemente, revelam-se meramente exemplificativas (e desnecessárias) as hipóteses ou os critérios elencados no artigo 1º da Lei nº 7.716 (a saber, "raça, cor, etnia, religião ou procedência nacional") para efeitos de responsabilidade penal em todos os crimes nela tipificados. Ou seja, todo tipo de preconceito expressado em ações discriminatórias deve ser castigado — mas nem todos perceberam; ou, o que é pior: quase ninguém percebeu.

Em suma, o crime de injúria, conforme a definição do estimado Professor Fernando Capez:

> ao contrário dos delitos de calúnia e difamação, que tutelam a honra objetiva, o bem protegido por essa norma penal é a honra subjetiva, que é constituída pelo sentimento próprio de cada pessoa acerca de seus atributos morais (chamados de honra-dignidade), intelectuais e físicos (chamados de honra-decoro). Observe-se que, no delito de injúria, a honra objetiva, ou seja, o valor que o indivíduo goza na sociedade, também pode ser afetada; contudo tal ofensa é indiferente à configuração do crime. Por exemplo: chamo alguém de ladrão e a atribuição dessa qualidade negativa é presenciada por terceiros.[4]

[4] CAPEZ, Fernando. *Curso de Direito Penal – Parte Especial*: arts. 121 a 212. São Paulo: SaraivaJur, 2023. v. 2., 23ª ed., p. 223.

Todavia, conforme demonstrarei a seguir, em consonância com a torpeza apontada no capítulo anterior, este acusado jamais injuriou o autor desta demanda. Menos ainda racialmente, haja vista que este acusado é, abertamente, homossexual e, desde 2006, milita contra toda forma de discriminação.

Pelo contrário, o que o autor desta ação imputa ao acusado (uma conduta tipificada, penalmente, como injúria e, especialmente, como injúria racial) é a distorção da realidade dos fatos: este acusado, em verdade, promoveu, em sua crítica jornalística e acadêmica (na qualidade de jornalista profissional e professor doutor de filosofia do direito), a defesa do autor contra um conceito por este defendido de maneira incauta, ignara e equivocada. Em outras palavras, este acusado nada mais fez do que mostrar ao autor desta ação penal que a corrente de pensamento filosófico que ele mesmo assume perfilar contém esse elemento de racismo, no que tange ao sexo, à sexualidade e ao gênero.

Homofóbicos, transfóbicos e *diversofóbicos* são o comunismo, o esquerdismo radical e o marxismo-raiz que o próprio autor defende, mas desconhece. E a presente defesa vai, ao menos, ensinar-lhe aquilo que ele não leu ou jamais compreendeu... Ou não quer admitir, ao optar por viver no delírio de um fanatismo político, que Raymond Aron chama de *religião secular*.

Nesse sentido, no mesmo parecer do Ministério Público agasalhado e provido em Juízo, "os termos da manifestação de fls. 66, considerando que o querelante afirmou à fls. 27 que é heterossexual, ou seja, ele não integra o grupo vulnerável LGBT...+, não há que se falar em injúria qualificada" (fls. 80).

b. Injúria Simples e Difamação

Ao final do circunscrito parecer, às fls. 81, conclui o DD. Promotor de Justiça:

> no caso dos autos, não verifico a falsa imputação ou a vontade de caluniar, evidente o propósito do jornalista de expressar sua opinião a respeito das declarações apresentadas anteriormente pelo próprio querelante, porém não suficiente para configurar o crime de calúnia, com a possibilidade,

eventualmente, de enquadramento das modalidades de difamação e injúria simples.

"Eventualmente": hipoteticamente, por simples amor ao debate, uma vez que, conforme restará oportuna e juridicamente demonstrado nesta defesa, nem injúria nem difamação existem no caso concreto. A uma, porque, o autor, em típica conduta de denunciação caluniosa, pretendeu — sem êxito — levar a erro este DD. Juízo ao dizer que teve a sua fala distorcida pelo acusado quando, na verdade, distorceu a opinião deste acusado. A duas, porque, banalizando o bem jurídico protegido pela lei penal nos crimes de injúria e difamação, não teve sua honra abalada de maneira alguma; pelo contrário, o próprio autor demonstra ter achado graça. Sem contar o fato de ter capitalizado, como influenciador digital, com o comentário deste acusado. TAL FATO, O AUTOR, MAROTAMENTE, ESCONDEU DESTE DD. JUÍZO.

Veja, Vossa Excelência, que, tão logo se deu o caso trazido a estes autos, o próprio autor, sorridente, produziu conteúdo audiovisual com as falas deste acusado e o publicou em suas redes sociais no dia 2 de agosto de 2023. Considerando apenas o seu canal do YouTube, onde é um influenciador de relevo mediano, o corte com os seus comentários (sorridentes e sarcásticos), intercalados à fala deste acusado, lhe rendeu cerca de meio milhão de visualizações e é, no período, O VÍDEO MAIS ASSISTIDO DO SEU CANAL.

Quem teve a honra ferida não se locupleta difundindo as palavras que a feriram. Porque, é óbvio, o autor e seus advogados esconderam esse "detalhe" de Vossa Excelência, um detalhe que comprova a conduta típica da denunciação caluniosa. Diga-se de passagem que, nos comentários desse vídeo, exibido como verdadeiro troféu pelo próprio autor, seus "influenciados" o tratam como herói e se referem a este acusado com desprezo, como *a bicha da direita* e coisas do gênero. Mas, aí, não é homofobia; é a glória!

Se a foto alegre escolhida pelo próprio autor para tratar do tema e ser louvado pelos seus representa a imagem de alguém que teve a honra, subjetiva ou objetiva, ferida, não é mais possível conceituar, racionalmente, o vocábulo "honra".

(*FUI PARAR NA JOVEM PAN!* Disponível em: https://youtu.be/a9JsPcFN_GE?si=6QoWTQGLseqm-f-l).

Em suma, o autor e seus advogados:

(a) Esconderam de Vossa Excelência a verdade, ou seja, o fato de que o autor não teve nem a honra subjetiva (injúria) nem a objetiva (difamação) ferida, pois, tivesse, não teria produzido e divulgado material audiovisual, omitido nestes autos, no qual transparece estar bastante satisfeito com o comentário deste acusado, a quem busca, caluniosamente, incriminar — afinal, ao fazê-lo, demonstra que a fala deste acusado em nada abalou o seu íntimo, já que a reproduziu COM EXPRESSA E INDISFARÇADA GALHARDIA. Além do mais, diante dos resultados obtidos com a reprodução comentada, ou seja, por ter se tornado o vídeo mais assistido de seu canal dentro do período, obteve mais seguidores e mais fama dentro do seu público (razão pela qual é absurdo pensar que tenha sido vítima de difamação); bem como

(b) Mentem, ostensiva e condenavelmente, sobre a fala originária do autor, objeto de crítica deste acusado. O autor é claro e inequívoco naquilo que afirma, pois o faz em *plural majestático. Ipsis litteris*:

"É o que diferencia nós, comunistas, dos liberais, mesmo os liberais de esquerda."

"Nós da... do... da esquerda radical, nós, comunistas, acreditamos que tem pessoas que não têm o direito de se expressar, tá?"

"[Bolsonaro] não tem que dar versão. Não tem que achar nada! Sabe?"

"TEM GENTE QUE NÃO TEM O DIREITO DE SE EXPRESSAR."

Em qual contexto é possível argumentar que este acusado tenha distorcido tais dizeres do autor, Excelência? Não há!

De fato, julgando inexistir, na fantasiosa e caluniosa narrativa do autor, os crimes de calúnia e qualquer injúria, a decisão de fls. 84 e 85 mandou que estes autos fossem redistribuídos ao Juizado Especial Criminal para que fosse processada apenas a hipótese da difamação... E somente o fez porque o autor e seus advogados, maliciosamente, esconderam a realidade dos fatos: tanto o autor não foi difamado que produziu e publicou material reproduzindo a fala deste acusado, comentando-a, sarcasticamente, de maneira a aumentar sua fama entre o seu público — objetivo que alcançou com sucesso.

Tendo o autor recorrido da referida decisão, a DD. Procuradoria Geral de Justiça, às fls. 160, manifestou-se para que não fosse "conhecido o recurso em sentido estrito, por ausência de preparo, que implica na deserção do recurso. Caso o mérito seja apreciado, aguardo seja negado provimento ao recurso interposto, mantendo-se a r. decisão proferida nos autos."

A chicana com este DD. Poder Judiciário durou enquanto o autor não precisou desembolsar nada. Assim, negando-se ao pagamento do preparo, o autor desistiu do próprio recurso para que a ação prosseguisse apenas quanto à denúncia de difamação — escondendo, ainda, é claro, a sua alegria, o seu sucesso e o aumento do seu público, bem como da sua boa fama em razão da crítica que, em Juízo, o autor alega ser difamatório.

3.B. Quem é o Autor da Acusação?

Honestamente, Excelência, não sei, nem me interessa saber.

Somente soube da sua existência porque ele próprio, o autor da acusação, voluntariamente e em rede mundial, conseguiu viralizar a sua fala que, em resumo, pregava, melhor dizendo, exortava (publicamente, a qualquer pessoa do mundo que assistisse ao seu vídeo), o argumento segundo o qual "esquerdistas radicais, comunistas", como ele mesmo se define, jamais poderiam admitir que certas pessoas [de direita] gozem do direito de opinião, da liberdade de expressão.

3.C. Quem é o Acusado?

Em primeira pessoa: sou homossexual assumido e fundador do primeiro diretório político partidário do Brasil. Pessoa pública e com orientação política à direita, deixei a militância quando ela foi contaminada e dominada por marxistas uniformizados com camisetas de Che Guevara, que jamais leram a obra de Marx.

Advogado, professor doutor de filosofia do direito, escritor e jornalista, este acusado, ao tecer sua crítica jornalística em programa televisivo, demonstrou, de maneira exata, isto é, de forma jurídica, filosófica, teórica e historicamente fidedigna, a sua dupla indignação.

3.D. A Crítica Jornalística e Acadêmica Feita pelo Acusado

O artigo 142 do Código Penal estabelece, no seu inciso II, que a opinião desfavorável da crítica literária, artística ou científica não constitui injúria ou difamação punível.

Conforme salientado acima, o autor desta acusação, voluntariamente e em rede mundial, conseguiu *viralizar* discurso próprio no qual, abertamente, exorta o argumento segundo o qual marxistas-raiz, isto é, "radicais de esquerda, comunistas", como ele mesmo, jamais poderiam admitir que certas pessoas [de direita] gozem do direito de opinião, da liberdade de expressão. Cite-se, uma vez mais, o vergonhoso discurso do autor:

> **"É o que diferencia nós, comunistas, dos liberais, mesmo os liberais de esquerda"**
>
> **"Nós da... do... da esquerda radical, nós, comunistas, acreditamos que tem pessoas que não têm o direito de se expressar, tá?"**
>
> **"[Bolsonaro] não tem que dar versão. Não tem que achar nada! Sabe?"**
>
> **"TEM GENTE QUE NÃO TEM O DIREITO DE SE EXPRESSAR."**

A partir da fala do próprio autor, o acusado nada mais fez do que tecer uma honesta e bibliograficamente comprovada crítica jornalística de cunho literário e científico.

Em primeiro lugar, quanto ao fato de — em um momento lamentável da história brasileira, maculado que está, ainda, pela incompreensão, quase que absoluta, acerca das implicações da vida em um Estado Democrático de Direito — o autor conclamar, sem nenhum pudor, uma forma de repressão considerada *crime contra a humanidade* pelo Estatuto de Roma.

No Brasil, o Estatuto de Roma do Tribunal Penal Internacional (TPI) teve o seu texto integralmente aprovado pelo Congresso Nacional por meio do Decreto Legislativo n° 112, de 6 de junho de 2002, e promulgado, em 25 de setembro de 2022, através do Decreto n° 4.388 do Presidente Fernando Henrique Cardoso. Grosso modo, o Estatuto de Roma é um documento internacional, que estabelece a base para o TPI e é considerado um marco no combate aos crimes mais graves que afetam a comunidade internacional.

Ao lado dos crimes de guerra (artigo 8º) e do crime de agressão (não tipificado, todavia, no texto), os crimes de genocídio e de lesa-humanidade encontram-se tipificados, respectivamente, nos artigos 6º e 7º. O crime contra a humanidade é, por definição,

> qualquer um dos atos seguintes, quando cometido no quadro de um ataque, generalizado ou sistemático, contra qualquer população civil, havendo conhecimento desse ataque: (a) Homicídio; (b) Extermínio; (c) Escravidão; (d) Deportação ou transferência forçada de uma população; (e) Prisão ou outra forma de privação da liberdade física grave, em violação das normas fundamentais de direito internacional; (f) Tortura; (g) Agressão sexual, escravatura sexual, prostituição forçada, gravidez forçada, esterilização forçada ou qualquer outra forma de violência no campo sexual de gravidade comparável; (h) Perseguição de um grupo ou coletividade que possa ser identificado, por motivos políticos, raciais, nacionais, étnicos, culturais, religiosos ou de gênero, tal como definido no parágrafo 3°, ou em função de outros critérios universalmente reconhecidos como inaceitáveis no direito internacional, relacionados com qualquer ato referido neste parágrafo ou com qualquer crime da competência do Tribunal; (i) Desaparecimento forçado de pessoas; (i) Crime de apartheid; (k) Outros atos desumanos de caráter semelhante, que causem intencionalmente grande sofrimento, ou afetem gravemente a integridade física ou a saúde física ou mental.

Apesar de a indignação deste acusado estar ligada a tal desumanidade, a esse verdadeiro crime, este acusado, todavia, em nenhum momento da crítica trazida a este DD. Juízo, imputou qualquer conduta penalmente típica em desfavor do autor.

Em suma, o que o autor da presente e inconcebível acusação pleiteia deste Poder Judiciário vai de encontro com a incitação que ele cometeu em vídeo (e, pela qual, foi duramente criticado por este acusado), isto é: *perseguição de um grupo ou coletividade que possa ser identificado por motivos políticos.*

Em segundo lugar, com relação ao fato de um membro da "comunidade" LGBT...+ afirmar-se "radical de esquerda, comunista", vale dizer, marxista-raiz. Essa temática será tratada em seus pormenores, pois o oximoro decorrente da indignação deste acusado, tão LGBT...+ quanto o autor da acusação, foi externado em forma crítica jornalística, literária e científica (acadêmica).

Este acusado, em nenhum momento, jamais, nunca, pretendeu diminuir ou ridicularizar a identidade do autor, mas, tão somente, demonstrar, academicamente, que o próprio autor se expunha ao ridículo. Ridículo, aliás, ao qual continua a se expor através da presente ação, na qual repete o inescapável oximoro explicitado pela crítica jornalística técnica e, em tudo, correta do acusado, que, mais uma vez, volta a fundamentar o seu argumento.

Por derradeiro, sobre a sexualidade do autor desta ação penal, afirma a inicial às fls. 27 destes autos:

> nunca se posicionou publicamente a respeito de sua sexualidade, de forma que toda e qualquer afirmativa nesse sentido é fundada em mera presunção, fruto das conjecturas infundadas do querelado. Impende salientar que , embora heterossexual, de forma alguma enxerga a homossexualidade enquanto um atributo negativo. Ao revés, sempre se posicionou expressamente em suas mídias digitais na luta contra a homofobia e demais formas de preconceito contra minorias sociais.

Note, Excelência, que o mesmo autor que diz "tem gente que não tem o direito de se expressar" aparece, agora, como um lutador contra as "demais formas de preconceito". De qualquer forma, se o autor, como afirma, não é homossexual, este acusado o é. No comunismo defendido pelo autor, este mesmo autor ou seria morto ou seria mandado a campos de trabalho forçado.

Se este acusado, homossexual, não pode criticar esse fato histórico, indelével e indisfarçável, não seria equivocado dizer que, por mais efeminado que o autor seja — e a efeminação não é um problema para este acusado, mas é, sim, para o regime do qual o próprio autor é prosélito —, ao defender o comunismo e, simultaneamente, afirmar-se heterossexual para acusar um homossexual que o critica, o homofóbico, na realidade, é ele!

Nesse sentido, Excelência, porque o autor se declara, ao mesmo tempo, comunista e contra a homofobia, tanto faz se ele é homo ou heterossexual. O comunismo por ele defendido, o esquerdismo radical, vale dizer, extremista do marxismo-raiz por ele louvado, é, categoricamente homofóbico.

Se o autor, conforme afirma, é professor de história, cabe lamentar por seus alunos. E, porque professor de história, quando se afirma "da esquerda radical, comunista", sabe que o marxismo-raiz é homofóbico. Se não sabe, não deveria ensinar história. Se sabe, sabe que engana os seus alunos e os seus "influenciados digitais".

Para que não reste dúvida quanto a isso, este acusado passa, então, a comprovar tudo o que afirma e, porque o autor diz combater a homofobia, toma a liberdade de fazê-lo referindo-se aos homossexuais seduzidos por esse verdadeiro golpe do *comunismo transviado*.

3.E. Em um Regime Comunista, Gays e Efeminados Devem "Virar Homens"

Imperioso insistir, Excelência, sobre o fato de que é o próprio autor desta demanda que se apresenta como "radical de esquerda, comunista".

Se não resta dúvida quanto ao predicado "comunista" — isto é, todas as coisas ou todos os indivíduos que reproduzem, assimilam, defendem, divulgam, corroboram e levam adiante as ideias do filósofo, economista, historiador, sociólogo e jornalista alemão Karl Marx (1818–1883) —, o predicado "radical", que o próprio autor desta ação se dá, tem a função de exacerbá-lo. Se podemos pensar em marxistas modernos (pós-marxistas) que souberam abandonar, paulatinamente, ao longo do caminho histórico percorrido pelo pensamento do revolucionário de Trier, pautas mais radicais e operar, por exemplo, a inclusão dos homossexuais dentro do ideal, o mesmo não se pode dizer de um "radical de esquerda, comunista".

O predicado "comunista" é sinonimizado a "radical de esquerda" pelo autor, em que radical remete à "raiz" e tem o significado de "original", "autêntico", "tradicional", "legítimo", "ortodoxo". Em outras palavras, o "comunista" (ou "radical de esquerda") é o "marxista fundamentalista", o proselitista das ideias de Marx em estado puro, ou seja, aquele que valida e, assim, admite o predicado "marxista" somente àqueles que desenvolvem essas ideias de maneira absolutamente ***(i)*** irredutível (sem que nada delas seja excluído, como a incompatibilidade do sujeito homossexual, *ab initio*, em qualquer regime por elas orientado) e ***(ii)*** não expansível (sem que nada lhe seja incluído, inclusive a eventual e futura assimilação da homossexualidade, uma vez que, depois de extirparem, expressa e formalmente, qualquer hipótese de uma sexualidade diversa daquela atrelada ao sexo natural para fins de procriação, as ideias marxistas originárias não retomam a temática nem discorrem sobre uma revolução na ordem animal da prática do sexo entre seres humanos); vale dizer, semanticamente, é a "raiz" como elemento gramatical, cujo conceito requer a completa eliminação de todo e qualquer afixo ou desinência.

Portanto, a crítica deste acusado não contém sequer um hálito parecido ao da injúria; muito menos aproximável, portanto, ao fétido bafo da injúria racial. O próprio autor desta ação criminal se apresenta, *sponte propria*, como "radical de esquerda, comunista", isto é, marxista-raiz e, ao fazê-lo, deveria ter a honestidade intelectual — se é que conhecimento há — em reconhecer os argumentos críticos deste acusado. Se ele, o autor, é livre para defender conceitos que, talvez, desconheça e repita como marionete militante, não pode deixar de ser, por outro, responsável pelos males que qualquer desinformação ou deturpação grosseira do conhecimento provocam.

O que causa espécie — e, porque não dizer, revolta —, todavia, é a audácia do autor e de seu advogado em buscar criminalizar este acusado que, tão homossexual e vítima de homofobia em sua vida quanto qualquer outro homossexual, nada mais fez do que opor a verdade teórica, histórica e filosófica à enormidade exortada pelo autor, por meio das redes sociais, com finalidade totalitária e completamente equivocada e distorcida em matéria de diversidade sexual. Um homossexual que se respeita e se dá ao respeito, como este acusado, jamais poderia ou poderá silenciar diante de loas tecidas ao marxismo, mais ainda ao marxismo-raiz, ideologia essa que mais assassinou homossexuais na história. Logo, se, ao que tudo indica, tanto o autor quanto o seu advogado parecem sofrer de *estudofobia*, este acusado, em virtude da sua sina de professor, passa a, gentilmente, comprovar a estupidez e a má-fé de ambos.

Há que se requerer, nesse sentido, a condenação de ambos, autor e patrono, por patente litigância de má-fé — que, no processo penal, exsurge sob a rubrica da denunciação caluniosa — por terem acusado e, assim, feito um professor titulado e com sólida carreira acadêmica ensinar, gratuitamente, aquilo que um verdadeiro estudioso e defensor do marxismo-raiz, do comunismo, já deveria saber, bem como, e principalmente, por terem movimentado o Poder Judiciário brasileiro com seus demasiados problemas reais, que poderiam avançar mais não fosse a ignomínia intelectual, tanto do autor desta demanda quanto do seu patrono que a subscreve.

3.F. De Duas, Uma: Má-Fé ou Fanatismo

Se a presente pretensão jurídica não padece de má-fé, continuará, mesmo assim, maculada pela torpeza que decorre do fanatismo.

Em *Submissão*, o polêmico e aclamado romancista francês Michel Houellebecq imagina o seu país dominado por um Partido da Irmandade Muçulmana. Merece destaque o seguinte trecho no qual, com certa dose de poesia, o autor descreve o aspecto fundamental dos fanatismos:

> o passado é sempre bonito, e o futuro também, aliás, só o presente é que faz mal, é que transportamos conosco como um abscesso de sofrimento que nos acompanha entre dois infinitos de felicidade serena.[5]

Mas a hipotética eventualidade desta ação penal não se atrela às religiões tradicionais e, para sair, com responsabilidade, dos domínios da fé, um cuidado se apresenta: separar o fanatismo, joio, do idealismo, trigo. A diferença entre eles, ensina Amós Oz, é a distância entre a dedicação e a obsessão: "para o fanático, mas não para o idealista, 'o fim justifica todos os meios'."[6]

Aliás, é assim que, dentro do campo religioso, podemos diferenciar duas figuras aparentemente semelhantes, quais sejam, o fanático e o devoto. Por rígidos que sejam os costumes, a disciplina e a moralidade, por mais áspero que seja o seu discurso, o devoto não deve ser confundido com o fanático. Ambos, o devoto e o fanático, podem ter um estilo de vida e crenças idênticas, mas o devoto, ao contrário do fanático, não provoca danos, patrimoniais ou extrapatrimoniais, sejam estes físicos ou simplesmente morais, nem para os outros nem para si. Fanáticos são devotos, mas devotos não são, necessariamente, fanáticos. O fanatismo, portanto, coincide com a defesa de qualquer causa, religiosa ou não, levada a cabo a qualquer custo.

O fanático, por sua vez, é aquele que age de forma irresponsável, não se importando com os danos que causa ou que pode causar. É, segundo Hoffer,

---

5 HOUELLEBECQ, Michel. *Submissão*. Trad. Rosa Freire d'Aguiar. Rio de Janeiro: Objetiva, 2015, p. 225.

6 OZ, Amós. *Como curar um fanático: Israel e Palestina: Entre o certo e o certo*. Trad. Paulo Geiger. São Paulo: Companhia das Letras, 2016, p. 100.

um sujeito que se afastou do próprio ego e está, perpetuamente, incompleto e inseguro, agarrando-se, de forma apaixonada, a qualquer apoio que encontre e se convencendo de que a sua causa é monolítica e eterna, nem tanto por considerar injustiça ou santidade, mas devido à sua desesperada necessidade de apegar-se a alguma coisa.[7] Essa coisa pode ser a religião, mas, também, pode ser a política, o futebol ou, até mesmo, o vegetarianismo.

Em suma, sem identidade própria, o fanático, ao identificar um grupo que lhe franqueie acesso e alimente o ego, entrega a vida para sua permanência e prefere a morte à existência longe desse grupo. O fanatismo, portanto, deita sua raiz na vida religiosa e, hoje, é um fenômeno comum em toda forma de militância identitária.

No campo da política, Raymond Aron ressalta a aproximação entre o marxismo (hoje, transfigurado nas mais diversas vertentes do chamado *progressismo*) e a religião, tornando-se, inclusive, célebre a sua expressão "religião secular".[8] Conforme este oponente de Sartre, para o fanático marxista, cuja fé justifica todas as medidas e convence o militante de que faz parte de um seleto grupo de eleitos encarregados da salvação comum[9], a doutrina, mesmo na ausência de transcendência ou de sacralidade, (*i*) fornece uma interpretação global do Universo, (*ii*) insufla sentimentos semelhantes aos dos cruzados de todas as épocas, (*iii*) fixa a hierarquia dos valores e (*iv*) determina a maneira correta de se comportar.[10]

Em outras palavras, o profetismo marxista se apresenta com o mesmo esquema típico do profetismo judaico-cristão. Todo profetismo traz, em si, a condenação daquilo que é e esboça uma imagem do que deve ser e será, bem como escolhe um indivíduo ou um grupo para vencer o espaço que separa o presente indigno do futuro fulgurante.[11]

O fenômeno continua atualíssimo. Eleitores "de direita" contra eleitores "de esquerda" — que nem ao menos suspeitam do real significado

---

7 HOFFER, Eric. *Fanatismo e movimentos de massa*. Trad. Sylvia Jatobá. Rio de Janeiro: Lidador, 1968, p. 84-85.

8 ARON, Raymond. *O ópio dos intelectuais*. Trad. Jorge Bastos. São Paulo: Três Estrelas, 2016. p. 275. O autor lembra, nesta toada, os escritos de Michelet: "'A Revolução não adotou igreja alguma. Por quê? Porque era, ela própria, uma igreja.'" (*Ibidem*, p. 291).

9 *Ibidem*, p. 279.

10 *Ibidem*, p. 275.

11 *Ibidem*, p. 276-277.

dos predicados que adotam e defendem — dividem nações e o mundo entre "nós" e "eles"; dois grupos que, se lhes fosse permitido, exterminar-se-iam mutuamente — não mais para saber qual igreja está investida da missão de interpretar os textos sagrados, mas qual partido ou regime oferece "a melhor chance de distribuir, nesse vale de lágrimas, o conforto material para todos."[12]

Se a salvação da religião está em outro plano, a da religião secular está neste mundo: seja para um marxista, para quem o paraíso na Terra está no porvir, seja para um reacionário, cujo ideal está, também, no porvir, porém um porvir da volta ao *status quo ante* de um passado glorioso que, geralmente, nem chegou a existir, mas que é invocado, mesmo assim, com o emocionante saudosismo de uma vida sem emoção.

Il Duce non può sbagliare, diziam os italianos hipnotizados pelo fascismo de Benito Mussolini ao reintroduzir, no pensamento político fanático, o brocardo absolutista *the king can do no wrong* ou, na versão francesa, *le roi ne peut jamais avoit tort* ou, ainda, *le roi ne peut mal faire*. A mesma máxima cabia ao *Führer*, Adolf Hitler. Disso decorre que, na religião ou fora dela, crença ou ideologia alienam seus adeptos divinizando suas lideranças, do que se conclui ser impossível qualquer fanatismo sem uma mente equivocada.

Analisando o nazismo, Eric Voegelin defende "que o problema de Hitler não deve ser isolado, mas que é um problema de 'Hitler e os alemães'", "uma situação de apodrecimento intelectual e ético que, de fato, fundamentou a ascensão do fenômeno de Hitler. Não é apenas um problema alemão. É um problema internacional."[13] O caráter antirreligioso — o que confere ao ato, no entanto, um caráter religioso, uma vez que, no caso do nazismo, o elemento místico é indissociável da sua doutrina desde o nascedouro — confirma a ideia de que os totalitarismos políticos incorporam a religião e, na ausência de um ser transcendental específico, são, assim, religiões seculares.

Mais uma vez, recorro ao pensamento de Eric Hoffer: quanto menos justificado é o homem para clamar sua própria excelência, mais pronto está ele para clamar toda excelência para sua pátria, religião, raça ou qualquer

---

12 *Ibidem*, p. 276.

13 VOEGELIN, Eric. *Hitler e os Alemães*. Trad. Elpídio Mário Dantas Fonseca. São Paulo: É Realizações Editora, 2008, p. 79-80.

causa sagrada.[14] E o ódio apaixonado aos inimigos de qualquer causa enche a sua vida — até então, vazia — de significação e propósito.[15]

Essa é, na realidade, a essência dos identitarismos, militâncias político-sociais que gravitam em torno de uma *característica identificadora* (nacionalidade, etnia, sexualidade, religião, estilo de vida etc.) que se faz passar, ardilosamente, por *identidade*, mas que, na realidade, aniquila a verdadeira identidade, que é, naturalmente, personalíssima.

O identitarismo de cunhos sexuais, em especial, através das militâncias surgidas ao longo do século XX, firmou-se, politicamente, como vertente de um marxismo que Marx nunca conheceu e jamais teria reconhecido, razão pela qual existe, hoje, uma verdadeira cruzada de pseudointelectuais progressistas que, a qualquer custo, sempre buscam provar que aquilo que está escrito não está escrito ou que, apesar do significado das palavras, não foi o que os autores quiseram dizer.

Entretanto, a realidade se impõe: ideologias e paixões tornam-se dogmas quando consentem o absurdo.[16]

3.G. Comprovação Bibliográfica

Sem mais delongas, Excelência, passo a comprovar, a partir dos textos marxistas seminais, que a acusação do autor é caluniosa, pois a fala deste acusado, em contexto jornalístico, enquadra-se, com absoluta exatidão acadêmica, em caso de crítica literária e científica.

I. Marx, K.; Engels, F. *Die Deutsche Ideologie.* 1846

Escrita por Karl Marx e Friedrich Engels entre os anos de 1845 e 1846 (duas décadas antes, portanto, da controversa obra-prima de Marx, *O Capital*), *A Ideologia Alemã* é considerada a obra filosófica mais importante do corpo do

---

[14] HOFFER, Eric, *op. cit.* p. 17.

[15] *Ibidem*, p. 96.

[16] ARON, Raymond, *op. cit.* p. 296.

pensamento denominado "marxista", de maneira que é correto dizer tratar-se de um verdadeiro *manual do "radical de esquerda, comunista"*.

Para que Vossa Excelência e todas as partes envolvidas na presente demanda possam aferir as citações do texto original dessa obra seminal do *marxismo*, recorro à transcrição digital gratuita disponível em:

http://www.mlwerke.de/me/me03/me03_017.htm#I_I

Ao fim dos trechos originais doravante transcritos, informarei, entre colchetes, os números referenciais contidos na publicação eletrônica, a fim de facilitar a verificação.

Na obra em referência, para que o ideal dos autores tenha êxito, alguns pressupostos devem ser observados. *Ipsis verbis*:

> *Die Voraussetzungen, mit denen wir beginnen, sind keine willkürlichen, keine Dogmen, es sind wirkliche Voraussetzungen, von denen man nur in der Einbildung abstrahieren kann. Es sind die wirklichen Individuen, ihre Aktion und ihre materiellen Lebensbedingungen, sowohl die vorgefundenen wie die durch ihre eigne Aktion erzeugten. Diese Voraussetzungen sind also auf rein empirischem Wege konstatierbar. Die erste Voraussetzung aller Menschengeschichte ist natürlich die Existenz lebendiger menschlicher Individuen. Der erste zu konstatierende Tatbestand ist also die körperliche Organisation dieser Individuen und ihr dadurch gegebenes Verhältnis zur übrigen Natur.* **[20-21]**

> **Traduzo para o nosso idioma:**
> Os pressupostos com os quais começamos não são arbitrários nem Dogmas, são pressupostos reais dos quais só podemos abstrair na imaginação. Eles são os indivíduos reais, suas ações e suas condições materiais de vida, tanto aquelas encontradas como aquelas criadas por suas próprias ações. Esses pré-requisitos podem, portanto, ser estabelecidos de forma puramente empírica. O primeiro pré-requisito de toda a história humana é, obviamente, a existência de indivíduos humanos vivos. O primeiro fato a ser estabelecido é a organização física desses indivíduos e sua consequente relação com o resto da natureza.

Embora, ainda, não reste claro, a fim de que se mostre como argumento indiscutível, o fato de que a atividade sexual procriadora seja um pressuposto da revolução que os autores engendram, tal ideia ainda não explicitada já é, contudo, percebida dentro das linhas gerais do marxismo em função de um elemento essencial neste ideal, qual seja, a pretensão de abolir toda forma de transcendentalidade religiosa. Esse fundamento que acabo de mencionar apresenta-se no parágrafo acima de maneira sutil quando Marx e Engels afirmam que os seus pressupostos doutrinários "não são arbitrários nem Dogmas", em que "Dogmas", vocábulo apresentado com "d" maiúsculo ("Dogmen"), relaciona-se com o estabelecimento de verdades inquestionáveis e insondáveis de Deus ou das religiões.

Logo, nesse contexto, se o "primeiro pré-requisito" historicista do marxismo é a existência humana, essa existência, divorciada da transcendentalidade divina, bem como também da transcendentalidade filosófica de Kant, delineada na segunda edição da sua *Crítica da Razão Pura* (idealismo alemão que é satirizado por Marx e Engels já no título da obra que ora analisamos), "a organização física" à qual se referem, deve atender não apenas a esse "primeiro pré-requisito" da reprodução humana, mas também à sua relação no jogo do emprego das forças segundo as suas capacidades físicas. Em outras palavras, o sexo entre homens não se adequa nem aos pressupostos "reais" e "estabelecidos de forma puramente empírica" pelo marxismo, nem à possibilidade de um homem se dar ao luxo burguês de se esquivar da sua força, da sua brutalidade, da sua composição biológica inata, em função da "sua consequente relação com o resto da natureza".

Tanto o exposto é verdadeiro que, exatamente na sequência do parágrafo acima transcrito, Marx e Engels, categoricamente, concluem o seguinte:

> *Alle Geschichtsschreibung muss von diesen natürlichen Grundlagen und ihrer Modifikation im Lauf der Geschichte durch die Aktion der Menschen ausgehen.* **[21]**

> **Em português:**
> Toda a historiografia deve partir desses fundamentos naturais e da sua modificação ao longo da história, através da ação humana.

Nesse trecho conclusivo, três são os elementos-chave para a compreensão exata do pensamento marxista seminal: (*i*) historiografia; (*ii*) fundamentos naturais; e (*iii*) modificação desses fundamentos naturais ao longo da história. Quer dizer: a modificação humana dos fundamentos naturais encontra-se na base da historiografia da opressão que o marxismo pretende eliminar.

Trata-se da noção de historicismo, que é minuciosamente delineada por Karl Popper já nas primeiras páginas da segunda edição da sua magnífica obra em dois volumes *The Open Society and Its Enemies* (*A Sociedade Aberta e os Seus Inimigos*), cujo principal e declarado objetivo, a sua razão de ser, aliás, é criticar o marxismo como problema emergencial do século XX, como um dos maiores erros cometidos em nome da construção de um mundo melhor e mais livre e que, como outros ideais catastróficos, parte da mesma filosofia social que é responsável por um preconceito muito difundido contra as possibilidades de reforma democrática: o historicismo.

Popper apresenta o historicismo como o hábito perigoso de profecia histórica, difundido entre líderes políticos e intelectuais politizados, que reagem contra as pressões da Civilização, que, por sua vez, demandam, continuamente, responsabilidade dos indivíduos livres. De um lado, há historicistas que prometem aliviar os indivíduos do peso das suas próprias responsabilidades. De outro, historicistas como Marx não pretendem aliviar os homens desse peso, mas sobrecarregá-los de outras responsabilidades (essas, decorrentes não da complexa liberdade, mas das imposições ideológicas inegociáveis) até que consigam reverter a historiografia da opressão.

Nesse sentido, como conceito, o historicismo é uma doutrina de dominação da história através de leis históricas ou evolutivas que, uma vez descobertas, permitiriam profetizar ou alterar o futuro da humanidade. Dado é que essas descobertas, de modo nada surpreendente, são realizadas, coincidentemente, por líderes políticos e intelectuais politizados, e eles passam, simultaneamente, a tomar os indivíduos comuns como peões e a si mesmos como engenheiros sociais. Assim, uma vez que são os únicos detentores de um saber especial (uma base "científica" para a política), tornam-se os garantes de que somente é possível uma ação política inteligente se o curso futuro da história, previamente determinado, escapar do movimento heraclitiano manifestado na decadência histórica.

Como método de engenharia social historicista, o marxismo atribui ao Estado perfeito futuro como uma coisa que parte, naturalmente (isto é, sem as intervenções humanas antinaturais), de um primeiro antepassado, o mais remoto, o progenitor dos Estados posteriores arruinados, que nada mais são do que uma descendência degenerada da ordem natural das coisas.

Logo, a partir do platonismo utópico, o marxismo-raiz no qual o autor desta acusação afirma estar inserido (enormidade incomensurável para qualquer letra da enorme militância LGBT...+), defende, como uma verdade que combina historicismo e engenharia social, a aplicação de um método experimental à sociedade pelo qual seria possível quebrar a férrea lei do destino e evitar a decadência final da exploração suprema e perpétua, pela suspensão de toda mudança promovida pelos homens nos fundamentos naturais, como mostra a historiografia (e, mais adiante, a homossexualidade irromperá como uma dessas degenerações naturais responsáveis pelo triunfo da burguesia e pela submissão do proletariado).

Em suma, sentencia Popper, trata-se de uma atitude irracional que emana da ebriedade com sonhos de um mundo maravilhoso que recupere, no passado (no passado que nunca existiu, ou seja, no delírio), uma sociedade perfeita ou que exsurja, na fantasia do futuro, da revolucionária construção de uma cidade celestial. Não importa: esteja no regresso à natureza primordial ou na marcha rumo a um mundo de amor, esse mundo maravilhoso se resume a um apelo às emoções que, separado da razão por um abismo e mesmo com a intenção de realizar o Céu na Terra, só consegue fazer da Terra um verdadeiro Inferno.

Esclarecida a determinação intransponível dos papéis biológicos como fator de ordem natural, cuja mudança levou o homem trabalhador à desgraça, o espectro da homossexualidade como degeneração em uma sociedade fundada na exploração humana começa a tomar contorno no trecho seguinte do livro de Marx e Engels sob enfoque:

> *Diese Produktion tritt erst ein mit der Vermehrung der Bevölkerung. Sie setzt selbst wieder einen Verkehr der Individuen untereinander voraus. Die Form dieses Verkehrs ist wieder durch die Produktion bedingt. Die Beziehungen verschiedener Nationen untereinander hängen davon ab, wie weit jede von ihnen ihre Produktivkräfte, die Teilung der Arbeit und den Inneren Verkehr entwickelt hat. Dieser Satz ist allgemein anerkannt. Aber nicht nur die Beziehung einer Nation zu anderen, sondern auch die ganze innere Gliederung dieser Nation selbst hängt von der Entwicklungsstufe ihrer Produktion und ihres Inneren und äußern Verkehrs ab. Wie weit die Produktionskräfte einer Nation entwickelt sind, zeigt am augenscheinlichsten*

der Grad, bis zu dem die Teilung der Arbeit entwickelt ist. Jede neue Produktivkraft, sofern sie nicht eine bloß quantitative Ausdehnung der bisher schon bekannten Produktivkräfte ist (z. B. Urbarmachung von Ländereien), hat eine neue Ausbildung der Teilung der Arbeit zur Folge. [22]

Traduzo:
Essa produção só ocorre à medida que a população aumenta. Ela própria pressupõe relações sexuais entre indivíduos. A forma dessas relações é novamente determinada pela produção. As relações entre as diferentes nações dependem de até que ponto cada uma delas desenvolveu as suas forças produtivas, a divisão do trabalho e do intercâmbio interno. Esse princípio é geralmente aceito. Entretanto, não apenas a relação de uma nação com outras, mas também toda a estrutura interna dessa nação depende do nível de desenvolvimento da sua produção e de suas relações internas e externas. O grau de desenvolvimento das forças produtivas de uma nação é demonstrado de forma mais óbvia pelo grau de desenvolvimento da divisão do trabalho. Cada nova força produtiva, desde que não seja uma mera expansão quantitativa das forças produtivas anteriormente conhecidas (por exemplo, a recuperação de terras), resulta em um novo desenvolvimento da divisão do trabalho.

Tanto o homem tem o dever, dentro do processo marxista, de engravidar a mulher quanto a mulher tem a obrigação de engravidar e parir de um homem, de forma que são imprestáveis aqueles que não são capazes de manter relações sexuais férteis com o sexo oposto. Menos imaginável ainda seria aqueles que não aceitam sua condição biológica ou pregam não aceitar as potencialidades físicas do sexo biológico.

Tais pensamentos demandam ócio e, portanto, pressupõem que alguém esteja sendo explorado enquanto o sujeito pensante foge da luta natural que a condição animal impõe aos homens. Somente assim, a nobreza e, sua sucessora estamental, a burguesia, desobrigadas, pela exploração do trabalho, da lida natural com as barreiras materiais, contaminariam uma correta visão de mundo e, nesse sentido, de organização de uma sociedade e de um Estado. A saber:

Die Zusammenfassung größerer Länder zu feudalen Königreichen war für den Grundadel wie für die Städte ein Bedürfnis. Die Organisation der herrschenden Klasse, des Adels, hatte daher überall einen Monarchen an der Spitze. Die Tatsache ist also die: bestimmte Individuen, die auf bestimmte

Weise produktiv tätig sind, gehen diese bestimmten gesellschaftlichen und politischen Verhältnisse ein. Die empirische Beobachtung muss in jedem einzelnen Fall den Zusammenhang der gesellschaftlichen und politischen Gliederung mit der Produktion empirisch und ohne alle Mystifikation und Spekulation aufweisen. Die gesellschaftliche Gliederung und der Staat gehen beständig aus dem Lebensprozess bestimmter Individuen hervor; aber dieser Individuen, nicht wie sie in der eignen oder fremden Vorstellung erscheinen mögen, sondern wie sie wirklich sind, d.h. wie sie wirken, materiell produzieren, also wie sie unter bestimmten materiellen und von ihrer Willkür unabhängigen Schranken, Voraussetzungen und Bedingungen tätig sind. **[25]**

Em vernáculo:
A consolidação de grandes territórios em reinos feudais era uma necessidade tanto para a nobreza fundiária quanto para as cidades. A organização da classe dominante, a nobreza, tinha, portanto, um monarca à sua frente em todos os lugares. Então o fato é este: certos indivíduos, que são produtivamente ativos de uma certa forma, entram nessas determinadas relações sociais e políticas. Em cada caso individual, a observação empírica deve demonstrar a ligação entre a estrutura social e política e a produção empiricamente e sem qualquer mistificação ou especulação. A estrutura social e o Estado emergem constantemente do processo de vida de certos indivíduos; mas desses indivíduos, não como eles podem aparecer na imaginação própria ou alheia, mas como realmente são, ou seja, como trabalham, produzem materialmente, e atuam sob certas barreiras materiais, pressupostos e condições que são independentes de sua arbitrariedade.

Essa deturpação da visão de mundo e do Estado por aqueles que, arbitrariamente, exploram a classe trabalhadora e, por esse motivo, desincumbem-se dos pressupostos e condições naturais — de maneira que essa situação naturalmente inadmissível leva a costumes também naturalmente inadmissíveis como, por exemplo, aqueles que se divorciam da função animal das relações sexuais — é esclarecida por um contemporâneo e compatriota de Marx, o filósofo Wilhem Dilthey, que, a despeito de conflitos pontuais, com ele converge no que tange ao fato de uma visão de mundo "verdadeira" depender da natureza objetivamente presente ("Das Wesen der Philosophie". In *Kultur der Gegenwart*, I, 4).

Em que pesem as ponderações extraídas de antemão e das doutrinas que as corroboram, o que acabo de afirmar é, expressamente, descrito por Marx e Engels no trecho a seguir:

Die Produktion der Ideen, Vorstellungen, des Bewusstseins ist zunächst unmittelbar verflochten in die materielle Tätigkeit und den materiellen Verkehr der Menschen, Sprache des wirklichen Lebens. Das Vorstellen, Denken, der geistige Verkehr der Menschen erscheinen hier noch als direkter Ausfluss ihres materiellen Verhaltens. Von der geistigen Produktion, wie sie in der Sprache der Politik, der Gesetze, der Moral, der Religion, Metaphysik usw. eines Volkes sich darstellt, gilt dasselbe. Die Menschen sind die Produzenten ihrer Vorstellungen, Ideen pp., aber die wirklichen, wirkenden Menschen, wie sie bedingt sind durch eine bestimmte Entwicklung ihrer Produktivkräfte und des denselben entsprechenden Verkehrs bis zu seinen weitesten Formationen hinauf. Das Bewusstsein kann nie etwas Andres sein als das bewusste Sein, und das Sein der Menschen ist ihr wirklicher Lebensprozess. Wenn in der ganzen Ideologie die Menschen und ihre Verhältnisse wie in einer Camera obscura auf den Kopf gestellt erscheinen, so geht dies Phänomen ebensosehr aus ihrem historischen Lebensprozess hervor, wie die Umdrehung der Gegenstände auf der Netzhaut aus ihrem unmittelbar physischen. **[26]**

Traduzo:
A produção de ideias, representações e consciência está, inicialmente, interligada de forma direta com a atividade material e as relações materiais das pessoas, a linguagem da vida real. A imaginação, o pensamento e as relações intelectuais das pessoas ainda aparecem aqui como resultado direto de seu comportamento material. Isso se aplica à produção intelectual tal como ela se apresenta na linguagem da política, das leis, da moral, da religião, da metafísica etc. de um povo. As pessoas são as produtoras dos seus conceitos, ideias etc., mas as pessoas reais e ativas, pois estão condicionadas por um certo desenvolvimento das suas forças produtivas e pelo correspondente tráfego até as suas formações mais distantes. A consciência nunca pode ser outra coisa senão o ser consciente, e o ser das pessoas é o seu processo de vida real. Se em toda a ideologia as pessoas e as suas condições aparecem viradas de cabeça para baixo, como se estivessem em uma câmara escura, esse fenômeno emerge do seu processo histórico de vida tanto quanto a revolução dos objetos na retina emerge do seu processo diretamente físico.

Não bastasse, os autores, para que não restem dúvidas, reafirmam a mesma ideia ao final do mesmo trecho **[26]**:

Ganz im Gegensatz zur deutschen Philosophie, welche vom Himmel auf die Erde herabsteigt, wird hier von der Erde zum Himmel gestiegen. D. h., es wird nicht ausgegangen von dem, was die Menschen sagen, sich einbilden, sich vorstellen, auch nicht von den gesagten, gedachten, eingebildeten, vorgestellten Menschen, um davon aus bei den leibhaftigen Menschen anzukommen; es wird von den wirklich tätigen Menschen ausgegangen und aus ihrem wirklichen Lebensprozess auch die Entwicklung der ideologischen Reflexe und Echos dieses Lebensprozesses dargestellt. Auch die Nebelbildungen im Gehirn der Menschen sind notwendige Sublimate ihres materiellen, empirisch konstatierbaren und an materielle Voraussetzungen geknüpften Lebensprozesses. Die Moral, Religion, Metaphysik und sonstige Ideologie und die ihnen entsprechenden Bewusstseinsformen behalten hiermit nicht länger den Schein der Selbständigkeit. Sie haben keine Geschichte, sie haben keine Entwicklung, sondern die ihre materielle Produktion und ihren materiellen Verkehr entwickelnden Menschen ändern mit dieser ihrer Wirklichkeit auch ihr Denken und die Produkte ihres Denkens.

Em português:
Em completo contraste com a filosofia alemã, que desce do céu à terra, aqui, ascendemos da terra ao céu. Ou seja, não partimos do que as pessoas dizem, imaginam ou imaginariam, nem do que as pessoas disseram, pensaram, imaginaram ou imaginavam para chegar aos seres humanos; baseamo-nos nas pessoas realmente ativas; e o desenvolvimento dos reflexos e ecos ideológicos desse processo de vida é mostrado a partir do seu processo de vida real. As formações de neblina no cérebro das pessoas também são sublimações necessárias do seu processo de vida material, empiricamente verificável, que está ligado às condições materiais. A moralidade, a religião, a metafísica e outras ideologias e as formas de consciência que lhes correspondem já não mantêm a aparência de independência. Elas não têm história, não têm desenvolvimento, mas as pessoas que desenvolvem a sua produção material e suas relações materiais também mudam seu pensamento e os produtos do seu pensamento com esta sua realidade.

O marxismo-raiz abjeta, de maneira explícita e inequívoca, qualquer hipótese de não enquadramento às condições da vida animal biológica. Tal conclusão é tão patente que, a despeito do reconhecido fenômeno da consciência humana, Marx e Engels negam à consciência qualquer legitimidade que pretenda escapar da biologia. São suas próprias palavras:

Nicht das Bewusstsein bestimmt das Leben, sondern das Leben bestimmt das Bewusstsein. [27]

Quer dizer:
Não é a consciência que determina a vida, mas a vida que determina a consciência.

Outra vez, Marx e Engels invocam o sexo para reprodução, entre homem e mulher (por óbvio), como dever absoluto:

Die erste geschichtliche Tat ist also die Erzeugung der Mittel zur Befriedigung dieser Bedürfnisse, die Produktion des materiellen Lebens selbst, und zwar ist dies eine geschichtliche Tat, eine Grundbedingung aller Geschichte, die noch heute, wie vor Jahrtausenden, täglich und stündlich erfüllt werden muss, um die Menschen nur am Leben zu erhalten. **[28]**

No vernáculo:
O primeiro ato histórico é, portanto, a produção dos meios para satisfazer essas necessidades, a produção da própria vida material, e esse é um ato histórico, uma condição básica de toda a história, que ainda hoje, como há milhares de anos, deve ser cumprida diariamente e de hora em hora, apenas para manter as pessoas vivas.

Os autores, na sequência, insistem quanto à primordialidade e à inquestionabilidade, a título de indisponibilidade mesmo, da relação entre homem e mulher:

das Verhältnis zwischen Mann und Weib: (...) Die Produktion des Lebens, sowohl des eignen in der Arbeit wie des fremden in der Zeugung, erscheint nun schon sogleich als ein doppeltes Verhältnis — einerseits als natürliches, andrerseits als gesellschaftliches Verhältnis —, gesellschaftlich in dem Sinne, als hierunter das Zusammenwirken mehrerer Individuen, gleichviel unter welchen Bedingungen, auf welche Weise und zu welchem Zweck, verstanden wird. **[29]**

Traduzo:
a relação entre homem e mulher: (...) a produção da vida, tanto a própria no trabalho como a do outro na procriação, surge imediatamente como uma dupla relação — por um lado, como relação natural, por outro, como relação social — social no sentido de que envolve a interação de vários indivíduos, independentemente das condições, da forma e da finalidade.

Por fim, o marxismo-raiz d'*A Ideologia Alemã* é claro em convocar à fé em uma religião natural, que prega a consciência de rebanho inicial como condição essencial para a realização dessa ideologia:

Hier wie überall tritt die Identität von Natur und Mensch auch so hervor, daß das bornierte Verhalten der Menschen zur Natur ihr borniertes Verhalten zueinander, und ihr borniertes Verhalten zueinander ihr borniertes Verhältnis zur Natur bedingt, eben weil die Natur noch kaum geschichtlich modifiziert ist, und andrerseits Bewußtsein der Notwendigkeit, mit den umgebenden Individuen in Verbindung zu treten, der Anfang des Bewußtseins darüber, daß er überhaupt in einer Gesellschaft lebt. Dieser Anfang ist so tierisch wie das gesellschaftliche Leben dieser Stufe selbst, er ist bloßes Herdenbewußtsein, und der Mensch unterscheidet sich hier vom Hammel nur dadurch, daß sein Bewußtsein ihm die Stelle des Instinkts vertritt, oder daß sein Instinkt ein bewußter ist. Dieses Hammel- oder Stammbewußtsein erhält seine weitere Entwicklung und Ausbildung durch die gesteigerte Produktivität, die Vermehrung der Bedürfnisse und die Beiden zum Grunde liegende Vermehrung der Bevölkerung. Damit entwickelt sich die Teilung der Arbeit, die ursprünglich nichts war als die Teilung der Arbeit im Geschlechtsakt, dann Teilung der Arbeit, die sich vermöge der natürlichen Anlage (z.B. Körperkraft), Bedürfnisse, Zufälle etc. etc. von selbst oder „naturwüchsig" macht. [31]

Em português:
Pode-se ver imediatamente aqui: essa religião natural ou esse comportamento particular em relação à natureza é determinado pela forma da sociedade e vice-versa. Aqui, como em qualquer outro lugar, a identidade da natureza e do homem emerge de tal forma que o comportamento limitado das pessoas em relação à natureza determina o seu comportamento limitado umas para com as outras, e o seu comportamento limitado umas para com as outras determina a sua relação inata com a natureza, porque a natureza ainda não foi modificada historicamente; por outro lado, a consciência da necessidade de entrar em contato com os indivíduos ao redor é o início da consciência de que se vive em sociedade. Esse início é tão animalesco quanto a própria vida social desse estágio; é mera consciência de rebanho, e o homem difere das ovelhas apenas porque sua consciência toma o lugar do instinto, ou porque seu instinto é consciente. Essa consciência de carneiro ou tribal se desenvolve e se forma através do aumento da produtividade, do aumento das necessidades e do aumento da população subjacente a ambos. Isso desenvolve a divisão do trabalho que, originalmente, nada mais era do que a divisão do trabalho no ato sexual, depois se torna uma divisão do trabalho que ocorre automática ou "naturalmente" como resultado da disposição natural (por exemplo, força física), necessidades, coincidências etc.

Em suma, uma vez que o ideal não logrou êxito prático em parte nenhuma da face da Terra, dizer-se "radical de esquerda, comunista" implica em aceitar tanto o sexo quanto a sexualidade biológica e rejeitar, via de consequência, qualquer debate positivo sobre gêneros humanos.

Todavia, convém tratar de outra obra que, a partir dessa que acabo de analisar, também integra a bibliografia do marxismo-raiz e não economiza palavras na sua absoluta objeção e ojeriza à temática da hoje denominada *diversidade sexual.*

II. Marx, K.; *Das Kapital: Kritik der Politischen Ökonomie.* Buch 1. 1867

Em sua obra mais conhecida, *O Capital,* Marx não trata da sexualidade humana. No entanto, Excelência, trago-a para análise em razão de, certa vez, ter compulsado certa dissertação na Faculdade de Direito da Universidade de São Paulo do Largo São Francisco — que Deus a tenha — na qual o então mestrando William Glauber Teodoro Castanho conseguiu, literariamente, extrair leite de tijolo para amamentar um filhote de ornitorrinco nascido de um ovo peludo: em uma acrobacia nunca antes vista na história do circo, redigiu uma defesa acerca da contribuição (inexistente) do marxismo às uniões homossexuais. A contribuição, em si, não se vê. Espera-se por ela como quem espera por Godot no teatro de Samuel Beckett (*En Attendant Godot.* 1952).

Contudo, em consonância com a doutrina seminal d'*A Ideologia Alemã*, mesmo que se empreenda, com muito desejo, uma leitura bastante libidinosa do primeiro livro d'*O Capital*, não é possível, por qualquer ângulo que se analise, chegar à conclusão liberta da lógica do mestre em direito. A conclusão lógica dessa hipotética leitura sensual é, exatamente, oposta à proposta dissertada.

Uma vez mais, a fim de facilitar a conferência de Vossa Excelência, socorro-me, para as transcrições a seguir, do texto original, disponível em:

https://oll.libertyfund.org/pages/marx-k1-1890#K2

Para Marx, o fetiche (substantivo masculino que se refere a um objeto de culto sobrenatural, pois crido dotado de qualidades mágicas ou milagrosas, inclusive eróticas) é algo negativo e, dentro do historicismo que guia o seu pensamento, é representativo da degeneração que agride a natureza e leva o homem à condição de sujeito explorado.

Não poderia ser diferente, já que "o enigma do fetiche do dinheiro é, portanto, apenas o enigma visível e ofuscante do fetiche da mercadoria" ["Das Rätsel des Geldfetischs ist daher nur das sichtbar gewordne, die Augen blendende Rätsel des Warenfetischs" **(108)**].

Aliás, Excelência, dentro do tema em debate, Marx faz uma referência ao erotismo, mas no sentido de, veementemente, condenar todo aquele que cede à luxúria carnal, haja vista que, conforme o trecho abaixo, o sucesso de um projeto social requer homens capazes de resistirem aos prazeres da carne:

> *Um das Gold als Geld festzuhalten und daher als Element der Schatzbildung, muß es verhindert werden zu zirkulieren oder als Kaufmittel sich in Genußmittel aufzulösen. Der Schatzbildner opfert daher dem Goldfetisch seine Fleischeslust. Er macht Ernst mit dem Evangelium der Entsagung.* [147]

> **Traduzo:**
> Para manter o ouro como dinheiro e, portanto, como elemento de acumulação, ele deve ser impedido de circular ou de se dissolver em bens de luxo como meio de compra. O tesoureiro, portanto, sacrifica sua luxúria carnal ao fetiche do ouro. Ele leva a sério o evangelho da renúncia.

Nesse sentido, contraponto que é ao pensamento de Adam Smith e, em especial, à sua *mão invisível*, Marx é explícito ao exortar aquilo que é da natureza em detrimento de qualquer fetichismo:

> *Wie sehr ein Teil der Ökonomen, von dem der Warenwelt anklebenden Fetischismus oder dem gegenständlichen Schein der gesellschaftlichen Arbeitsbestimmungen getäuscht wird, beweist u.a. der langweilig abgeschmackte Zank über die Rolle der Natur in der Bildung des Tauschwerts.* [97]

> **Em português:**
> Até que ponto alguns economistas são enganados pelo fetichismo ligado ao mundo das mercadorias ou pela aparência objetiva das regulamentações do serviço social é demonstrado, dentre outras coisas, pela disputa, irritantemente absurda, sobre o papel da natureza na formação do valor de troca.

Na sequência, Marx arremata a sua objeção ao fetichismo, em especial quando disfarçado em razão de complexidades assumidas, engenhosamente, como naturais:

> *Woher die Illusionen des Monetarsystems? Es sah dem Gold und Silber nicht an, daß sie als Geld ein gesellschaftliches Produktionsverhältnis darstellen, aber in der Form von Naturdingen mit sonderbar gesellschaftlichen Eigenschaften. Und die moderne Ökonomie, die vornehm auf das Monetarsystem herabgrinst, wird ihr Fetischismus nicht handgreiflich, sobald sie das Kapital behandelt? Seit wie lange ist die physiokratische Illusion verschwunden, daß die Grundrente aus der Erde wächst, nicht aus der Gesellschaft?* [97]

> **Em português:**
> De onde vêm as ilusões do sistema monetário? Ouro e prata não pareciam representar uma relação social de produção como o dinheiro, mas uma forma de coisas naturais com estranhas propriedades sociais. E a economia moderna, que sorri, nobremente, para o sistema monetário, não deixa que se perceba o seu fetichismo ao lidar com o capital? Há quanto tempo desapareceu a ilusão fisiocrática de que a renda fundiária cresce a partir da terra, e não da sociedade?

Em suma, toda defesa expiatória "progressista" da homofobia incrustada e demasiadamente evidente no "radical de esquerda, comunista" não passa de puro fetichismo. A religião natural imposta como premissa indelével do marxismo é incompatível com qualquer ideia que desafie a biologia e as funções ou aptidões biológicas genotípicas e fenotípicas, endógenas e exógenas, de qualquer indivíduo.

Um indivíduo que, por fetiche, defenda o contrário e, assim, seja incapaz de sacrificar a luxúria carnal ou, apenas, questione a funcionalidade natural do ato sexual, é contrário ao ideal marxista. Por esse simples motivo individualista, na qualidade de contrarrevolucionário, deve ser afastado para que compreenda ou para ser descartado... Para sempre.

III. MARX, K. Manuscritos Económico-Filosóficos. Lisboa: Edições 70, 1993

Em seus *Manuscritos Económico Filosóficos*, Marx reafirma o ideal do homem ativamente natural:

> o homem é directamente um ser da natureza. Como ser natural e enquanto ser natural vivo é, por um lado dotado de forças naturais, de forças vitais, é um ser natural activo; estas forças existem nele como talentos e capacidades, como pulsões. Por outro lado, enquanto ser natural, corpóreo, sensível e objectivo, é um ser que sofre, condicionado e limitado tal como o animal e a planta, quer dizer, os objectos das suas pulsões existem fora dele, como objectos, independentes, e, no entanto, tais objectos são objectos das suas necessidades, objectos essenciais, indispensáveis ao exercício e à confirmação das suas faculdades. Que o homem seja um ser corpóreo, dotado de forças naturais, vivo, real, sensível, objectivo, significa que ele tem objectos reais, sensíveis como objectos do seu ser, ou que pode exteriorizar a própria existência só em objectos reais, sensíveis. Ser objectivo, natural, sensível e simultaneamente ter fora de si o objecto, a natureza, o sentido para uma terceira pessoa, é a mesma coisa. A fome é uma necessidade natural; portanto, requer uma natureza fora de si, um objecto exterior, indispensável à sua integração e à expressão da própria natureza. O Sol é o objecto da planta, objecto indispensável e que lhe assegura a vida, da mesma maneira que a planta é objecto do Sol, enquanto expressão da força suscitadora de vida do Sol, do poder objectivo do Sol. Um ser, que não tenha a sua natureza fora de si, não é nenhum ser natural, não participa do ser da natureza. Um ser, que não tenha objecto fora de si, não é nenhum ser objectivo. **Um ser, que não seja ele próprio objecto para um terceiro ser, não tem existência para o respectivo objecto, quer dizer, não possui relação objectiva, o seu ser não é objectivo**.
>
> (p. 249-50. Grifei)

Na sequência, Marx conclui:

> mas o homem não é unicamente um ser natural; é um ser natural humano; quer dizer, um ser para si mesmo, por conseguinte, um ser genérico, e como tal tem de autenticar-se e expressar-se tanto no ser como no pensamento. (...). E assim como tudo o que é natural deve ter a sua origem, também o homem tem o seu processo de génese, a história, que no entanto para ele constitui um processo consciente e que assim, enquanto acto de origem

com consciência, se transcende a si próprio. A história é a verdadeira história natural do homem. (...).

(...). Quando o homem real, corpóreo, com os pés bem firmes na terra, inalando e exaltando todas as forças da natureza, põe as suas faculdades objectivas reais, em virtude de alienação, como objectos alienados, o acto de pôr não constitui o sujeito; é a subjetividade de faculdades objectivas, cuja acção deve, por conseguinte, ser objectiva. O ser objectivo actua objectivamente e não actuaria de modo objectivo, se a objectividade não fizesse parte da sua determinação essencial. Cria e põe unicamente objectos porque é estabelecido por objectos, porque é fundamentalmente natural. No acto de pôr, não desce da sua «pura actividade» para a criação do objecto; o seu produto objectivo confirma apenas a sua actividade objectiva, a sua actividade como actividade de um ser objectivo, natural.

Estamos agora a ver como o naturalismo consistente ou o humanismo se distingue tanto do idealismo como do materialismo, constituindo ao mesmo tempo a sua verdade unificadora.

(p. 251-259)

A partir dos trechos transcritos, os professores da Universidade Complutense de Madrid Juan Manuel Navarro Cordón e Tomás Calvo Martinez, mesmo inclinados, particularmente, ao marxismo, concluem que, em oposição a qualquer interpretação idealista da realidade,

> o marxismo defende uma teoria ou concepção materialista do real. «O materialismo», escreve Engels, «é uma concepção geral do mundo baseada numa determinada interpretação das relações entre o espírito e a matéria.» «Para o materialismo, o único real é a natureza (...). A natureza existe independentemente de toda a filosofia; é a base sobre a qual cresceram e se desenvolveram os homens, que são também, de si, produtos naturais; fora da natureza e dos homens não existe nada (...).»[17]

Nesse diapasão:

> as formas ideológicas da consciência têm por função ocultar, desfigurar, sublimar e suplantar imaginativa ou conceptualmente uma situação de existência real, social e histórica dos homens, que o marxismo caracteriza

[17] CORDÓN, Juan Manuel Navarro; MARTINEZ, Tomás Calvo. *História da Filosofia: Dos pré-socráticos à filosofia contemporânea*. Lisboa: Edições 70, 2019, p. 505.

> como de alienação. A crítica marxista da consciência ideológica é exigida pela crítica da situação alienada do homem. Esta análise crítica tem de ser teórica, e o conhecimento que surgir desta análise crítica constituirá igualmente um corpo teórico acerca das estruturas e leis da sociedade e da história. (...). A clarificação racional, o conhecimento da situação de consciência ideologizada e de existência alienada será um momento necessário para acabar com a ideologia e a alienação. A teoria é pois indispensável. Mas não é suficiente, pois a crítica deverá ser também prática; ou, mais precisamente, se é verdadeira teoria não pode deixar de ser prática, pois já enquanto teoria está promovida pela práxis (a teoria é um modo de produção, a produção teórica) e está destinada, pela sua própria natureza e origem, a realizar-se, consumar-se e verificar-se praticamente.[18]

Ademais, cotejar a questão moderna (e de outrora) dos direitos atinentes ao público da sexualidade divergente — especialmente o direito de expressá-la, nas esferas privada e pública, sem reprimendas de qualquer natureza — com o ideal naturalista e mecanicista do homem defendido por Marx, equivale ao estruturamento de uma equação de primeiro grau cujo resultado é, também, imposto por Marx: a pederastia sempre será, "cientificamente", alguma espécie de "alienação".

Sobre a alienação, recorro, uma vez mais, aos professores Juan Manuel Navarro Cordón e Tomás Calvo Martinez:

> a complexidade estrutural do fenómeno da alienação explica o facto de, na sua análise, o próprio Marx (e já antes o fizera Hegel, embora noutro contexto) ter utilizado diferentes termos para o compreender e o exprimir melhor.
>
> Por isso, a acção pela qual o pólo subjectivo, activo-produtivo, sai fora de si e nesta saída se exprime e entra em relação com algo de diferente de si mesmo, é designada pelo termo *Entäusserung*, que pode traduzir-se por exteriorização. Pois bem, nesta «exteriorização» o pólo subjectivo (o sujeito ou o homem) despoja-se de alguma maneira de algo de si próprio (mesmo que seja ao menos da sua actividade ou força produtiva),

[18] *Ibidem*, p. 512.

> expropriando ou perdendo algo de si; esta despossessão ou expropriação costuma ser designada com o termo *Veräusserung* que pode traduzir-se por «alienação».
>
> No fim de contas, o que os dois termos alemães (*Entäserunge* e *Veräussenng*) significam pode ser resumido no termo «alienação» (...).[19]

Em suma, se o autor da presente ação pretende que este denunciado seja condenado em razão de um comentário *desumano* (pelo contrário, absolutamente, o comentário deste denunciado foi contra a desumanidade defendida pelo autor, qual seja, o marxismo), sua pretensão, enquanto pretender-se marxista, jamais passará de uma enorme enormidade. Este denunciado apenas respondeu, com absoluta correção acadêmica, ao absurdo divulgado, defendido e exortado pelo autor, ensinando-lhe que o marxismo é desumano, principalmente contra os sujeitos do sexo masculino que não praticam sexo para fins de reprodução e não agem, de maneira objetiva, conforme as compleições masculinas na vida humana de relações — ensinando-lhe com base em todo o arcabouço bibliográfico trazido nesta defesa, bem como endossado por filósofos de envergadura, como os repetidamente citados Juan Manuel Navarro Cordón e Tomás Calvo Martinez, que volto a citar, pois informam que o "anti-humanismo" é característica presente na obra de Marx e, sem objeções, reconhecido e assimilado por pensadores marxistas, como Louis Althusser:

> contudo, esta acepção de humanismo provoca dúvidas sobre a sua viabilidade. Se por um lado o homem é o conjunto de relações sociais e se se constitui na conjunção de tais relações, poderia ser considerado o resultado de um todo que, se o não determina (e essa é outra questão), pelo menos configura e explica em parte. Por outro lado, se é resultado, dificilmente pode ser princípio teórico-científico de explicação da sociedade e da história. Nessa acepção, o pensador marxista francês Louis Althusser negou que o marxismo seja um humanismo e que se possa falar de um «humanismo socialista». Efectivamente, diz que o conceito de «humanismo» é um conceito ideológico, ao passo que o conceito de «socialismo» é científico. «Entendamo-nos: não se trata de negar a

[19] *Ibidem*, p. 513.

> realidade que é indicada pelo conceito de humanismo socialista mas de definir o valor teórico deste conceito. Ao dizer que o conceito de humanismo é ideológico (e não científico), afirmamos também que indica um conjunto de realidades existentes, mas que, diferentemente de um conceito científico, não nos dá os meios de as conhecer (...). Confundir estas duas ordens seria impedir todo o conhecimento e manter uma confusão» (Althusser, *La Revolución Teórica de Marx*), e no que diz respeito à explicação científica da história, seria a impossibilidade de elaborar um conhecimento ou teoria sobre ela. Por conseguinte, «**do ponto de vista estrito da teoria pode e deve então falar-se abertamente de um anti-humanismo teórico de Marx (...). Só se pode conhecer algo acerca do homem na condição de reduzir a cinzas o mito filosófico do homem** (...).»[20]

Excelência: reconhecer tal "humanismo científico" do marxismo como modalidade legítima de humanismo para a vida de relações implicará na legitimação, certa e inevitável, dos experimentos humanos conduzidos pelo médico nazista Josef Mengele, os quais também deverão ser predicados como "humanistas" — e o significado de "humanismo", por fim, restaria aniquilado.

IV. Carta de Marx para Engels, datada de 20 de junho de 1869

Ao relatar as condutas políticas e pessoais de Karl Heinrich Ultichs, um dos ativistas pioneiros dos direitos igualitários, Marx confessa a Engels: "I find the *pæderasts* disgusting"[21]. Em português: "Reputo os pederastas nojentos".

---

[20] *Ibidem*, p. 523. Destaquei.

[21] Apud WOODS, Gregory. "1. The Homintern Conspiracy". In, WOODS, Gregory. *Homintern: How Gay Culture Liberated the Modern World*. New Haven: Yale University Press, 2016, pp. 1-30. Disponível em: https://doi.org/10.12987/9780300219562-004. Acesso em: 29 jun. 2024.

V. Carta de Engels para Marx, datada de 22 de junho de 1869

Em uma carta datada de 22 de junho de 1869,[22] e sem nenhum registro de contrariedade do seu destinatário (muito pelo contrário), Engels responde a Marx:

> *(...) Das sind ja äußerst widernatürliche Enthüllungen. Die Päderasten fangen an sich zu zählen & finden daß sie eine Macht im Staate bilden. Nur die Organisation fehlte, aber hiernach scheint sie bereits im Geheimen zu bestehen. Und da sie ja in allen alten & selbst neuen Parteien, von Rösing bis Schweitzer, so bedeutende Männer zählen, kann ihnen der Sieg nicht ausbleiben. "Guerre aux cons, paix aux trous-de-cul" wird es jetzt heißen. Es ist nur ein Glück daß wir persönlich zu alt sind um als daß wir noch beim Sieg dieser Partei fürchten müßten den Siegern körperlich Tribut zahlen zu müssen. Aber die junge Generation! Übrigens auch nur in Deutschland möglich daß so ein Bursche auftritt, die Schweinerei in eine Theorie umsetzt & einladet introite usw. (...) Aber warte erst bis das neue norddeutsche Strafgesetz die droits du cul anerkannt hat, da wird er ganz anders kommen. Uns armen Leuten von vorn, mit unsrer kindischer Neigung für die Weiber, wird es dann schlecht genug gehen. Wenn der Schweitzer zu etwas zu brauchen wäre, so wäre es diesem sonderbaren Biedermann die Personalien über die hohen & höchsten Päderasten abzulocken, was ihm als Geistesverwandten gewiß nicht schwer wäre.*

> **Em português:**
> (...) Essas são revelações extremamente antinaturais. Os pederastas começam a se contabilizar e a descobrir que são um poder no Estado. Faltava apenas organização, mas, segundo [VOCÊ, MARX,] me informa, parece que ela já existe em segredo. E, como eles têm homens tão importantes em todos os partidos antigos e mesmo nos novos, de Rösing a Schweitzer, não podem deixar de triunfar. "*Guerre aux cons, paix aus trous-de-cul*" [guerra às vaginas, paz aos idiotas] será, agora, o mote. É uma sorte que nós, pessoalmente, sejamos demasiado velhos para ter medo de que, quando este partido vencer, tenhamos de prestar homenagem física aos vencedores. Mas e a geração mais jovem?! A propósito, é apenas na Alemanha que um sujeito como este pode se apresentar, converter essa porcaria [A PEDERASTIA] em uma teoria e fazer o convite: *introite* [entre] etc. (...). Mas espere até que o novo Código Penal do Norte da Alemanha reconheça

[22] In *Der Briefwechsel zwischen F. Engels und K. Marx*, Stuttgart, 1919. p. 169-170.

> os *droits du cul* [direitos do idiota], então ele irá operar de forma bastante diferente. Então as coisas correrão mal para pobres pessoas como nós, com a nossa inclinação infantil pelas mulheres. Se Schweitzer pudesse ser útil para alguma coisa, serviria para atrair, desse cavalheiro peculiar e honrado, os detalhes dos pederastas nos mais elevados e altos cargos, o que certamente não seria difícil para ele como uma alma gêmea.

Engels, nessa missiva, debate com Marx e compartilha a preocupação com o fato de que, dali a alguns anos, os homossexuais burgueses alemães poderão tomar o Estado em razão da silenciosa organização descoberta por Marx. De fato, além da troça, Marx e Engels negaram-se a defender o colega socialista alemão Jean Baptiste von Schweitzer, homossexual, quando preso em um parque por "praticar" sua homossexualidade.

VI. Comunicado do Conselho Geral Comunista Escrito por Marx, em 1º de janeiro de 1870

Em 1870, Marx sugeriu, inclusive, o banimento definitivo de von Schweitzer do Partido Comunista Alemão, uma vez que este tomara parte nos esforços para legalizar as relações homossexuais privadas e consentidas na Alemanha.

A principal razão é exposta no texto da circular oficial redigida por Karl Marx:

> A sua organização artificial e sectária opõe-se totalmente à organização histórica e espontânea da classe trabalhadora.[23]

O documento também revela que Marx trabalhou, ao longo de dois anos, para tentar dissuadir von Schweitzer da sua defesa aos homossexuais e o acolhimento deles no seio do Partido Comunista Alemão:

> por seu lado, o Conselho Geral fez tudo o que estava ao seu alcance para pôr fim a esse escândalo. Pediu ao seu secretário para a Alemanha que se correspondesse com Schweitzer, o que ele fez durante dois anos,

[23] Disponível em: https://wikirouge.net/texts/en/The_General_Council_to_the_Federal_Council_of_Romance_Switzerland. Acesso em: 23 abr. 2024.

> mas todas as tentativas do Conselho falharam, graças à firme resolução de Schweitzer de preservar a todo o custo o seu poder autocrático sobre a própria organização sectária. Cabe ao Conselho Geral decidir em que momento a sua intervenção pública no litígio será mais valiosa do que prejudicial.

Homossexuais não são, de fato, bem-vindos, sob hipótese nenhuma, no seio do comunismo.

VII. Carta de Engels para Friedrich Adolf Sorge, datada de 8 de fevereiro de 1890

Nesta carta, Engels deixa claro que a homossexualidade deve continuar a ser rechaçada e atacada nos indivíduos como um traço característico da degenerescência burguesa em toda oportunidade que o tema pudesse render frutos políticos:

> *You will have seen the outcry in the Labour Elector on the subject of Parke, the assistant editor of the Star, who, in a local paper, and à propos the buggery scandals among the aristocracy here, actually accused Lord Euston of paederasty*[24].

> **Traduzo:**
> Terão visto o clamor do Eleitor Trabalhista sobre o assunto de Parke, o editor assistente do *Star*, que, em um jornal local, e a propósito dos escândalos de sodomia entre a aristocracia daqui, na verdade, acusou Lord Euston de pederastia.

VIII. Engels, F. *Der Ursprung der Familie, des Privateigentums und des Staats*. 1884

No penúltimo parágrafo da 67ª página da edição original de *Der Ursprung der Familie, des Privateigenthums und des Staats* (*Da Origem da Família, da*

[24] Disponível in: https://wikirouge.net/texts/en/Letter_to_Friedrich_Adolph_Sorge,_February_8,_1890. Acesso em: 22 abr. 2024. Tradução minha.

Propriedade Privada e dos Estados) — obra baseada em notas de Karl Marx, que morrera no ano anterior, 1883 —, Friedrich Engels crava o quanto segue e revela, sem rodeio algum, que, ao marxismo-raiz, a homossexualidade masculina é repugnante:

> *Diese athenische Familie wurde im Lauf der Zeit das Vorbild, wonach nicht nur die übrigen Ionier, sondern auch mehr und mehr die sämtlichen Griechen des Inlands und der Kolonien ihre häuslichen Verhältnisse modelten. Aber trotz aller Abschließung und Bewachung fanden die Griechinnen oft genug Gelegenheit, ihre Männer zu täuschen. Diese, die sich geschämt hätten, irgendwelche Liebe für ihre Frauen zu verraten, amüsierten sich in allerlei Liebeshändeln mit Hetären; aber die Entwürdigung der Frauen rächte sich an den Männern und entwürdigte auch sie, bis sie versanken in die* ***Widerwärtigkeit der Knabenliebe*** *und ihre Götter entwürdigten wie sich selbst durch den Mythus von Ganymed.*

> **Como de costume, verto ao português:**
> Essa família ateniense tornou-se, com o tempo, o modelo a partir do qual não só os outros jônicos, mas também, e cada vez mais, todos os gregos, no interior e nas colônias, formataram as suas relações domésticas. No entanto, apesar de toda a segurança e vigilância, as mulheres gregas, frequentemente, encontravam oportunidades para enganar os seus homens. Estes traídos, que se envergonhavam em revelar qualquer amor por suas esposas, divertiam-se com toda espécie de casos amorosos com cortesãos; tal degradação das mulheres vingou-as dos homens, mas também os degradou até o ponto de eles se afundarem na repulsa do amor com meninos, degradando os seus deuses, bem como a si próprios, como no Mito de Ganímedes.

Widerwärtigkeit significa "repugnância", "desgosto", "nojo", "repulsa", "revolta" e "abominação".

Knabenliebe, por sua vez, é o "amor com meninos", "pederastia". Esse vocábulo alemão, aliás, intitula a densa tese de Harald Patzer: *Die griechische Knabenliebe* (Wiesbaden: F. Steiner, 1982) e elenca inúmeras alusões ao termo, bem como variações regionais quanto à prática e a sua discutível aceitação de abertura social — em Creta, destacadamente, são fartas as referências características à pederastia como certo rito de iniciação masculina, um rito que remontaria à pré-História ou, em outras cidades antigas gregas, como práticas iniciáticas com rígidos traços característicos (por exemplo, a diferenciação nas idades dos parceiros, o estatuto do nascido livre etc.).

Aliás, a eventual possibilidade dessa questionável assimilação social da prática homossexual entre gregos antigos tem sido, há décadas, ensinada como realidade patente nos bancos escolares e universitários por professores doutrinados que sequer arranham a gramática grega. Assim, esses professores formam doutrinadores da militância LGBT...+ que, por sua vez, difundem, com empáfia e o dedo em riste — habituais da humilde liberdade de ignorância dos autodidatas *meio-cientistas* que aceitam, sem jamais averiguar, categorias de percepção ligadas a um estado do mundo douto de conceitos semiconstruídos e, mais ou menos diretamente, tirados do mundo social —, a desinformação como dogma.

Ora, se Sócrates vivia cercado dos rapazes mais belos (e abastados) de Atenas, convém colocar a seguinte questão: seriam rapazes ou crianças?

A pergunta é de fundamental importância, pois, contrariamente àquilo que pregam os estúpidos incautos, a homossexualidade, como a encaramos hoje, era considerada abjeta na Grécia Antiga. O intercurso homossexual masculino "permitido" de que falam as fontes gregas antigas era aquele dentro de uma relação entre o mentor e o seu pupilo, este sempre das classes mais altas da sociedade (os cidadãos nascidos livres) e que não poderia ter mais do que 14 anos de idade (momento em que passava a ser considerado homem), sendo inadmissível, aliás, toda e qualquer conduta ou manifestação de efeminação. Em suma, não há que se falar em homossexualidade nos registros gregos pelo simples motivo de que o menino ainda não era considerado homem.

Sir Kenneth James Dover, em seu livro paradigmático *Greek Popular Morality in the Time of Plato and Aristotle* (Cambridge, 1994), esclarece que, em Atenas, sendo cidadão grego, o homem (aquele com 14 anos completos ou mais) só poderá ter relações sexuais ativas com o pupilo menino (que não é homem enquanto não completar 14 anos de idade). Nesse sentido, o intercurso sexual homoerótico passivo era papel de (*i*) meninos, (*ii*) escravos, (*iii*) prostitutos e (*iv*) gentios — e o cidadão grego (homem livre) que o praticasse perderia sua cidadania.

Já os pupilos, enquanto não são homens, isto é, até os 14 anos incompletos, poderiam desempenhar o papel passivo no ato sexual com os seus tutores (estes já homens e, necessariamente, ativos). Em outras palavras, a hipótese tratava da pederastia como pedofilia (termo estranho à época, especialmente dentro dos parâmetros modernos dados pela psiquiatria) masculina educacional hipoteticamente aceita enquanto o corpo do menino, sempre passivo, ainda tiver formas andróginas — aliás, a prática ainda é, embora ilegal, comum em países como Afeganistão e Paquistão, nos quais, dada a severidade das penas (muitas vezes capitais) para o estupro, a prostituição, o sexo antes ou fora do casamento, bem como a homossexualidade, em que senhores mais remediados do que a esmagadora maioria das suas populações miseráveis, pelo apetite hétero ou homossexual, sustentam e educam meninos pobres de até 15 anos de idade (*bachas*) que, inclusive, vestem-se e se pintam como mulheres. Aos 15 anos (ou antes, a depender do despertar no corpo das feições masculinas), são deixados à própria sorte e acabam se tornando párias ou, na "melhor" das hipóteses, treinadores ou cafetões de novos *bachas*... Essa é a triste tradição dos *Bacha Bazi* que, mesmo proibida, não tem, nos referidos países, consequências jurisdicionais tão graves quanto o sexo fora do casamento ou a homossexualidade.

Por fim, sobre o Mito de Ganímedes, é a partir dele, aliás, que chegamos ao uso corrente da palavra *gay*. No panteão dos deuses olímpicos masculinos, a busca erótica pelos seres humanos era tema recorrente nas narrativas míticas e, de fato, eles se interessavam tanto pelas mulheres como pelos rapazes. Comprovam esse argumento tanto o abraço erótico de Zeus que, transformado em águia, rapta Ganímedes, quanto as histórias sobre a sexualidade de Apolo (amante de Jacinto e Ciparissus), de Poseidon (amante de Pélope) e de outros deuses.

Em grego, Ganímedes escreve-se Γανυμήδης, vocábulo no qual "Γανυ" deriva de γάνος (/*ganos*/, que significa "brilho, alegria" — e "alegre" é o primeiro significado de *gay*) e "μήδης", de μήδεα (/*medea*/, que, além de "astúcia", quer dizer "genitália"). Resumidamente, Ganímedes, príncipe de Troia, tinha uma beleza tão descomunal que, avistado por Zeus, este se transformou em águia e raptou o menino para se tornar o copeiro (o servo, o trabalhador, o explorado, o proletário) dos deuses no Olimpo.

Se a aceitação do *Knabenliebe* é assunto ainda debatido pelos estudiosos da cultura grega antiga, o marxismo-raiz, como acabo de demonstrar, é claro e direto: trata-se de uma abominação, "*Widerwärtigkeit der Knabenliebe*".

Nem poderia ser diferente para o marxismo-raiz... Inclusive, essa sentença de abominação é lógica e mandatória: se o *Knabenliebe* era uma prática "facultada", era apenas para os cidadãos livres que, nessa qualidade, não se ocupavam dos trabalhos para a manutenção da vida natural, material, que era coisa dos escravos, os explorados.

Deveras, atestam as pesquisas de Claude Mossé, historiadora que orientou sua carreira ao estudo profundo da antiga Grécia, que o trabalhador, o *proletariado*, era alheio aos quadros que estruturavam a cidade: "para além dos escravos e dos dependentes, eram excluídos da comunidade cívica os artesãos e os comerciantes, cujas atividades eram consideradas indignas de um cidadão", de maneira que, em Tebas, por exemplo, "era preciso ter-se renunciado há dez anos à atividade artesanal para se poder exercer direitos políticos. Sem dúvida que o mesmo acontecia em outras cidades."[25]

No caso específico de Atenas, a mesma respeitada Professora da Universidade Paris VIII, em sua análise da *Constituição de Atenas*, sugere

> que a distribuição por classes feita por Sólon teria mais a ver com preocupações militares e fiscais do que com a vontade de preservar o acesso à magistratura para os mais ricos. De facto, é difícil imaginar um camponês, mesmo da classe dos zeugitas, a poder dar-se ao luxo de abandonar a sua terra e os seus campos durante um ano inteiro (*op. cit.*, p. 77).

Portanto, o *Knabenliebe*, a pederastia — em termos contemporâneos, a homossexualidade — é, para Marx e Engels, uma degeneração daqueles que exploram o trabalho alheio.

IX. Base Filosófica do Marxismo: Platão

Cabe trazer, ainda, outro argumento não menos importante que também comprova o fato de que, para o marxismo-raiz, a homossexualidade nada mais é do que uma repulsiva degenerescência das classes opressoras.

A verdadeira *teologia biológica platônica* no *Timeu*, após estabelecer a "teoria" dos lugares naturais (60b-63a), prega que os animais se originam da degeneração dos homens (73a-76e). Nesse passo, seu discípulo Aristóteles defende, em *Metafísica*, que os homens que não produzem homens (aqueles que não são pais de filhos do sexo masculino ou não copulam com as mulheres

[25] MOSSÉ, Claude. *O Cidadão na Grécia Antiga*. Trad. Rosa Carreira. Lisboa: Edições 70, 2022, p. 34-35.

tendo em vista esse objetivo) são incompletos (1901–1902b) e são, portanto, a degeneração da espécie humana.

Se, de um lado, Platão foi, é certo, o mais severo — ou, ao menos, o mais conhecido — crítico do regime político ateniense e se, de outro, a obra de Karl Marx (o marxismo-raiz, portanto), conforme demonstrado em seus pormenores, em particular, no segundo volume da obra-prima de Karl Popper, *The Open Society and Its Enemies*, se estrutura através da obra mais significativa de Platão, Πολιτεία [(/Politeía/) — que deveria ser traduzida como a *Cidade Ideal* ou *Constituição Ideal da Cidade* ou, tão somente, *Constituição* (embora o termo seja mais amplo), mas o foi, de maneira incauta pelos latinos (leia-se: Cícero, no século I anterior à nossa era), como *A República* (*Res*, termo latino que significa "coisa", *publica*)] —, segue que o marxismo-raiz abjeta, como o platonismo, a prática sexual masculina entre homens.

A seguir, apresento os textos originais da obra de Platão (Πλάτων) disponíveis na Loeb Classical Library da Universidade de Harvard.[26]

a. Πλάτων. Πολιτεία

Na *Politeia*, Platão já introduz a questão da prática homossexual como degeneração, no trecho 600c, ao se referir ao amante de Homero, Creófilo [cuja etimologia revela a soma dos vocábulos Κρέας ("carne") e Οὔλη ("raça"), isto é, algo no sentido de raça que se basta através da carne; não no sentido carnívoro, mas carnal]. Transcrevo:

> ὁ γὰρ Κρεώφυλος, ὦ Σώκρατες, ἴσως, ὁ τοῦ Ὁμήρου ἑταῖρος, τοῦ ὀνόματος ἂν γελοιότερος ἔτι πρὸς παιδείαν φανείη, εἰ τὰ λεγόμενα περὶ Ὁμήρου ἀληθῆ. λέγεται γὰρ ὡς πολλή τις ἀμέλεια περὶ αὐτὸν ἦν ἐπ' αὐτοῦ ἐκείνου, ὅτε ἔζη.

> **Traduzo:**
> Pois Creófilo, ó Sócrates, o companheiro de Homero e cujo nome é, talvez, mais ridículo do que pode parecer às crianças, se for verdade o que se conta de Homero. Conta-se que ele ignorou Homero por completo durante a sua vida.

[26] Disponível em: https://www.loebclassics.com. Acesso em: 30 jun. 2024.

Mais adiante, em 607a, Platão, pela boca de Sócrates, crava que

> ί δὲ τὴν ἡδυσμένην Μοῦσαν παραδέξῃ ἐν μέλεσιν ἢ ἔπεσιν, ἡδονή σοι καὶ λύπη ἐν | τῇ πόλει βασιλεύσετον ἀντὶ νόμου τε καὶ τοῦ κοινῇ ἀεὶ δόξαντος εἶναι βελτίστου λόγου

> **Em português:**
> se admitires a Musa voluptuosa, prazer e dor reinarão em vossa cidade ao invés da lei e do princípio sempre considerado o melhor por comum acordo, que é a razão.

Por essa razão, na Cidade Ideal platônica tanto quanto na comunista, é mandatório que contra ela se previna, para que os homens não recaiam na *Knabenliebe*, a prática da pederastia. No grego de Platão: "εὐλαβούμενοι πάλιν ἐμπεσεῖν εἰς τὸν παιδικόν τε καὶ τὸν τῶν πολλῶν ἔρωτα" (Πολιτεία, 608a).

Todavia, a *Politeia* demanda de qualquer estudioso a leitura de outra obra de Platão: *As leis*.

b. Πλάτων. Νόμοι

Entretanto, Platão é ainda mais claro em Νόμοι (/Nomói/, "As Leis"). Na ausência de Sócrates, que ditara o "espírito" da *Politeia*, em *As Leis*, é a personagem Ateniense que se encarrega de fenomenizar, através das normas, o ideal do Filósofo... Como um Joaquim Cardozo a tirar do papel os rabiscos de Oscar Niemeyer, o Ateniense trata de realizar a Cidade ideal de Platão escondido em Sócrates.

Nessa obra, que é, igualmente, uma fonte teórica para a estruturação do regime ideal comunista, Platão teme as mudanças históricas e as considera, quando operam, uma ruptura na ordem natural e biológica dos homens, um processo de degeneração, de corrupção e, consequentemente, de decadência.

Trata-se, obviamente, da principal referência filosófica expressa por Marx e Engels n'*A Ideologia Alemã* (trecho 31), conforme transcrevi e traduzi supra: a conclamada "religião natural", a exigência inegociável do "comportamento particular em relação à natureza", a insuperável verificação de uma "identidade da natureza e do homem" a emergir "de tal forma que o comportamento limitado das pessoas em relação à natureza determine o seu comportamento limitado umas para com as outras, e o seu comportamento limitado umas para com as outras determine a sua relação inata com a natureza, porque a natureza ainda não foi modificada historicamente", um modo de viver "tão animalesco quanto a própria vida social deste estágio", e, por fim, a insuperável "consciência de rebanho".

Nesse diapasão, quanto às práticas homossexuais masculinas e quaisquer manifestações de efeminação, as leis, consequentemente, devem ser severas a ponto de as aniquilarem.

Transcrevo e traduzo os fragmentos 644e ao 645a-b do Livro I:

> Περὶ δὴ τουτων διανοηθῶμεν οὑτωσί. θαῦμα μὲν ἕκαστον ἡμῶν ἡγησώμεθα τῶν ζώων θεῖον, εἴτε ὡς παίγνιον ἐκείνων εἴτε ὡς σπουδῇ τινὶ ξυνεστηκός· ού γὰρ δὴ τοῦτό γε γιγνώσκομεν·Ετόδε δὲ ἴσμεν, ὅτι ταῦτα τὰ πάθη έν ἡμῖν οἷον νεῦρα ἢ μήρινθοί τινες ένοῦσαι σπῶσί τε ἡμᾶς καὶ άλλήλαις άνθέλκουσιν έναντίαι οὖσαι έπ' έναντίας πράξεις, οὗ δὴ διωρισμένη άρετὴ καὶ κακία κεῖται· μιᾷ γάρ φησιν ὁ λόγος δεῖν τῶν ἕλξεων ξυνεπόμενον άεὶ καὶ μηδαμῇ άπολειπόμενον έκείνης άνθέλκειν τοῖς ἄλλοις νεύροις ἕκαστον, ταύτην δ' εἶναι τὴν τοῦ λογισμοῦ άγωγὴν χρυσῆν καὶ ἱεράν, τῆς πόλεως κοινὸν νόμον έπικαλουμένην, ἄλλας δὲ σκληρὰς καὶ σιδηρᾶς, τὴν δὲ μαλακὴν<μίαν τε> ἅτε χρυσῆν οὖσαν, τὰς δὲ ἄλλας παντοδαποῖς εἴδεσιν ὁμοίας· δεῖν δὴ τῇ καλλίστῃ άγωγῇ τῇ τοῦ νόμου άεὶ ξυλλαμβάνειν· ἅτε γὰρ τοῦ λογισμοῦ καλοῦ μὲν ὄντος, πράου δὲ καὶ ού βιαίου, δεῖσθαι ὑπηρετῶν αύτοῦ τὴν άγωγήν, ὅπως ἂν <έν>ἡμῖν τὸ χρυσοῦν γένος νικᾷ τὰΒἄλλα γένη. καὶ οὕτω δὴ περὶ θαυμάτων ὡς ὄντων ἡμῶν ὁ μῦθος ἄρ' ἔτι σεσωσμένος ἂν εἴη, καὶ τὸ κρείττω ἑαυτοῦ καὶ ἥττω εἶναι τρόπον τινὰ φανερὸν ἂν γίγνοιτο μᾶλλον ὃ νοεῖ, καὶ ὅτι πόλιν καὶ ἰδιώτην, τὸν μὲν λόγον άληθῆ λαβόντα έν ἑαυτῷ περὶ τῶν ἕλξεων τούτων τούτῳ ἑπόμενον δεῖ ζῆν, πόλιν δὲ ἢ παρὰ θεῶν τινὸς ἢ παρ' άνθρώπου τοῦ γνόντος ταῦτα λόγον παραλαβοῦσαν, νόμον θεμένην, αὑτῇ τε ὁμιλεῖν καὶ ταῖς ἄλλαις πόλεσιν αὔτω καὶ κακία δὴ καὶ άρετὴ σαφέστερον ἡμῖν διηρθρωμένον ἂν εἴη.

> Vamos conceber o assunto desta maneira: suponhamos que cada um de nós, criaturas vivas, seja uma engenhosa marionete dos deuses, inventada ou como um brinquedo ou para algum propósito sério — pois nada sabemos sobre isso. Mas, o que sabemos, é o seguinte: que as nossas afeições interiores, tal como tendões ou cordas, nos arrastam e, quando opostas umas às outras, puxam umas contra as outras para ações opostas; e, aqui, reside a linha divisória entre o bem e o mal, pois, como revela nosso argumento, existe uma dessas forças de tração que todo homem deve sempre seguir e, de nenhuma maneira, abandonar, neutralizando, assim, a atração dos outros tendões: trata-se da corda condutora, dourada e sagrada do "cálculo" que chamamos de Direito Público do Estado; e, enquanto as outras cordas são duras, são de aço, mas tomam todas as formas e aparências possíveis, esta é flexível e uniforme, porque é de ouro. Com esse excelente fio condutor da lei, devemos sempre cooperar, pois, como o cálculo é excelente, mas suave e não enérgico, a sua corda condutora precisa de ajudantes para garantir que a espécie dourada dentro de nós possa vencer as outras espécies. Dessa forma, a nossa história de nos compararmos com marionetes não cairá por terra e o significado dos termos "auto superior" e "auto inferior" tornar-se-á um pouco mais transparente, revelando-se o quão necessário é, para o homem individual, compreender o relato verdadeiro dessas forças puxadoras internas e viver de acordo com elas, bem como o quão necessário é, para o Estado que recebeu tal relato de um deus ou de um homem que sabe, transformar isso em uma lei para si mesmo e ser guiado, assim, em suas relações consigo mesmo e com todos os outros Estados.

No Livro VIII, os fragmentos 836c-e ao 837a:

> εί γὰρ τις άκολουθῶν τῇ φύσει θήσει τὸν πρὸ τοῦ Λαΐου νόμον, λέγων ὡς όρθῶς εἶχε τὸ τῶν άῤῥένων καὶ νέων μὴ κοινωνεῖν καθάπερ θηλειῶν πρὸς μίξιν άφροδισίων, μάρτυρα παραγόμενος τὴν τῶν θηρίων φύσιν καὶ δεικνὺς πρὸς τὰ τοιαῦτα ούχ ἁπτόμενον ἄῤῥενα ἄῤῥενος διὰ τὸ μὴ φύσει τοῦτο εἶναι, τάχ᾽ ἂν χρῷτο άπιθάνῳ λόγῳ καὶ ταῖς ὑμετέραις πόλεσιν ούδαμῶς ξυμφώνῳ.[2] πρὸς δὲ τούτοις, ὃ διὰ παντός φαμεν δεῖν τὸν νομοθέτην διατηρεῖν, τοῦτο έν τούτοις ούχ ὁμολογεῖ. ζητοῦμεν γὰρ άεὶ δὴ τί τῶν τιθεμένων πρὸς άρετὴν φέρει καὶ τί μή. φέρε δή, τοῦτο έὰν συγχωρῶμεν καλὸν ἢ μηδαμῶς αίσχρὸν νομοθετεῖσθαι τὰ νῦν, τί μέρος ἡμῖν ξυμβάλλοιτ᾽ ἂν πρὸς άρετήν; πότερον έν τῇ τοῦ πεισθέντος ψυχῇ γιγνόμενος έμφύσεται τὸ τῆς άνδρίας ἦθος, ἢ έν τῇ τοῦ πείσαντος τὸ τῆς σώφρονος ίδέας γένος; ἢ ταῦτα μὲν ούδεὶς ἂν πεισθείη ποτέ, μᾶλλον δὲ ἄπαν τούτου τούναντίον τοῦ μὲν ταῖς ἡδοναῖς ὑπείκοντος καὶ καρτερεῖν ού δυναμένου ψέξει

πᾶς τὴν μαλακίαν, τοῦ δ' είς μίμησιν τοῦ θήλεος ίόντος τὴν τῆς είκόνος ὁμοιότητα ἆρ' ού μέμψεται;τίς οὖν άνθρώπων τοῦτο ὂν τοιοῦτον νομοθετήσει ; σχεδὸν ούδείς, ἔχων γε έν τῷ νῷ νόμον άληθῆ. πῶς οὖν φαμὲν άληθὲς τοῦτο εἶναι; τὴν τῆς φιλίας τε καὶ έπιθυμίας ἅμα καὶ τῶν λεγομένων έρώτων φύσιν ίδεῖν άναγκαῖον, εί μέλλει τις ταῦτα όρθῶς διανοηθήσεσθαι· δύο γὰρ ὄντα αύτὰ καὶ έξ άμφοῖν τρίτον ἄλλο εἶδος ἓν ὄνομα περιλαβὸν πᾶσαν άπορίαν καὶ σκότον άπεργάζεται.

Se seguíssemos os passos da natureza e promulgássemos aquela lei que vigorava antes dos dias de Laio, declarando que é certo abster-se de ter o mesmo tipo de relações sexuais com homens e rapazes do que com mulheres, bem como apresentando, como prova disso, a natureza das feras selvagens, apontando como o macho não toca no macho para esse propósito, uma vez que isso não é natural, em tudo isso estaríamos, provavelmente, usando um argumento que não é convincente, nem de forma alguma consonante, com as suas Cidades-estados. Além disso, aquele objeto que, como afirmamos, o legislador deve sempre ter em vista não concorda com essas práticas, pois a investigação que sempre fazemos é esta: quais das leis propostas tendem para a virtude e quais não. Então, suponhamos que admitamos que essa prática [a pederastia] está, agora, legalizada e que é nobre e, de forma alguma, desprezível: até que ponto ela promoveria a virtude? Gerará, na alma daquele que é seduzido, um caráter corajoso ou, na alma do sedutor, a qualidade da temperança? Ninguém jamais acreditaria nisso; pelo contrário, como todos os homens culparão a covardia do homem que sempre se entrega aos prazeres e nunca é capaz de resistir a eles, não censurarão, igualmente, aquele homem que desempenha o papel de mulher pela semelhança que tem com o seu modelo? Existe alguém, então, que ordenará, por lei, uma prática como essa? Nenhum, devo dizer, se tiver uma noção do que é a verdadeira lei. O que então declaramos ser a verdade sobre este assunto? É necessário discernir a verdadeira natureza da amizade, do desejo e do amor (assim chamado), se quisermos determiná-los corretamente; pois o que causa a maior confusão e obscuridade é o fato de que esse único termo abrange essas duas coisas e, também, um terceiro tipo composto por ambas.

Por derradeiro, o fragmento 840d-e é definitivo sobre a questão do *Knabenliebe*, abominado pelo marxismo-raiz em *Da Origem da Família, da Propriedade Privada e dos Estados*. *Ipsis verbis*:

Ἐπειδὴ τοίνυν ἐνταῦθά ἐσμεν τούτου τοῦ νομίμου πέρι, διὰ κάκην δὲ τὴν τῶν πολλῶν εἰς ἀπορίαν ἐπέσομεν, φημὶ τὸ μὲν ἡμέτερον νόμιμον ἀτεχνῶς δεῖν περὶ αὐτῶν τούτων πορεύεσθαι λέγον ὡς οὐ δεῖ χείρους ἡμῖν εἶναι τοὺς πολίτας ὀρνίθων καὶ ἄλλων θηρίων πολλῶν, οἳ κατὰ μεγάλας ἀγέλας γεννηθέντες μέχρι μὲν παιδογονίας ἤϊθεοι καὶ ἀκήρατοι γάμων τε ἁγνοὶ ζῶσιν, ὅταν δ' εἰς τοῦτο ἡλικίας ἔλθωσι, συνδυασθέντες ἄρρην θηλείᾳ κατὰ χάριν καὶ θήλεια ἄρρενι τὸν λοιπὸν χρόνον ὁσίως καὶ δικαίως ζῶσιν, ἐμμένοντες βεβαίως ταῖς πρώταις τῆς φιλίας ὁμολογίαις· δεῖν δὴ θηρίων γε αὐτοὺς ἀμείνους εἶναι. ἐὰν δ' οὖν ὑπὸ τῶν ἄλλων Ἑλλήνων καὶ βαρβάρων τῶν πλείστων διαφθείρωνται, τὴν λεγομένην ἄτακτον Ἀφροδίτην ἐν αὐτοῖς ὁρῶντές τε καὶ ἀκούοντες μέγιστον δυναμένην, καὶ οὕτω δὴ μὴ δυνατοὶ γίγνωνται κατακρατεῖν, δεύτερον νόμον ἐπ' αὐτοῖς μηχανᾶσθαι χρὴ τοὺς νομοφύλακας νομοθέτας γενομένους.

Agora que chegamos a esse ponto, no que diz respeito ao nosso regulamento, mas caímos em uma situação difícil devido à covardia de muitos, defendo que o nosso regulamento, nesta matéria, deve avançar e proclamar que os nossos cidadãos não devem ser piores do que as aves e muitos outros animais que são produzidos em grandes ninhadas e que vivem vidas castas e celibatárias sem relações sexuais até atingirem a idade de reprodução; e, quando atingem essa idade, formam pares conforme o instinto os move, macho com fêmea e fêmea com macho; e, depois disso, vivem de uma forma santa e justa, permanecendo constantes nos seus primeiros contratos de amor: certamente, os nossos cidadãos deveriam, no mínimo, ser melhores do que esses animais. Se, no entanto, eles forem corrompidos pela maioria dos outros helenos ou bárbaros ao verem e ouvirem que, entre eles, o "Amor sem lei" (como é chamado) tem um poder muito grande e, assim, tornarem-se incapazes de superá-lo, então, os guardas da lei, agindo como legisladores, deverão elaborar, para eles, uma segunda lei.

X. Carta de um Homossexual Comunista a Stalin

Um dos textos mais dolorosos e revoltantes com o qual me deparei, ao estudar a questão da homossexualidade na doutrina marxista, foi a carta de Harry Whyte, um escocês homossexual de 27 anos de idade que, em 1931, entrou para o Partido Comunista da Grã-Bretanha e, já em 1932, foi contratado para trabalhar no jornal *Moskovskie Novosti* (*Notícias de Moscou*), no qual se tornou o chefe da equipe editorial, em 1933.

Em maio de 1934, Whyte escreve uma carta a Josef Stalin, o carniceiro soviético que "serviu" como Secretário Geral do Partido Comunista da União das Repúblicas Socialistas Soviéticas ao longo de três décadas, entre 1922 e 1952, e como Primeiro-Ministro por 12 anos, entre 1941 e 1953.

Naquele ano de 1934, Stalin instituiu, como medida para acabar com a devastadora fome provocada pelo plano socialista, que atingira o seu ápice em 1933, o *Grande Expurgo*, a partir do qual, até 1939, mais de um de milhão de pessoas seriam presas e mais de 700 mil executadas. Até a data da sua morte, em 5 de março de 1953, aos 74 anos de idade, por hemorragia cerebral, estima-se que cerca de 9 milhões de pessoas tenham sido assassinadas por seu regime.

Uma vez que retomarei a relação do regime soviético, em especial ao longo dos 30 anos stalinistas, com os homossexuais, passo a reproduzir os trechos mais impactantes da missiva perturbadora de Harry Whyte:

> "Estimado Camarada Stalin:
>
> (...)
>
> A questão é a seguinte: pode um homossexual ser considerado alguém digno de pertencer ao Partido Comunista?
>
> A lei recentemente promulgada sobre responsabilidade criminal por sodomia, que foi confirmada pelo Comitê Central Executivo da URSS em 7 de março deste ano, aparentemente significa que os homossexuais não podem ser reconhecidos como dignos do título de cidadãos soviéticos. Consequentemente, devem ser considerados ainda menos dignos de serem membros do AUCP(b).
>
> Uma vez que tenho interesse pessoal nesta questão, na medida em que sou homossexual, dirigi a pergunta a vários dos camaradas da OGPU e do Comissariado do Povo para a Justiça, a psiquiatras e ao camarada Borodin, editor em chefe do jornal onde trabalho.
>
> (...)
>
> Todas essas declarações produziram a impressão de que os órgãos de justiça soviéticos não processam a homossexualidade como tal, apenas alguns homossexuais socialmente perigosos. Se este é realmente o caso, então há necessidade de uma lei geral?

No entanto, por outro lado, depois que a lei foi emitida em 7 de março, tive uma conversa na OGPU na qual me disseram que a lei se aplica estritamente a todos os casos de homossexualidade que sejam trazidos à luz.

(...)

Quando analisamos a natureza da perseguição de homossexuais, devemos ter em mente que existem dois tipos de homossexuais: em primeiro lugar, os que são do jeito desde que nasceram (além disso, se os cientistas discordam sobre as razões precisas disto, então não há discordância de que existem certas razões profundas); em segundo lugar, existem homossexuais que tiveram uma vida sexual normal, mas depois se tornaram homossexuais, algumas vezes por maldade, algumas vezes por considerações econômicas.

Para o segundo tipo, a questão se resolve de forma relativamente simples. Pessoas que se tornam homossexuais em virtude de sua depravação em geral pertencem à burguesia, vários de cujos membros tomam este caminho de vida depois de se sentirem saciados com todas as formas de prazer e perversidade que estão disponíveis nas relações sexuais com mulheres. Entre aqueles que levam esta forma de vida por considerações econômicas, encontramos membros da pequena burguesia, do lumpemproletariado e (por mais estranho que possa parecer) do proletariado. Em consequência da escassez material, particularmente agravada durante períodos de crise, essas pessoas são forçadas temporariamente a se voltarem para este método de satisfazer seus impulsos sexuais, na medida em que a falta de meios lhes priva da possibilidade de se casar, ou ao menos de contratar os serviços de prostitutas. Existem também aqueles que se tornam homossexuais não para satisfazer seus impulsos, mas para ganhar seu sustento através da prostituição (este fenômeno se espalhou particularmente na moderna Alemanha).

(...). Quanto aos chamados homossexuais inatos, enquanto percentagem insignificante da população, estes são incapazes de ameaçar a taxa de natalidade no estado socialista.

(...). É verdade, sabemos que, nos primeiros anos da Revolução, certas pessoas tentaram abusar da liberdade proporcionada pelas leis matrimoniais soviéticas. No entanto, estes abusos não foram detidos por medidas repressivas, mas pela amplitude da educação política e do trabalho cultural, e pela evolução da economia na direção do socialismo. Imagino que, com relação ao homossexualismo (do segundo tipo), uma política similar se mostraria mais frutífera.

(...).

> Aceitei as detenções de homossexuais como um fenômeno totalmente natural, na medida em que na ocasião [das detenções] havia razões de natureza política. Como já mencionei, tudo isso estava de acordo com minha própria análise da questão (como se indica acima), e exatamente da mesma forma não contradiz o ponto de vista expresso oficialmente pelo público soviético.
>
> (...)
>
> Visitei dois psiquiatras em busca de uma resposta à questão de saber se era possível "curar" a homossexualidade — talvez ache isso surpreendente. Admito que foi oportunismo de minha parte (desta vez, quem sabe, possa ser perdoado), mas fui motivado a fazê-lo pelo desejo de encontrar algum tipo de solução para este maldito dilema. E menos ainda quero contradizer a decisão do governo soviético. Eu estava preparado para fazer qualquer coisa somente para evitar a necessidade de me encontrar em contradição com a lei soviética.
>
> (...) Sem dúvida é desejável que a maioria das pessoas sejam normais no sentido sexual."[27]

Note, Excelência, tratar-se da questão trazida supra em "2.G", isto é, a mais nítida e cristalina expressão de uma modalidade de fanatismo ideológico no qual um homossexual, sabendo — ao menos intimamente — tratar-se a homossexualidade de um traço inato e imutável à personalidade humana, submete-se, desesperadamente, à loucura de um regime que o despreza e, ainda assim, suplica para que o aceite. De uma estranha maneira que é, ao mesmo tempo, tocante e desprezível, como o é todo o cuidado para não "contradizer a decisão do governo soviético", implora pela complacência do tirano.

A defesa da homossexualidade redigida por Whyte, um homossexual comunista, pode ser resumida no seguinte parágrafo que estruturei a partir do texto integral da sua carta a Stalin:

> *Deixe-me viver, e também os homossexuais comunistas, pois já somos, do berço ao túmulo, vítimas do acaso vital, "deste maldito dilema" que é a homossexualidade... Ademais, somos insignificantes e inofensivos: somos uma "percentagem insignificante da população" e também "incapazes de ameaçar a taxa de natalidade no estado socialista". Convém eliminar apenas os homossexuais de segunda categoria, aqueles "homossexuais que tiveram*

[27] Disponível em: https://www.marxismo.org.br/pode-um-homossexual-ser-comunista-carta-de-harry-whyte-a-stalin-1934/. Acesso em: 22 abr. 2024.

uma vida sexual normal, mas depois se tornaram homossexuais, algumas vezes por maldade, algumas vezes por considerações econômicas", ou seja, aqueles que, "em virtude de sua depravação, em geral pertencem à burguesia". Aliás, eliminem os homossexuais "por maldade" e mandem, para campos de reeducação e trabalho forçado, os homossexuais por necessidade econômica. Reconheço e aplaudo "as detenções de homossexuais como um fenômeno totalmente natural", mas sempre que houver "razões de natureza política", pois uma é a verdade: "sem dúvida é desejável que a maioria das pessoas sejam normais no sentido sexual." Assim pensa um homossexual verdadeira e puramente marxista.

Note, Excelência, o cristalino e indisfarçado rebaixamento existencial de um indivíduo em nome do pertencimento a um partido que rechaça a essência homossexual. Exsurge, aqui, mais uma vez, o fenômeno que já apontei ao discorrer sobre a postura do autor da presente ação, qual seja, o fanatismo.

O fanatismo, ensina Amós Oz, "é mais antigo que o islã, mais antigo que o cristianismo, mais antigo que o judaísmo, mais antigo que qualquer Estado ou qualquer governo, ou sistema político, mais antigo que qualquer ideologia ou crença no mundo";[28] o seu crescimento, nesse diapasão, "pode ter relação com o fato de que, quanto mais complexas as questões se tornam, mais as pessoas anseiam por respostas simples."[29]

Na esteira do pensamento de Habermas, o fanatismo coincide com a entrega da pessoa à imposição violenta das verdades ideológicas, à pressão militante sobre a própria consciência; é uma modalidade de renúncia ao impulso reflexivo (ética).[30]

Ora, a modernidade tende a ampliar a liberdade e, quanto maior a liberdade, mais escolhas deve fazer o cidadão que, a cada nova escolha, sobrecarregar-se-á de uma nova responsabilidade. Dessa maneira, tem absoluta razão Zygmunt Bauman ao observar que o fanatismo, "um filho legítimo da pós-modernidade, nascido de suas alegrias e tormentos, e herdeiro, do mesmo modo, de seus empreendimentos e inquietações", é capaz de fascinar porque

---

[28] OZ, Amós, *op. cit.*, p. 62.

[29] *Ibidem*, p. 27.

[30] HABERMAS, Jürgen. *Fé e saber*. Trad. Fernando Costa Mattos. São Paulo: Editora UNESP, 2013, p. 6.

promete "emancipar os convertidos das agonias da escolha. Aí a pessoa encontra, finalmente, a autoridade indubitavelmente suprema, uma autoridade para acabar com todas as outras autoridades."[31]

A título de ilustração, a mundialmente celebrado romance de Margaret Atwood, *O Conto da Aia*, ao tratar das poucas mulheres que viam, na nova República teocrática cristã, a salvação: Tia Lydia, ao mencionar os tempos anteriores à ascensão do fundamentalismo religioso, constatava que a sociedade de outrora estava morrendo "de um excesso de escolhas".[32]

François Houtart descreve os fanáticos como sujeitos pré-capitalistas que não correspondem à realidade contemporânea.[33] Nesse diapasão, acerca da ascensão de uma modalidade de fundamentalismo, Bauman afirma, ainda, que tal fenômeno

> não é um soluço de anseios místicos há muito ostensivamente afugentados mas não plenamente reprimidos, nem uma manifestação da eterna irracionalidade humana, imune a todos os esforços de cura e domesticação, nem uma forma de fuga de volta ao passado pré-moderno.
>
> O fundamentalismo é um fenômeno inteiramente contemporâneo e pós-moderno, que adota totalmente as "reformas racionalizadoras" e os desenvolvimentos tecnológicos da modernidade, tentando não tanto "fazer recuar" os desvios modernos quanto 'os ter e devorar ao mesmo tempo' — tornar possível um pleno aproveitamento das atrações modernas, sem pagar o preço que elas exigem. O preço em questão é a agonia do indivíduo condenado à autossuficiência, à autoconfiança e à vida de uma escolha nunca plenamente fidedigna e satisfatória.
>
> É difícil não concordar com o diagnóstico de Gilles Kepel, pelo qual os atuais movimentos fundamentalistas são verdadeiras crianças do nosso tempo: crianças não desejadas, talvez, bastardos da computação e do desemprego, ou da explosão demográfica e crescente alfabetização, e

---

31 BAUMAN, Zygmunt. *O mal-estar da pós-modernidade*. Trad. Mauro Gama; Cláudia Martinelli. Rio de Janeiro: Zahar, 1998, p. 228.

32 ATWOOD, Margaret. *O conto da aia*. Trad. Ana Deiró. Rio de Janeiro: Rocco, 2017. p. 36.

33 HOUTART, François. *Mercado e religião*. Trad. Claudia Berliner; Renata Cordeiro. São Paulo: Cortez, 2003, p. 124.

> seus gritos ou queixas nesses anos de fechamento do século incitam-nos a buscar sua ascendência e a reconstituir sua desconhecida genealogia.[34]

Clinicamente, na esteira da vasta pesquisa do Professor Associado do Departamento de Psiquiatria da Faculdade de Medicina da Universidade de São Paulo Francisco Lotufo Neto, trata-se de um estado no qual a pessoa se encontra imersa em conflitos psicológicos como: (*i*) níveis patológicos de culpa; (*ii*) auto denegribilidade e diminuição da autoestima; (*iii*) repressão da raiva; (*iv*) ansiedade e medo frente à possibilidade de falha no enquadramento; (*v*) bloqueio da autodeterminação; (*vi*) sentimento de conformismo; (*vii*) aumento da intolerância e da hostilidade frente ao dualismo; (*viii*) paranoia com a ideia de forças malévolas; e (i*x*) bloqueio do pensamento racional e crítico.[35]

De acordo com o psicanalista Jean Bergeret, apesar de não serem, necessariamente, casos de transtorno mental, as convicções ideológicas, políticas, filosóficas e religiosas que se apresentam através de postulados incontestáveis representam uma advertência, um sinal ao qual o profissional deve se atentar para ministrar cuidados e não se tornar vítima de uma crença resultante de excesso de idealização, uma vez que a análise do radicalismo de crença é, na verdade, caminho para integração social.[36]

Conclusão: se, de fato, é "radical de esquerda, comunista", o autor aceita as barbaridades comunistas contra a homossexualidade. Como, em essência, não é e tampouco sabe o que seja o marxismo-raiz, socorre-se de uma militância moderna e, essencialmente, *anticomunista*: o identitarismo da diversidade sexual.

---

34 BAUMAN, Zygmunt, *op. cit.*, p. 226.

35 LOTUFO NETO, Francisco. *Psiquiatria e religião: A prevalência de transtornos mentais entre ministros religiosos.* Tese (Livre-docência em Psiquiatria). Faculdade de Medicina, Universidade de São Paulo, São Paulo, 1997, p. 26-32.

36 BERGERET, Jean. Prélude à une étude psychanalytique de la croyance. *Revue Française de Psychanalise de Paris: Croyances,* 3, t. LXI, p. 877-896, jul.-set. 1997, p. 895-896.

XI. O Marxismo de Hoje é o Marxismo de Sempre

a. Alain Badiou

Se o ativismo *pseudomarxista* do chamado "progressismo" que, sob o rótulo impróprio do "marxismo", de forma marota, omite a exortação homofóbica em Marx e Engels — talvez sequer conheça, o que parece mais acertado, os escritos teóricos do marxismo —, mal que descarrega, veementemente, no colo do cristianismo, é curioso notar que, tendo em vista essa culpabilização da cristandade, uma leitura atenta dos últimos marxistas, verdadeiramente marxistas, que restam em nosso tempo seja outra fonte de evidência da homofobia inerente ao marxismo.

É o que se extrai do ensaio sobre São Paulo de Alain Badiou: na qualidade de comentador assumidamente ateu (e prosélito do ateísmo como "bom" comunista), Badiou considera Paulo "um Lênin, do qual o Cristo teria sido o Marx equívoco."[37] Ora, se é da lavra de Paulo a única condenação da homossexualidade que se encontra no Novo Testamento, consequentemente, a condenação deve ser natural aos apóstolos diretos de Marx.

No entanto, o marxismo real não se contenta com subjacências. Um marxista defende aquilo que o marxismo defende e, na mesma intensidade e com a mesma transparência, rechaça o que o marxismo rechaça. E, conforme demonstrei, o marxismo é incompatível com qualquer defesa de grupos minoritários em matéria de sexualidade; muito pelo contrário, reprime-os.

Eis que se levanta, então, o julgamento marxista real de Alain Badiou perante a militância identitária, em especial aquela vinculada à opressão das sexualidades divergentes:

> de fato, de que se compõe nossa atualidade? A redução progressiva da questão da verdade (portanto, do pensamento) à forma linguística do julgamento, ponto sobre o qual estão de acordo a ideologia analítica anglo-saxônica e a tradição hermenêutica (a dupla analítica/hermenêutica

---

[37] BADIOU, Alain. *São Paulo: a fundação do universalismo.* Trad. Wanda Caldeira Brant. São Paulo: Boitempo, 2009, p. 8.

> tranca com cadeado a filosofia acadêmica contemporânea), chega a um relativismo cultural e histórico que, hoje, é, simultaneamente, um tema da opinião pública, uma motivação "política" e um quadro de referência para a pesquisa nas ciências humanas. As formas extremas desse relativismo, já em ação, pretendem destinar a própria matemática a um conjunto "ocidental" ao qual se pode fazer equivaler qualquer dispositivo obscurantista ou simbolicamente irrisório, contanto que se esteja em estado de nomear o subconjunto humano que porta esse dispositivo, ou melhor, que haja razões para acreditar que esse subconjunto é composto por vítimas. E na tentativa dessa interseção entre a ideologia culturalista e a concepção vitimária do homem que sucumbe todo acesso ao universal, o qual não tolera que lhe seja atribuída uma particularidade, nem mantém relação direta com o estatuto — dominante ou vitimário — dos lugares em que emerge a proposição.[38]

Badiou reafirma que o marxismo não renunciará ao universal concreto das verdades para afirmar o direito das "minorias" raciais, religiosas, nacionais ou sexuais. A luta dessas "minorias" é incompatível com a sua doutrina, pois confirmam a "predição genial de Marx: o mundo enfim configurado, mas como mercado, como mercado mundial. Essa configuração faz prevalecer uma homogeneização abstrata. Tudo o que circula cai em uma unidade de conta e, inversamente, somente circula o que se deixa assim contar."[39]

O marxista não hesita: a militância identitária das minorias deve ser excluída do processo revolucionário. *Ipsis verbis*:

> a questão é saber o que as categorias identitárias e comunitaristas têm a ver com os processos de verdade, por exemplo, os processos políticos. **Respondemos: essas categorias devem ser ausentadas do processo, sem o que nenhuma verdade tem a menor chance de estabelecer sua persistência e de acumular sua infinidade imanente. Aliás, sabemos que as políticas identitárias consequentes, como o nazismo, são guerreiras e criminosas.** (...).

[38] *Ibidem*, p. 13.

[39] *Ibidem*, p. 14-15.

O mundo contemporâneo é, assim, duplamente hostil aos processos de verdade. O sintoma dessa hostilidade dá-se por superposições nominais: onde se deveria manter o nome de um procedimento de verdade, vem outro nome, que o recalca. O nome cultura vem obliterar o da arte. A palavra técnica oblitera a palavra ciência. A palavra gestão oblitera a palavra política. **A palavra sexualidade oblitera o amor. O sistema cultura-técnica-gestão-sexualidade, que tem o imenso mérito de ser homogêneo no mercado e cujos termos, aliás, designam uma rubrica da apresentação mercantil** (...). Ora, **a lógica identitária, ou minoritária, longe de se voltar para uma apropriação dessa tipologia, propõe apenas uma variante da superposição nominal capitalista**. Ela polemiza contra todo conceito genérico da arte e o substitui, por sua própria conta, pelo de cultura, concebido como cultura do grupo, amálgama subjetivo ou representativo de sua existência, cultura destinada a si e potencialmente não universalizável. Além disso, ela não hesita em enunciar que os elementos constitutivos dessa cultura são plenamente compreensíveis somente se pertencerem ao subconjunto considerado. **Daí os enunciados catastróficos do gênero: somente um homossexual pode "compreender" o que significa ser homossexual, um árabe o que significa ser árabe etc.** Se, como pensamos, somente as verdades (o pensamento) permitem distinguir o homem do animal humano que o subentende, não é exagerado dizer que **esses enunciados "minoritários" são realmente bárbaros**. No caso da ciência, o culturalismo promove a particularidade técnica dos subconjuntos à equivalência do pensamento científico, de modo que os antibióticos, o xamanismo, a imposição das mãos ou as tisanas relaxantes são uniformizados. No caso da política, a consideração de traços identitários encontra-se na base da determinação, seja ela estatal ou reivindicativa, e finalmente se trata de inscrever, pelo direito ou pela força bruta, uma gestão autoritária desses traços (nacionais, religiosos, sexuais etc.), considerados como operadores políticos dominantes. E, enfim, no caso do amor, demanda-se simetricamente seja o direito genético de ver reconhecido como identidade minoritária esse ou aquele comportamento sexual específico, seja a volta pura e simples às concepções arcaicas, culturalmente estabelecidas, como a conjugabilidade estrita, o aprisionamento das mulheres etc.

> Os dois podem combinar perfeitamente, como nas reivindicações dos homossexuais relativas ao direito de unir o grande tradicionalismo do casamento e da família ou de vestir, com a bênção do papa, os hábitos do monge.
>
> Os dois componentes do conjunto articulado (homogeneidade abstrata do capital e reivindicações identitárias) encontram-se em uma relação espelhada e de diálogo. (...). Cada figura tira sua legitimidade tortuosa do descrédito do outro.[40]

O marxismo de hoje, constata-se, é o mesmo marxismo de sempre. Se, por um lado, Badiou não criminaliza nem repudia a existência da homossexualidade, esse lídimo representante do marxismo-raiz, por outro, repudia a defesa da militância de qualquer "minoria oprimida", notadamente a dos homossexuais, uma vez que "lógica capitalista do equivalente geral e lógica identitária e cultural das comunidades ou das minorias formam um conjunto articulado". Além de "bárbara", "catastrófica" e potencialmente "nazista", "essa articulação é constrangedora em relação a qualquer processo de verdade. Ela é organicamente sem verdade."[41]

b. Slavoj Žižek

Embora tenha atribuído a si a missão de, a partir dos fragorosos fracassos práticos das experiências marxistas, atualizar o pensamento de Marx para este século XXI, o filósofo iugoslavo (hoje, esloveno) Slavoj Žižek é, certa e simultaneamente, crítico e pilar do marxismo em nossos dias (o *aggiornamento* autoimposto não pretende varrer, como pretenderam os pós-marxistas, assuntos polêmicos para debaixo do tapete ou, simplesmente, ignorá-los).

A obra do atual maior polemista marxista também não é favorável a qualquer militante progressista de sexualidade divergente que se apresente como marxista. É o que, por exemplo, se extrai, Excelência, da análise de *Living in the End Times* (*Vivendo no Fim dos Tempos*).[42]

[40] *Ibidem*, p. 19-20. Grifei.

[41] *Ibidem*, p. 18.

[42] ŽIŽEK, Slavoj. *Living in the end of times.* Londres: Verso, 2010. As traduções que seguem são minhas.

Para uma compreensão satisfatória das conclusões de Žižek ao longo da mencionada obra, deve-se atentar para uma adaptação terminológica que ele promove a partir da lição de Badiou, qual seja:

> seguindo a distinção proposta por Alain Badiou entre dois tipos (ou melhor, níveis) de corrupção na democracia: a corrupção empírica de fato e a corrupção que pertence à própria forma de democracia, com sua redução da política à negociação de interesses privados. De modo homólogo, deve-se distinguir entre ideologia constituída — manipulações empíricas e distorções no nível do conteúdo — e ideologia constitutiva — a forma ideológica que fornece as coordenadas do próprio espaço dentro do qual o conteúdo está localizado.[43]

De um lado, a (*i*) **ideologia constituída** (*constituted ideology*), expressão que, em confronto com a questão dos elementos estruturais da sociologia, poderia ser chamada de *elemento estruturado* e, cotejada com a crítica marxista existencial da democracia explicitada por Badiou, se refere a uma corrupção ou a um conjunto de corrupções praticadas e oficializadas (normatizadas) pela democracia. Do outro, a (*ii*) **ideologia constitutiva** (*constitutive ideology*), *questão estruturante* que, mesmo ausente nas disposições oficiais expressas pelo regime democrático, é característica inerente e, *a priori*, indissociável a ele, como uma espécie de sombra ou espírito.

Na mesma página em que estipula essa base conceitual dicotômica, Žižek apresenta, a partir da história de Alan Turing e em nota de rodapé, uma série de questionamentos projetados para os temas da homossexualidade e da identidade de gênero.

> Todos nós conhecemos o famoso "jogo da imitação" de Alan Turing, projetado para testar se uma máquina pode pensar: nós nos comunicamos com duas interfaces de computador e fazemos qualquer pergunta imaginável; por trás de uma das interfaces, há uma pessoa humana digitando as respostas, enquanto, atrás da outra, há uma máquina. Se, com base nas respostas que obtemos, não conseguirmos distinguir a máquina inteligente do humano inteligente, então, de acordo com Turing, o nosso

43 *Ibidem*, p. 55.

> fracasso prova que as máquinas podem pensar. O que menos se sabe é que, em sua primeira formulação, o escopo não era distinguir o humano da máquina, mas o homem da mulher. Por que esse estranho deslocamento da diferença sexual para a diferença entre o humano e a máquina? **Foi resultado da simples excentricidade de Turing devido à sua homossexualidade**? De acordo com alguns intérpretes, a chave está em opor os dois experimentos: a imitação bem-sucedida das respostas de uma mulher por um homem (ou vice-versa) não provaria nada, porque **a identidade de gênero não depende de sequências de símbolos, enquanto a imitação bem-sucedida de um humano por uma máquina provaria que essa máquina pode pensar, porque "pensar" é, em última análise, a maneira adequada de sequenciar símbolos.** E se, no entanto, a solução para esse enigma for muito mais simples e radical? **E se a diferença sexual não for simplesmente um fato biológico, mas o Real de um antagonismo que define a humanidade, de modo que, uma vez abolida a diferença sexual, um ser humano efetivamente se torna indistinguível de uma máquina?**[44]

Apesar das interrogações (apesar da ilusão criada pelo benefício da dúvida), dentro dos parâmetros de análise propostos, capciosa e anteriormente, pelo próprio autor, bem como em virtude da solução binária à primeira pergunta — resposta camuflada logo na sequência, isto é, entre uma opinião de terceiros e uma nova pergunta —, Žižek reintroduz, sob nova roupagem, a abordagem de um velho elemento revolucionário marxista: o homem natural é, de forma "constitutiva", ou seja, implícita, mais uma vez convocado para salvar a humanidade já em processo avançado de redução à máquina. Em termos mais diretos, vale dizer, o golpe final da democracia contra a raça humana virá na forma de ideologia de gênero constituída.

Sobre a luta contra a homofobia e o casamento entre pessoas do mesmo sexo, fatos frequentes, hoje, nas democracias, Žižek define-os como mero "resultado da luta ideológica, da repressão pós-política da dimensão socioeconômica."[45] Contudo, tal definição axiologicamente neutra perde esse predicado quando, na análise sequencial levada a cabo, o filósofo conclui que "o

---

44 *Loc. cit.* Grifos meus.

45 *Ibidem*, p. 137.

conflito entre fundamentalistas e gays é exposto pelo que é: uma pseudoluta, um falso conflito ofuscando a verdadeira questão."[46] Cito:

> ao longo de 2009, a comunidade gay na Holanda começou a se voltar cada vez mais para os partidos nacionalistas anti-imigrantes. A razão era simples: a comunidade muçulmana local, como o grupo de imigrantes mais forte e organizado, tornou-se cada vez mais vociferante em sua homofobia, incluindo, até mesmo, o recurso ocasional a atos violentos. (...). O que complica, no entanto, a simplicidade dessa posição é a lacuna subjacente no poder econômico e político: a tensão é, em última análise, entre os gays holandeses de classe média alta e os imigrantes muçulmanos pobres explorados.[47]

Nesse contexto, é oportuno mencionar ainda, Excelência, o lamento explícito desse verdadeiro marxista moderno contra as militâncias de esquerda contemporâneas ("progressistas") — protesto atual ao longo dos quatorze anos que separam a publicação sob análise do inimaginável movimento LGBT...+ em apoio à *luta do povo palestino liderado pelo Hamas contra o Estado de Israel*. Nas palavras de Žižek:

> o preço que alguns da esquerda pagam por ignorar essa "complicação" da luta de classes é, entre outras coisas, uma aceitação fácil e acrítica de grupos muçulmanos antiamericanos e antiocidentais como representantes de formas "progressistas" de luta, como aliados automáticos: grupos como Hamas e Hezbollah de repente aparecem como agentes revolucionários, mesmo que sua ideologia seja explicitamente antimoderna (...). Contra essa tentação, devemos insistir no direito incondicional a uma realização de uma análise crítica pública de todas as religiões, incluindo o Islã — e o mais triste é saber que isso ainda precisa ser dito.[48]

Isso sem contar que, fossem os membros dessa militância à Faixa de Gaza, vestindo *shorts* brilhantes de lantejoulas e curtos o bastante para

---

[46] *Ibidem*, p. 138.

[47] *Ibidem*, p. 137-138.

[48] *Ibidem*, p. 137.

ostentar, como polpas, as popas das nádegas, quer em guerra quer em tempos de paz, quer exista o Estado de Israel quer nunca tenha existido, seriam fisicamente violentados e, se sobrevivessem (uma vez que, pela *Sharia*, as relações homossexuais podem ser punidas com pena de morte), seriam presos por até 10 anos (de acordo com o artigo 152 do código penal em vigor na Faixa de Gaza).

Feita essa observação e de volta à análise de *Living in the End Times*, o rechaço marxista à militância identitária da diversidade sexual emerge com contornos carregados no quarto capítulo, intitulado "Depressão: O trauma neuronal, ou a ascensão do *cogito* proletário"[49], no qual *cogito* refere-se, como oposição incondicional, à síntese da filosofia cartesiana, ou seja, ao *cogito ergo sum* (penso, logo existo) em voga desde o século XVII — um mal a ser combatido pelo bom marxista. *Ipsis verbis*:

> o que subjaz a esse tópico do *cogito* é o estatuto da chamada "exceção ocidental", que culmina na modernidade europeia: a mudança do Todo orgânico para a Universalidade (que introduz um corte/ruptura no Todo, opondo a Universalidade ao conteúdo particular), de mundos de vida espiritualizados particulares para uma ordem secular global, e assim por diante.[50]

Nesse sentido, Žižek recorre ao próprio Marx, citando o seu "Acréscimos e alterações ao primeiro volume de *O Capital*", a fim de enquadrar a militância identitária, na qual se inclui a diversidade sexual, como mera abstração representativa de uma farsa ideológica (*ideological fake*) que contamina a modernidade europeia com "o 'perigo' de um universo 'sem mundo', **como uma ameaça aos autênticos mundos da vida**":

> o que Marx descreve como a "lógica do capital" não é um ideal que nunca pode ser plenamente realizado por permanecer, sempre, contaminado por *mundos-de-vida* particulares, mas a estrutura nocional do capitalismo existente. Não há necessidade de "tradução" aqui, uma vez que a mesma matriz formal regula todos os processos capitalistas, por mais

[49] *Ibidem*, p. 279-314.

[50] *Ibidem*, p. 279.

> diferentes que sejam os mundos da vida dentro dos quais eles ocorrem. (...). A abstração se atualiza no ato da troca: "a redução de diferentes trabalhos privados concretos a esse abstrato de trabalho humano igual só procede por meio da troca, que, na verdade, iguala produtos de trabalho diferentes entre si". (...). O conteúdo (cultural) é, em última análise, uma farsa ideológica: uma máscara ofuscando o reino da abstração.[51]
>
> (...).
>
> Quando os críticos da universalidade enfatizam seu caráter violento, como uma imposição altamente arriscada, somos tentados a responder, parafraseando a famosa resposta dada pelo interrogador a Winston Smith, quando, em *1984* de Orwell, ele duvida da existência do *Big Brother*: "É você que não existe!" A dimensão universal a que nos referimos existe realmente? Mas e se for a nossa identidade particular que não existe, isto é, que já é sempre atravessada por universalidades, presas nelas? E se, na civilização global de hoje, formos mais universais do que pensamos, e for a nossa identidade particular uma frágil fantasia ideológica?[52]

Nessa toada, Žižek vai reafirmar a ideia da *homossexualidade como degeneração burguesa*, através de conceitos mais complexos que se referem à sexualidade divergente como uma *desnaturalização* promovida, a saber, por uma alienação própria da economia de mercado, que induz à *dissolução dos modos de vida orgânicos*:

> o que isso também significa é que, antes de sucumbirmos a lamentar o efeito "alienante" do fato de que as "relações entre as pessoas" estão sendo substituídas por "relações entre as coisas", devemos ter em mente o efeito oposto, libertador: o deslocamento do fetichismo para as "relações entre as coisas" *desfetichiza* as "relações entre as pessoas", permitindo-lhes adquirir liberdade e autonomia "formais". Embora, em uma economia de mercado, eu permaneça, de fato, dependente, essa dependência é, no entanto, "civilizada", decretada na forma de uma troca de mercado "livre" entre mim e outras pessoas, em vez de na forma de servidão direta

[51] *Ibidem*, p. 285. Destaquei.

[52] *Ibidem*, p. 284-285.

ou mesmo coerção física. É fácil ridicularizar Ayn Rand, mas há um grão de verdade no famoso "hino ao dinheiro" de sua *A Revolta de Atlas*:

> *Até e a menos que você descubra que o dinheiro é a raiz de todo o bem, você pede por sua própria destruição. Quando o dinheiro deixa de se tornar o meio pelo qual os homens lidam uns com os outros, então, os homens se tornam as ferramentas de outros homens. Sangue, chicotes e armas ou dólares. Faça a sua escolha — não há outra.*

> Mas Marx não disse algo semelhante na fórmula que acabamos de citar, a respeito de como, em uma economia mercantil, "as relações entre as pessoas assumem o disfarce de relações entre as coisas"? Na economia de mercado, as relações entre as pessoas podem aparecer como relações de liberdade e igualdade mutuamente reconhecidas: a dominação não é mais diretamente promulgada e visível como tal.
>
> (...)
>
> Essa mesma força de abstração que dissolve os mundos-da-vida-orgânica é simultaneamente o recurso da política emancipatória.
>
> As consequências filosóficas desse verdadeiro estatuto de abstração são cruciais: elas nos obrigam a rejeitar a relativização historicista e a contextualização de diferentes modos de subjetividade, e a afirmar o sujeito cartesiano "abstrato" (o *cogito*) como algo que hoje corrói de dentro de todas as diferentes formas de auto experiência cultural — por mais que nos vejamos inseridos em uma determinada cultura, no momento em que participamos do capitalismo global, essa cultura está sempre desnaturalizada, funcionando efetivamente como um "modo de vida" específico e contingente da subjetividade cartesiana abstrata.[53]

Através da ironia, Žižek constata que esse *serviço sujo capitalista* tem sido realizado pela militância da esquerda progressista manipulada por George Soros:

> George Soros é, sem dúvida, um humanitário honesto, cuja fundação da *Open Society* salvou mais ou menos sozinha o pensamento social crítico

[53] *Ibidem*, p. 290-291.

> nos países pós-comunistas. No entanto, há cerca de uma década, o mesmo George Soros se envolveu em especulação no mercado de câmbio, explorando as diferenças nas taxas de câmbio para ganhar centenas de milhões de dólares. Essa operação maciçamente bem-sucedida também causou um sofrimento incalculável, especialmente no Sudeste Asiático, onde centenas de milhares perderam seus empregos, com todas as consequências decorrentes. Tal é a violência "abstrata" de hoje em sua expressão mais pura: em um extremo, a especulação financeira perseguida em sua própria esfera, sem vínculos óbvios com a realidade das vidas humanas; no outro extremo, uma pseudo-catástrofe natural que atinge milhares como um tsunami, sem motivo aparente. A violência de hoje é como um "juízo infinito" especulativo hegeliano, postulando a identidade desses dois extremos.[54]

Assim, atribui-se ao capitalismo a silenciosa obnubilação das distinções mais elementares entre natureza e cultura — operação de base para qualquer militância identitária progressista, principalmente aquela das diversidades sexuais. Para o marxismo, tal fato nada mais é do que uma nova forma de adoecimento global; doença diagnosticada pela mencionada mistura heterogênea de natureza e política, na qual "a política se anula como tal e assume a aparência de natureza, e a natureza desaparece para assumir a máscara da política. Essa mistura global heterogênea de natureza e política é caracterizada pela uniformização global das reações neuropsicológicas."[55]

Como resultado (trágico, conforme a doutrina marxista atual), exsurge uma nova forma de subjetividade que é "autista, indiferente, desprovida de engajamento afetivo", pois a velha noção de personalidade não é "superada" nem substituída por uma outra formação compensatória, mas completamente destruída,

> destruição que adquire, em si, uma forma, torna-se uma (relativamente estável) "forma de vida"; o que temos não é, simplesmente, a ausência de forma, mas a forma da ausência (do apagamento da personalidade anterior). Mais precisamente, a nova forma é menos uma forma de vida

54 *Ibidem*, p. 291.

55 *Ibidem*, p. 295.

do que uma forma de morte — não uma expressão da pulsão de morte freudiana, mas, mais diretamente, a morte da pulsão.[56]

Sem economizar no sarcasmo, Žižek opõe-se, de forma categórica, à possibilidade de uma militância que seja, ao mesmo tempo, marxista e ligada a causas de sexualidade divergente. O filósofo denomina essa hipótese fraudulenta como "proletariado libidinal",[57] contra a qual afirma:

> como, então, passar da sexualidade animal (acoplamento instintivo) para a sexualidade propriamente humana? Submetendo a sexualidade animal (seu "instinto de vida") à pulsão de morte. A pulsão de morte é a forma transcendental que torna a sexualidade própria dos instintos animais. Nesse sentido, o desprendido e indiferente sujeito *deslibidinalizado* é, de fato, o sujeito puro da pulsão de morte: nesse sujeito, sobrevive apenas o quadro vazio da pulsão de morte como condição formal-transcendental dos investimentos libidinais, desprovido de todo conteúdo.[58]

A partir daquilo que denomina "três versões da proletarização", conclui, então, Žižek:

> a ascensão de um sujeito tão desprendido, sobrevivente de sua própria morte, relaciona-se diretamente com uma característica do capitalismo global de hoje, bem traduzida pelo título do livro de Naomi Klein, *A Doutrina do Choque*. Há, no entanto, uma pergunta ainda mais radical a ser feita aqui: como a ascensão de um sujeito tão destacado se relaciona com o processo em curso de "enclausuramento" dos bens comuns, o processo de proletarização daqueles que são excluídos de sua própria substância? (...).
>
> A primeira figura, correspondente ao enclausuramento da natureza externa, é, inesperadamente talvez, a noção de Marx do proletário, o trabalhador explorado cujo produto lhe é retirado, reduzindo-o a uma

56 *Ibidem*, p. 296.

57 *Ibidem*, p. 306.

58 *Ibidem*, p. 305.

> subjetividade sem substância, ao vazio da pura potencialidade subjetiva cuja atualização no processo de trabalho equivale à sua desrealização.
>
> A segunda figura, ligada ao enclausuramento da "segunda natureza" simbólica, é a de um sujeito totalmente "mediatizado", totalmente imerso na realidade virtual: enquanto, "espontaneamente", ele pensa que está em contato direto com a realidade, sua relação com a realidade é de fato sustentada por complexas máquinas digitais. Lembre-se de Neo, o herói de *Matrix*, que, de repente, descobre que o que ele percebe como realidade cotidiana é construído e manipulado por um megacomputador (...).
>
> A terceira figura, correspondente ao enclausuramento de nossa natureza "interna", é, naturalmente, o sujeito pós-traumático: para se ter uma ideia do *cogito* em sua forma mais pura, seu "marco zero", basta ficar cara a cara com um "monstro" autista — um espetáculo doloroso e perturbador. É por isso que resistimos tão firmemente ao espectro do *cogito*[59].

Nada de novo no *front*. O mesmo autor, afinal, no que tange à necessidade da exclusão da homossexualidade nas fileiras de forças armadas, já defendia que "a economia libidinal da comunidade militar, em si, depende da exclusão da homossexualidade enquanto componente essencial do laço masculino dos soldados."[60]

Citem-se as expressas ponderações de Žižek acerca da atual militância LGBT...+:

> e o que pensar da afirmação de identidades marginais na política identitária? Atinge-se o seu cume (ou, talvez, o seu ponto mais baixo) quando esta se refere à experiência única de um grupo identitário particular como o fato supremo que não pode ser dissolvido em nenhuma universalidade: "só uma mulher/lésbica/trans/negra/chinesa sabe o que é ser uma mulher/lésbica/trans/negra/chinesa". Embora isso seja verdade num certo sentido trivial, **deve-se negar profundamente qualquer relevância política a isso** (...). O segredo da política identitária é que, nela, o branco/homem/hétero continua sendo um padrão universal;

59 *Ibidem*, p. 313-314.

60 ŽIŽEK, Slavoj. *The Plague of Fantasies*. Londres: Verso, 2008, p. 31. Tradução minha.

> todo mundo entende e sabe o que significa ser isso, fazendo desse lugar o ponto cego da política identitária, a identidade que é proibida de se afirmar.
>
> Cedo ou tarde, no entanto, temos o retorno do recalcado: a identidade branco/homem/hétero escapa ao controle e começa a jogar o mesmo jogo: "ninguém nos entende de verdade, é preciso ser um branco/homem/hétero para entender o que é ser um homem/branco/hétero..." Essas reversões provam que não é possível se livrar da universalidade tão facilmente. O argumento velho-marxista óbvio sobre não existir universalidade neutra, sobre como toda universalidade que se apresenta como neutra ofusca e, assim, privilegia os privilégios atuais, não deve nos seduzir a abandonar a universalidade em si. Se fizermos isso, eliminamos o fato de que a nossa própria argumentação contra falsas universalidades fala a partir de uma oposição da verdadeira universalidade (que nos permite perceber a oposição dos desprivilegiados como injusta). Paradoxalmente, a afirmação da identidade branco/homem/hétero os destituiria de sua universalidade implícita e os impeliria a aceitar sua particularidade.[61]

Em resumo, ao marxismo, toda "universalidade neutra" é, politicamente, um erro, pois não passam, em essência, de "formas de escravidão consensual" típicas das economias de livre mercado, que se aproveitam da "obsessão politicamente correta de proteger os indivíduos de qualquer experiência que possa machucá-los de algum modo".[62]

3.H. Vida Real: Homossexuais nos Regimes Comunistas

Muito embora a carta trazida a estes autos, no tópico imediatamente anterior, seja bastante representativa (senão suficiente) para comprovar a rejeição

---

[61] ŽIŽEK, Slavoj. Problemas com identidades. In *Adital*. São Leopoldo: Instituto Humanitas Unisinos. Publicado em 06 jun. 2018. Disponível em: https://www.ihu.unisinos.br/categorias/188-noticias-2018/579664-problemas-com-identidades. Acesso em: 13 mai. 2024.

[62] ŽIŽEK, Slavoj. Amor e sexo sob o gelo dos contratos. In *Outras Palavras*. São Paulo. Publicado em 10 jan. 2018. Disponível em: https://outraspalavras.net/sem-categoria/zizek-amor-e-sexo-sob-o-gelo-dos-contratos/. Acesso em: 10 mai. 2024.

da homossexualidade nos regimes comunistas — que não podem ser confundidos, vale destacar, com os atuais governos progressistas —, mais elementos precisam ser trazidos à presente defesa em razão das inomináveis e abomináveis práticas desumanas adotadas contra essa população (minha e do autor desta ação também), cuja memória, da mesma maneira que o corpo e a dignidade, foi sangrada ao ponto de eliminar qualquer possibilidade de se tornar sagrada ou, sequer inclusive, lembrada.

Dentre tantos outros regimes de inspiração marxista que aniquilaram, sistematicamente, os cidadãos homossexuais, passo, então, Excelência, a tratar dos casos mais emblemáticos... Que nada mais fizeram do que tirar do papel os escritos de Marx e Engels.

I. Comunistas na Índia

Antes de analisar a vida dos homossexuais em países de regimes marxistas, vale, de antemão, trazer o caso da criminalização das práticas homossexuais na Índia e, o que é mais interessante, o aval contemporâneo dos mais eminentes marxistas-raiz desse país.

Professor da Universidade de Aberdeen, o inglês William Naphy, amparado em vasta pesquisa acadêmica, ensina sobre a mencionada criminalização indiana que vigorou até o ano de 2018:

> pouco depois da anexação da Índia ao império britânico, na sequência da Revolta de 1857, a lei britânica foi imposta aos novos territórios imperiais através do Código Penal Indiano de 1861. Este código, na realidade, transpunha a legislação inglesa para a Índia. Assim, a escolha do momento não podia ter sido mais interessante. Em 1860, uma nova lei contra a sodomia tinha sido aprovada no parlamento inglês. Para a Grã-Bretanha, a nova lei representava um acto progressista, substituindo a pena de morte pela prisão como punição normal para a sodomia.
>
> Estabelecia também uma definição de actos homossexuais que, com alguma imaginação, poderia ser aplicada ao lesbianismo. Além disso, tornava a acusação mais fácil, definindo a sodomia como um acto em que ocorria a penetração e não, como na lei anterior, a penetração e a

ejaculação. A lei foi transposta para o Parágrafo 377 do Código Penal Indiano — e continua em vigor:

> *Quem de motu proprio tiver cópula contrária à ordem da natureza com homem, mulher ou animal, será punido com prisão, ou com prisão de um de dois tipos por um período até dez anos, e multa.*

O artigo vinha acompanhado de uma nota «explicativa»: «a penetração é suficiente para constituir a cópula necessária ao crime».

O curioso é que esta lei sugeria que a «sodomia» não era, forçosamente, um acto voluntário entre duas pessoas maiores. Assim, um violador (ou mesmo uma mulher violando outra pessoa com um utensílio qualquer) era um «sodomita», não um violador. Além disso, a ausência de qualquer referência à anatomia (pénis) com a penetração significava que o lesbianismo não estava excluído do acto, se bem que a sua punição fosse muito pouco provável. Outro aspecto importante é que a lei, no seu contexto indiano, raramente foi aplicada. Entre 1861 e 2000 instauraram-se apenas 36 processos e a maioria dizia respeito a violações de homens.

No entanto, a lei continua em vigor e pode ser usada, eficazmente, para intimidar, assediar e chantagear qualquer pessoa envolvida em práticas homossexuais.[63]

Recorrendo à obra do historiador indiano S. Suleri, que trata da questão da homossexualidade no campo da política nacional no início da década de 1990, Naphy deixa claro que a liderança política comunista na Índia contemporânea não somente se opôs à revogação desse crime, como também deixou clara a sua opinião de que **a homossexualidade é, para o ideal comunista, "retrógrada e reacionária", de forma que, ao contrário dos progressistas deturpadores do ideal, *o comunismo demanda* "relações heterossexuais e monógamas", reprova "todas as formas desviantes de relações sexuais, incluindo a homossexualidade" e, se necessário, chancela o uso da violência contra ativistas homossexuais.** *Ipsis verbis*:

---

[63] NAPHY, William. *Born to be gay: história da homossexualidade.* Trad. Jaime Araújo. Lisboa: Edições 70, 2006, p. 252-253.

os dois extremos do espectro político indiano condenam a homossexualidade, expondo assim o seu compromisso e submissão às ideias seculares e religiosas do Ocidente. O entusiasmo pelas construções sociais da antiga cultura colonial e a rejeição dos modelos culturais precedentes, considerados decadentes e desprezíveis, não podiam ser mais extremos ou mais evidentes. Um importante marxista indiano, condenando os apelos à revogação do §377, disse que a homossexualidade é «retrógrada e reacionária», como o sati (costume de as viúvas se lançarem na pira onde ardem as cinzas do marido), a poligamia e o sistema de castas. O facto de ser antiga e comum (na cultura indiana) não torna a homossexualidade mais moral, assim como não tornaria o incesto ou a bestialidade. Ele concluiu dizendo que o movimento de «libertação dos homossexuais» é:

> ***decadente e burguês... encorajando todas as formas desviantes de relações sexuais... Os marxistas defendem as relações heterossexuais e monógamas e reprovam todas as formas desviantes de relações sexuais, incluindo a homossexualidade... Os marxistas procuram mudar o comportamento sexual através da educação... Se algumas pessoas, contra a consciência pública, saírem às ruas alegando que têm o direito de satisfazer os seus desejos sexuais como bem entendem, os marxistas não hesitarão em usar a força contra esses activistas homossexuais.***[64]

De fato, o marxismo-raiz indiano sustenta, ainda hoje, esse entendimento. É o caso do professor de ciências políticas H. Srikanth[65], reconhecido como marxista ortodoxo por militantes e acadêmicos progressistas defensores dos direitos LGBT...+ na Índia, como, por exemplo, Vimal Balasubramanian, Sharmila Rege e Suneetha.

Opondo-se aos argumentos progressistas baseados no fato de que a Associação Americana de Psiquiatria tenha retirado a homossexualidade da lista de doenças, bem como na naturalidade da homossexualidade, o professor comunista argumenta que o *natural nem sempre é racional*, bem como subordina a questão sexual às necessidades da sociedade.

64 *Ibidem*, p. 257. Destaquei.

65 SRIKANTH, H. Marxism, radical feminism and homosexuality. *Economic and Political Weekly*, v. 32. n. 44/45. 8-14 nov. 1997, p. 2900-2904.

Para Srikanth, não há dúvidas quanto à má compreensão de Marx quando o debatedor progressista reduz a compreensão marxista da necessidade social à reprodução das espécies e interpreta a reprodução como mera procriação. Embora ele reconheça, pessoalmente, que as questões atinentes à liberdade e igualdade de sexos e sexualidade sejam relevantes para uma prática possível do marxismo no mundo moderno, destaca que, por responsabilidade acadêmica, deve insistir que a literatura marxista clássica não as reconhece e, fosse contemporânea às conclusões psiquiátricas atuais, também não as agasalharia, uma vez que elas examinam o comportamento sexual de um ponto de vista clínico concentrado no indivíduo, e não na sociedade, que é o cerne do marxismo.

Ademais, ainda na esteira de Srikanth, a justificação da homossexualidade como comportamento normal em virtude do consentimento mútuo e da inexistência de prejuízos a terceiros é, também, sob a ótica do marxismo ortodoxo, insuficiente, uma vez que se baseia na noção liberal burguesa de que uma pessoa é livre para fazer qualquer coisa, desde que não toque no nariz de outra pessoa. Logo, interpretar que o que é normal para um indivíduo também é normal para a sociedade é cair na armadilha do individualismo burguês que reduz a sociedade a uma soma total de indivíduos separados e desconectados. Para o marxismo, a sociedade é muito mais do que um indivíduo e possui estrutura e lógica próprias que orientam o seu desenvolvimento e, por isso, não admite julgar as atitudes sociais em relação ao comportamento sexual puramente com base no ponto de vista individual.

Conclui, então, o professor, ao estilo comunista mais típico:

> se o que é normal para o indivíduo é considerado normal até mesmo para a sociedade, então, de acordo com esta lógica, muitas outras práticas sexuais, como o incesto, a urofilia, a coprologia, o fetichismo, a zoofilia, o exibicionismo e o sadomasoquismo etc., também deveriam ser aceitas como normais e todos aqueles que abominam tais práticas deveriam ser rotulados de fóbicos ou de criaturas arrogantes.[66]

Desse debate (ou embate) entre progressistas e comunistas indianos, resta claro que nenhuma razão detém o autor da presente ação que, por

---

66 *Loc. cit.*

lamentável ignorância acerca de seu próprio credo ideológico — ignorância, aliás, subscrita e avalizada por seu advogado —, promove o presente feito em virtude de, apenas, conhecer o acusado mais da doutrina marxista do que ele próprio, autodeclarado "radical de esquerda, comunista".

A presente ação é, por mais este prisma, um real insulto à inteligência humana e uma verdadeira chicana com este DD. Juízo, o que não se pode admitir... Infelizmente, Excelência, tantos outros argumentos reforçam o que acabo de afirmar. Continuo, pois.

II. União das Repúblicas Socialistas Soviéticas (URSS)

"Quem sou eu?" Pergunta-se a Senhora Zólotava, uma mãe soviética atordoada com os valores das filhas neste século XXI, diante da entrevistadora. Na sequência, deixa transparecer o seu inconsciente desprezo, implantado pelo regime soviético, a qualquer expressão de individualismo: "Somos da multidão... Estamos sempre na multidão... Nossa vida é monótona, imperceptível, embora tentemos continuar nossa vida. Amamos, sofremos. Mas ninguém tem interesse nisso, não escrevem livros sobre nós. A multidão... A massa."[67]

No norte da Eurásia, em uma vasta região que vai dos Mares Báltico e Negro até o Oceano Pacífico, a URSS (CCCP: Союз Советских Социалистических Республик) foi um Estado soberano entre os anos de 1917 e 1991. Com capital em Moscou, foi governada em regime unipartidário pelo Partido Comunista da União Soviética que, entre 1922 e 1953, foi comandado, com mãos enferrujadas de sangue, por Josef Stalin.

Nas palavras de Luis Alegre, professor de filosofia na Universidade Complutense de Madri e militante do famoso partido da esquerda espanhola Podemos:

> a homossexualidade passou a ser considerada «contrarrevolucionária» e um vício da decadência burguesa. Vício esse, a propósito, que pairava como uma suspeita sobre qualquer intelectual perigoso. Todos os

[67] ALEKSIÉVITCH, Svetlana. *O fim do homem soviético*. Trad. Lucas Simone. São Paulo: Companhia das Letras, 2016, p. 454.

> intelectuais sabiam que os serviços secretos podiam acusar qualquer um de práticas homossexuais, fosse verdade ou mentira, e arruinar-lhes a vida.
>
> (...)
>
> Em todos os totalitarismos, a justificação explícita do ódio aos homossexuais teve sempre que ver, de uma forma ou de outra, com a exigência de limitar o sexo às funções reprodutivas, ou seja, com a exigência de que fodamos apenas como animais, seja porque deus assim o quer ou porque a Pátria ou a Revolução mundial assim o reclamam. Querem que fodamos como animais porque isso serve algum propósito superior, e aquilo que não está ao serviço de nenhum propósito transcendente, aquilo que não é útil para nada e que, por conseguinte, é plenamente livre, deve ser suprimido.[68]

De fato, em 1933, no Código penal soviético, foi inserido o artigo 154-a (décadas mais tarde, realocado como artigo 121), que prescrevia a homossexualidade, isto é, a sodomia (*muzhelozhstvo*), como crime punível com pena de reclusão de até cinco anos mais trabalho forçado. Esse tipo criminal vigeu por 60 anos, tendo sido revogado tão somente em 1993, sob Boris Yelstin, quando o fracasso da URSS já fora, formalmente, desmantelado no ano anterior. Cito:

> 154-a. A relação sexual de um homem com outro homem (sodomia) será punida com:
>
> Confinamento por um período de 3 a 5 anos.
>
> A sodomia, se cometida pela força ou aproveitando-se da condição de dependência do lesado, será punida com:
>
> Confinamento por um período de 5 a 8 anos.[69]

[68] ALEGRE, Luis. *Elogio da homossexualidade*. Trad. Jorge Melícias. Lisboa: Edições 70, 2022, p. 182-184.

[69] Tradução minha a partir de *RSFSR CRIMINAL CODE*: 1956 Ed. Disponível em: https://www.cia.gov/readingroom/docs/CIA-RDP65-00756R000400010003-4.pdf. Acesso em: 29 abr. 2024.

Sobre a sanção de "confinamento", por se tratar de uma modalidade especial de pena privativa de liberdade, para que possa ser corretamente compreendida, o estudioso deve retornar aos artigos 23 e 24 da Parte Geral da mesma codificação.

Enquanto o artigo 23 estipula que a "pena privativa de liberdade" deve ser cumprida "em colônias de trabalhos correcionais e prisão"[70] — "e" e não *ou* (isto é, não alternativamente, mas cumulativamente) —, o artigo 24 prescreve o quanto segue:

> confinamento consiste na expulsão do condenado de seu domicílio, com a obrigação de residir em determinado lugar.
>
> (...).
>
> Tanto como pena básica como acessória, confinamento e banimento não podem ser aplicados por tempo superior a cinco anos[71].

Neste ponto, transcrevo as importantes anotações de Diego Santos Vieira de Jesus, professor do Instituto de Relações Internacionais da PUC-Rio:

> em 1934, o escritor Máximo Gorki (...) referia-se à homossexualidade como uma forma de "sujeira burguesa" ligada à emergência do fascismo na Alemanha, que teria um efeito corruptor sobre a juventude numa terra em que o proletariado governava "corajosamente" e "de forma bem-sucedida". Na sua visão, se os homossexuais fossem eliminados, o fascismo desapareceria. O comissário de Justiça Nikolai Krylenko defendera que a homossexualidade era um resquício do "passado capitalista", pois, naquela nova circunstância, as classes trabalhadoras acreditavam em "relações normais" entre os sexos e estavam construindo a sociedade com base em "princípios saudáveis", de forma que nela não haveria espaço para "cavalheiros afetados", remanescentes das classes exploradoras. Na sua visão, tais pessoas, que se articulavam em lugares secretos, tentavam desestabilizar as novas relações sociais que o Estado

---

70 *Código Penal Soviético*. Trad. Célio Sampaio Bustamente; Letelba Rodrigues de Brito. Rio de Janeiro: Edições Contemporâneas, 1959, p. 23.

71 *Loc. cit.*

soviético estava buscando criar entre homens e mulheres da classe trabalhadora (ENGELSTEIN, 1995, p. 170-2).

Krylenko defendia que a lei funcionava como um "instrumento de guerra" contra os novos inimigos agressivos da classe que tentassem desestabilizar a ordem social e como um meio de "reconstruir cidadãos" e a vida social. "Hábitos sexuais" como os conduzidos por homens homossexuais sinalizavam as intenções "antissociais" de seus perpetradores, como a contrarrevolução. Enquanto a *Grande Enciclopédia Soviética* de 1930 associava a homossexualidade às práticas cruéis e irracionais da burguesia, a segunda edição denunciava a homossexualidade como uma característica da sociedade capitalista, que não tinha sido penalizada e que, de acordo com "os padrões saudáveis da moralidade soviética", deveria ser considerada "vergonhosa" e "criminosa" (ENGELSTEIN, 1995, p. 170-2).

(...)

As perseguições sob o estatuto antissodomita permaneceram ao longo do período pós-stalinista, pois, como no Gulag — sistema de campos de trabalhos forçados para criminosos e presos políticos da União Soviética, símbolo da repressão stalinista — o sexo homossexual servia como meio de conforto e como moeda corrente. Os medos de que tais "perversões" (HEALEY, 2001, p. 239), trazidas por aqueles libertados desses campos pós-1956, se espalhassem para a sociedade soviética reforçaram a prática de vigilância sobre homossexuais masculinos. Durante o período stalinista, a União Soviética definiu-se como o país com a maior população de homens encarcerados no mundo (...). Nas prisões soviéticas, os homens chamados "degradados" deveriam suprir as necessidades sexuais dos demais. (...) A difusão de práticas homossexuais violentas era viabilizada pela disseminação de uma imensa teia de campos de concentração, nos quais a maioria da população era masculina. Definiram-se, assim, as condições de possibilidade para a construção de parâmetros severos de dominação e submissão sexual entre tais homens, alimentando a violência que marcara o tratamento dos homossexuais masculinos na sociedade em questão.[72]

[72] JESUS, Diego Santos Vieira de. O camarada de um amor sem nome: Medo e desejo na União Soviética. *Revista de História Comparada*. Rio de Janeiro: UFRJ, 2010. v. 4, n. 1, p. 85-88.

Comunistas brasileiros, notórios radicais de esquerda que sobreviveram aos piores anos da era Vargas, como os advogados Célio Sampaio Bustamante e Letelba Rodrigues de Brito, endossam os tipos penais definidos e as sanções cominadas a cada um deles no Código Penal Soviético, inclusive a que se destina aos homossexuais, como "um conteúdo profundamente revolucionário" e, nesse sentido, celebram medidas de reeducação... E, vale lembrar que, em campos de trabalho forçado, os homossexuais eram reeducados na URSS; nesses campos, homossexuais deveriam aprender a "virar homem", como este acusado informou ao autor desta estapafúrdia ação criminal em sua análise acadêmica e jornalística televisiva.

Ao comentar sobre os *Princípios Gerais da Legislação Penal da URSS e das suas Repúblicas*, cujo Código Penal traduziram do idioma original, o russo, para o português, em 1959, os referidos marxistas Bustamante e Brito sustentam:

> desde algum tempo a URRS vem sentindo necessidade de reformar sua legislação. Essa necessidade é conseqüência da evolução que se processa no aperfeiçoamento das relações da produção socialista, da aproximação das duas formas da propriedade socialista — a propriedade kolkhoziana e a propriedade nacional e da libertação do homem pelo comunismo. Essa libertação não se compreende somente no terreno político, mas também na sua atividade criadora.
>
> As novas formas da propriedade decorrentes da evolução do regime impuseram regras novas de direito na regulamentação das relações entre o Estado e o cidadão, entre os próprios cidadãos, entre empresas, abrangendo o âmbito do direito civil, administrativo, do trabalho e penal.
>
> Por isso mesmo, o direito soviético, em elaboração, resulta de um conteúdo profundamente revolucionário, em que os princípios estabelecidos, a par da experiência do passado, se fixa na prática da vida presente, com uma formulação muito simples, chocando-se, muitas vezes, com a nossa terminologia jurídica e com os princípios de direito da legislação dos países capitalistas.
>
> Nossas considerações, no momento, em torno da nova legislação penal, pretendem alertar os estudiosos, particularmente, e o público, em geral, para a compreensão da nova técnica e conteúdo do direito, decorrente da evolução e de sistemas sociais e políticos diferentes.

> Iniciando, aqui, a divulgação adotada pelo Soviete Supremo da URSS, em 25 de dezembro de 1958, devemos ressaltar algumas modificações da lei anterior, de grande importância para o desenvolvimento da sociedade socialista.
>
> A aplicação da lei penal por analogia foi extinta na nova legislação. A aplicação teve vigência durante grande período de desenvolvimento da URSS. Constituiu uma necessidade na defesa do regime de ditadura do proletariado, porém, antes mesmo de ter sido abandonada pela legislação, já havia caído em desuso. E, isso decorreu da estabilidade cada vez maior que o regime foi adquirindo. Assim, para ser considerado crime, a ação ou omissão deve estar contida na lei.
>
> (...).
>
> Fixando as penas, a lei, entretanto, prevê sempre a possibilidade de melhorar a condição do delinquente, dando aos tribunais arbítrio para tal, com a finalidade precípua de recuperá-lo. Em certos casos e considerando a pessoa do deliquente, o Tribunal pode fixar pena inferior ao mínimo previsto na lei, ou conceder o sursis. Às organizações sociais, dos operários, dos kolkhozianos e dos funcionários, com sede no domicilio do réu, podem ser confiadas as medidas de recuperação do delinquente, com a tarefa imediata de reeducá-lo.
>
> (...).
>
> Por enquanto, relevando somente esses aspectos gerais, constatamos que a nova legislação se preocupa muito com a recuperação dos criminosos, com o abrandamento da repressão penal, com a abolição da pena de morte, e com o papel que têm as organizações sociais, onde o delinquente atua, na medida dc sua reeducação[73].

Importa acrescentar, Excelência, que, no afã de esvaziar o marxismo de algumas das suas ideias bastante vergonhosas (se é que alguma não o seja) e, assim, torná-lo uma ideologia *self-service*, ou seja, ao gosto do freguês, muitos militantes, pseudointelectuais ou pseudocientistas de meias ciências sobre as

---

[73] BUSTAMANTE, Celso Sampaio; BRITO, Letelba Rodrigues de. Princípios Gerais da Legislação Penal da URSS e das suas Repúblicas. In *Código Penal Soviético*. Trad. Célio Sampaio Bustamente; Letelba Rodrigues de Brito. Rio de Janeiro: Edições Contemporâneas, 1959. p. 9-11.

quais de nada são cientes, em especial, os progressistas das pautas identitárias de sexualidade e de gênero (caso do autor desta demanda) canonizam Marx e Engels por meio de um processo desonesto que se resume, tão somente, a depositar todos os preconceitos de ambos na abjeta figura de Stalin.

Não sabem (e como poderiam saber, se não estudam?), contudo, que Stalin era considerado um radical de esquerda, um marxista-raiz, ortodoxo, por intelectuais marxistas reformadores como, a título de mais ilustre exemplo, o famoso jurista soviético Evgeni Bronislávovich Pachukanis (Евгений Брониславович Пашуканис): figura jurídica da maior notabilidade do seu tempo, foi preso pelo regime soviético em 1937, tendo "reaparecido" vinte anos mais tarde e três anos após a morte de Stalin, ao ser reabilitado por Nikita Kruschev, em 1956. Todavia, quanto à criminalização da sodomia, Stalin e Pachukanis compartilham entendimento idêntico... Idêntico ao entendimento de Marx naquilo que se refere à teoria do Direito e do Estado.

Convém, portanto, trazer a estes autos algumas das lições do, ainda hoje, reverenciado jurista soviético Evgeni Bronislávovich Pachukanis, a fim de comprovar que o marxismo é, intransponível e essencial e necessariamente, homofóbico, ao menos em suas prescrições acerca da fase inicial de uma revolução marxista — e, imperioso salientar, uma vez que nenhuma revolução inspirada pelo marxismo logrou êxito ao longo da história, a única conclusão lógica a que se pode chegar é, fatalmente, a seguinte: simplesmente, é impossível afirmar acerca de um eventual e futuro marxismo *gay friendly*, isto é, um marxismo-fruto surpreendente, quando apenas nos é dado o marxismo-raiz, o radical.

a. Teoria Comunista do Direito e do Estado

A fim de comprovar, academicamente, que a rejeição da sexualidade divergente às funções biológicas ultrapassa, conforme farta e suficientemente demonstrado em "3.G", a filosofia marxista-raiz, bem como o entendimento pessoal dos fundadores dessa doutrina, ou seja, do próprio Karl Marx e do seu mecenas e associado intelectual Friedrich Engels, importa trazer ao debate os principais fragmentos do pensamento jurídico marxista.

Traduzida para o português como *Teoria Geral do Direito e Marxismo*,[74] a leitura das obras escolhidas de Evgeni Bronislávovich Pachukanis é o bastante para demonstrar que a criminalização da homossexualidade não apenas se coaduna, mas, principalmente, é uma determinação fundamental para que o marxismo possa ser experimentado na prática.

Trata-se, portanto, de aspecto doutrinário intransponível que, via de consequência, insere a pretensão do autor da presente ação nos domínios da teratologia, haja vista que, segundo a sua própria afirmação — feita, insista-se, de maneira expressa, voluntária, vergonhosa e pública em rede mundial —, ao mesmo tempo em que ele se classifica como marxista, acusa este denunciado de homofobia (injúria racial) em razão de lhe advertir, também publicamente, sobre o preconceito do marxismo contra pessoas como ele (o autor) e eu (o acusado).

Pachukanis, mais aclamado jurista marxista, oferece, a qualquer estudioso da legislação criminal soviética que se interroga sobre a juridicidade da criminalização da homossexualidade, a fundamentação essencial, a inequívoca base de sustentação das mais plenas admissibilidade e conveniência para essa tipificação penal não apenas na antiga URSS, mas em todo ordenamento jurídico que pretenda instalar um regime marxista.

Convém, de início, descrever o ideal de direito marxista, isto é, percorrer o pensamento marxista e, assim, revelar qual a essência de um ordenamento jurídico adequado ao marxismo, definir o seu conceito. Ninguém melhor, é claro, do que o jurista marxista de mais notável saber (marxiano) para tal empreitada:

> ao mesmo tempo, em um aspecto, o direito é a forma da regulamentação autoritária extrema e, em outro, ele é a forma da autonomia privada subjetiva. Em um caso, é a característica da obrigação absoluta e da coerção externa que é básica e essencial; em outro, é característica da liberdade reconhecida e garantida no interior de certos limites. O direito surge como um princípio da organização social, assim como um meio para que os indivíduos "estabeleçam as bases de sua convivência em sociedade". Em um caso, é como se o direito se fundisse completamente

---

[74] PACHUKANIS, Evgeni Bronislávovich. *Teoria Geral do Direito e Marxismo*. Trad. Paula Vaz de Almeida. Rev. Alysson Leandro Mascaro; Pedro Davoglio. São Paulo: Boitempo, 2017.

à autoridade externa; em outro, ele se contrapõe, também completamente, à autoridade externa, a qual ele não reconhece. O direito como sinônimo do poder estatal e o direito como palavra de ordem da luta revolucionária constituem um campo de controvérsias sem fim e das mais amplas confusões.

A consciência dessa profunda contradição aqui dissimulada suscitou muitos esforços que buscaram eliminar, de algum modo, essa desagradável desintegração de conceitos. Com tal finalidade, não foram poucas as tentativas de sacrificar um dos "significados" em benefício do outro. Assim, por exemplo, o próprio Duguit, que, em seu manual, declara que essas expressões — direito subjetivo e direito objetivo — são "acertadas, claras e precisas", em outro trabalho, esforça-se para provar que o direito subjetivo é pura e simplesmente um mal-entendido de ordem conceitual, "*uma concepção de ordem metafísica que não pode se sustentar em tal época de realismo e positivismo como a nossa*".

A corrente contrária, cujo representante na Alemanha é Bierling e, entre nós, o líder dos psicologistas, Petrajítski, está, contudo, inclinada a apresentar o direito objetivo como um "fantasma" desprovido de significação real, "uma projeção emocional", produto de objetivações internas, ou seja, de processos psicológicos etc.

Deixando de lado, por enquanto, a escola psicológica e suas correntes correlatas, consideremos o ponto de vista segundo o qual o direito deve ser pensado exclusivamente como uma norma objetiva.

Partindo desse entendimento, temos, de um lado, a prescrição autoritária do dever, ou a norma; de outro, a obrigação subjetiva correspondente por ela gerada.

É como se o dualismo fosse radicalmente eliminado, mas se trata apenas de uma superação aparente. Isso porque, tão logo passamos à aplicação dessa fórmula na prática, imediatamente iniciam-se as tentativas de, por um caminho torto, indireto, incorporar todas aquelas nuances indispensáveis à formação do conceito de direito subjetivo. Chegamos, novamente, àqueles mesmos dois aspectos, com a única diferença que um deles, justamente o direito subjetivo, por meio de artifícios, é representado como uma sombra, pois nenhuma combinação de imperativos e obrigações pode nos dar o direito subjetivo em seu significado

> autônomo e plenamente real, no qual está encarnado todo proprietário da sociedade burguesa. Na verdade, bastaria pegar o exemplo da propriedade para nos convencermos disso. Se a tentativa de reduzir o direito de propriedade a uma proibição diretamente endereçada a terceiros não é mais que um procedimento lógico, uma construção deformada, virada do avesso, então a representação do direito burguês de propriedade como um dever social não passa de hipocrisia.
>
> Cada proprietário, assim como todos de seu círculo, compreende magnificamente bem que o direito que lhe assiste como proprietário tem em comum com o dever apenas o fato de ser seu polo oposto. O direito subjetivo é primário, pois ele, em última instância, apoia-se nos interesses materiais que existem independentemente de regulamentação externa, ou seja, consciente, da vida social.
>
> O sujeito, como titular e destinatário de todas as pretensões possíveis, e a cadeia de sujeitos ligados por pretensões recíprocas são o tecido jurídico fundamental que corresponde ao tecido econômico, ou seja, às relações de produção da sociedade, que repousa na divisão do trabalho e na troca.
>
> A organização social detentora dos meios de coerção é a totalidade concreta em direção à qual devemos caminhar após compreendida previamente a relação jurídica em sua forma mais pura e simples. Consequentemente, esse dever como resultado de um imperativo ou de um comando é, para o exame da forma jurídica, um momento que torna as coisas mais concretas e mais complicadas. Em sua forma mais simples e abstrata, o dever jurídico deve ser encarado como reflexo e correlato da pretensão jurídica subjetiva. Ao analisar a relação jurídica, veremos com perfeita clareza que o dever não se esgota no conteúdo lógico da forma jurídica. Ela não é nem mesmo um elemento autônomo. (...). A categoria do direito só alcança um fechamento lógico quando inclui o titular e o portador do direito, cuja essência nada mais é do que a fixação de obrigações de terceiros para com ele.[75]

Com base no debate indiano descrito no tópico imediatamente anterior, é possível compreender com maior clareza as considerações e os pressupostos

[75] PACHUKANIS, Evgeni Bronislávovich, *op. cit.*, p. 107-109.

trazidos por Pachukanis no trecho transcrito logo acima: na discussão sobre os direitos dos LGBT...+ daquele país asiático, emergiu, de maneira cristalina, que o direito, para o marxismo real, não pode ser um fenômeno dependente de *psicologismos* que desembocam em primazias individuais sobre a coletividade (a exemplo de uma justificação da homossexualidade como comportamento normal em virtude do consentimento mútuo e da inexistência de prejuízos a terceiros).

Para o marxismo, o direito não pode ser refém de uma noção liberal de — na expressão do próprio Pachukanis — *juristas burgueses* para os quais uma pessoa é livre para fazer qualquer coisa, desde que não toque no nariz de outra pessoa. Desse modo, dentro da doutrina comunista, é correto o argumento do professor indiano H. Srikanth, quando defende que interpretar que o que é normal para um indivíduo também é normal para a sociedade é cair na armadilha do individualismo burguês que reduz a sociedade a uma soma total de indivíduos separados e desconectados.[76]

Nesse diapasão, conclui-se que Srikanth é fiel à doutrina marxista do direito de Pachukanis: a sociedade é muito mais do que um indivíduo e possui estrutura e lógica próprias que orientam o seu desenvolvimento e, por isso, não admite julgar as atitudes sociais em relação ao comportamento sexual puramente com base no ponto de vista individual.

Do trecho ora em análise, é inegável que a visão marxista do direito, livre dos *psicologismos* e das *armadilhas e contradições dos juristas burgueses*, fundamenta-se não no direito subjetivo, mas no dever, na obrigação coletiva, sem a qual, na esteira de Pachukanis, a miragem do direito subjetivo inexistiria — e, uma vez que a "organização social detentora dos meios de coerção é a totalidade concreta em direção à qual devemos caminhar após compreendida previamente a relação jurídica em sua forma mais pura e simples",[77] diante do arcabouço filosófico originário do marxismo, criminalizar as relações homossexuais não apenas é possível, como conveniente — senão obrigatório (ao menos em uma primeira etapa).

De fato, Pachukanis retoma a sentença de Sergey Andreyevich Muromtsevm (Сергéй Андрéевич Мýромцев), nobre jurista russo e antigo professor de direito romano na Universidade de Moscou — além de

[76] SRIKANTH, H, *op. cit.*, p. 2900.

[77] PACHUKANIS, Evgeni Bronislávovich, *pp. cit.*, p. 109.

declarado inimigo do Czar Nicolau II — qual seja, a de que *o direito não é algo que se dá de presente a quem dele necessita*[78] e, a partir dela, identifica o direito como uma ordem social autoritariamente estabelecida:

> dessa maneira, a relação jurídica não apenas nos mostra o direito em seu real movimento, mas, ainda, revela suas características mais distintivas como categoria lógica. Contrariamente a isso, a norma como tal, como comando imperativo, constitui um elemento tanto moral, estético e técnico quanto jurídico.
>
> A diferença da técnica e do direito não está de modo nenhum no fato de (...) a primeira pressupor um objetivo material externo e contrário ao seu, ao passo que na ordem jurídica cada uma das partes constitui um fim em si. (...). No que se refere às técnicas do pedagogo e do cirurgião, em que o primeiro tem como material a psique da criança, e o segundo, o organismo de quem foi operado, é pouco provável que alguém conteste que, para eles, o material constitui um fim em si mesmo.
>
> A ordem jurídica se diferencia das demais ordens sociais naquilo que projeta sobre os sujeitos privados isolados. (...).
>
> O desejo de conferir à ideia de regulamentação externa o momento lógico fundamental do direito nos leva a identificar o direito como uma ordem social autoritariamente estabelecida. (...).
>
> O capital financeiro valoriza muito mais o poder forte e a disciplina do que "os direitos eternos e inalienáveis da pessoa humana e do cidadão". O proprietário capitalista, que se transforma em um entesourador de dividendos e de lucros da Bolsa, não pode tratar sem certa dose de cinismo "o sagrado direito à propriedade". (Basta ver o engraçado lamento de Ihering sobre o "pântano da agiotagem e da especulação", nos quais perecem "o saudável sentimento de direito")[79].

A teoria comunista do direito promove, nele, o que acredita ser uma depuração da ardilosa hipocrisia burguesa que nada mais faz do que vender, pela força do hábito, uma fantasia aos cidadãos. Essa fantasia sarcástica é o direito subjetivo comprado (pela força do hábito) pela gentalha capitalista.

---

78 *Ibidem*, n. 21, p. 110.

79 *Ibidem*, p. 110.

Logo, o pensamento comunista equipara o problema do direito subjetivo e do direito objetivo com o problema do homem burguês e do homem membro do Estado; um problema reciclado como um problema do direito público e do direito privado, mas que se reduz à delimitação de alguns domínios do direito realmente existentes e a sua distribuição em rubricas de instituições historicamente dominantes, pois apenas pretende delimitar, por meio de abstrações, a fronteira entre os interesses egoístas do homem como membro da sociedade civil e o interesse abstrato geral do todo político.[80]

Recorrendo às palavras do próprio Marx, Pachukanis define, então, o direito subjetivo:

> o direito subjetivo é uma característica do homem egoísta, membro da sociedade civil, "do indivíduo voltado para si mesmo, para seu interesse particular, seu arbítrio particular e isolado do todo da sociedade". O direito objetivo é a expressão do Estado burguês como um todo, que "se manifesta como Estado político e realiza sua universalidade apenas em contraposição a seus próprios elementos."[81]

Despiciendo dizer, Excelência, que a doutrina comunista rechaça (e deve rechaçar) qualquer luta ou defesa de direitos essencialmente individuais tanto quanto o reconhecimento de direitos identitários que promovam qualquer recorte de diversidade dentro do Estado (direitos LGBT...+, por exemplo), pois

> a forma do direito, com seu aspecto de autorização subjetiva, é gerada em uma sociedade que se constitui de titulares isolados de interesses privados, egoístas. Quando toda a vida econômica se constrói a partir do princípio do acordo entre vontades independentes, então toda função social, de modo mais ou menos refletivo, assume um caráter jurídico, ou seja, não se torna simplesmente uma função social, mas um direito de quem desempenha essa função. Contudo, assim como na organização política, devido à própria essência, os interesses privados não podem alcançar um desenvolvimento pleno e um significado irretorquível,

80 *Ibidem*, p. 111.

81 *Loc. cit.*

> também na economia da sociedade burguesa os direitos públicos subjetivos projetam algo de efêmero, desprovido de raízes originais, colocado permanentemente sob suspeita. Com isso, o Estado não é uma superestrutura jurídica, mas apenas pode ser pensado como tal?[82]

Ao comunismo, a única possibilidade de superação dessa forma jurídica e da ideologia jurídica burguesas — cujo traço característico da sociedade burguesa está justamente no fato de os interesses gerais se destacarem dos privados e se oporem a eles —, é através da implantação de um estado social no qual se erradica a própria contradição entre os interesses individuais e sociais, seja porque o arbítrio individual desordenado prejudica os interesses do todo, seja pelo fato de a dicotomia entre direito público e privado não passar de uma abstração, uma invenção dos juristas burgueses ("práticos retrógrados") que é, naturalmente, estranha ao desenvolvimento histórico, além de ser "fonte das incertezas e das hesitações metodológicas que ameaçam converter a jurisprudência em nada mais que sociologia ou psicologia."[83]

Ao marxismo radical, é de rigor que as lutas identitárias, como as pautadas, hoje, pela militância da diversidade (em todas as suas modalidades), sejam, a qualquer custo, afastadas e reprimidas por decorrerem de conclusões inerentes à "dogmática jurídica burguesa que perde a assertividade e o equilíbrio de seus conceitos tão logo se afasta das relações de troca, no sentido amplo da expressão" — razão pela qual tais lutas não passam de "alusão ao lamento de um filósofo burguês do direito (...) a propósito da tentativa da própria dogmática jurídica burguesa de mascarar a limitação de seu próprio método com empréstimos da sociologia e da psicologia."[84]

No trecho a seguir, nitidamente, Pachukanis carrega, nos contornos que evidenciam e sustentam, o rechaço da doutrina marxista contra qualquer defesa de práticas sociais consideradas antinaturais, dentre as quais se identificam — embora não sejam mencionadas explicitamente — as práticas sexuais biologicamente infrutíferas (homossexualidade):

---

82 *Ibidem*, p. 112.

83 *Ibidem*, p. 113-114.

84 *Ibidem*, p. 116.

já a teoria marxista encara qualquer forma social como histórica. Ela, por isso, coloca como sendo sua tarefa elucidar aquelas condições materiais históricas que tornaram real esta ou aquela categoria. Os pressupostos materiais da comunicação jurídica, ou a comunicação entre os sujeitos de direito, foram elucidados por Marx no Livro I d'*O capital*. É verdade que ele o fez somente de passagem, na forma de sugestões muito gerais. Contudo, tais sugestões ajudam a compreender o momento jurídico nas relações entre as pessoas bem melhor que vários tratados sobre a teoria geral do direito. **A análise da forma do sujeito deriva** [вытекает] **diretamente da análise da forma da mercadoria.**

(...). Isso significa que **as relações sociais entre as pessoas no processo de produção adquirem aqui a forma reificada dos produtos do trabalho, que se relacionam uns com os outros pelo valor.** A mercadoria é um objeto por meio do qual a diversidade concreta de propriedades úteis se torna um simples invólucro reificado da propriedade abstrata do valor, que se manifesta como a capacidade de ser trocada por outras mercadorias a uma proporção determinada. Essa propriedade manifesta-se como uma qualidade intrínseca às próprias coisas graças a uma espécie de lei natural, que age sobre as pessoas de modo completamente independente de sua vontade.

Mas, se a mercadoria se manifesta como valor independentemente da vontade do sujeito que a produz, a realização do valor no processo de troca pressupõe um ato voluntário, consciente, por parte do possuidor da mercadoria. Como diz Marx:

> as mercadorias não podem ir por si mesmas ao mercado e trocar-se umas pelas outras. Temos, portanto, de nos voltar para seus guardiões, os possuidores de mercadorias. Elas são coisas e, por isso, não podem impor resistência ao homem. Se não se mostram solícitas, ele pode recorrer à violência; em outras palavras, pode tomá-las à força.

Dessa maneira, o vínculo social entre as pessoas no processo de produção, reificado nos produtos do trabalho e que assume a forma de princípio elementar, requer, para sua realização, uma relação particular entre as pessoas enquanto indivíduos que dispõem de produtos, como sujeitos "cuja vontade reside nessas coisas".

"O fato de os bens econômicos conterem o trabalho é uma propriedade que lhes é inerente; o fato de poderem ser trocados constitui uma segunda propriedade que só depende da vontade de seus possuidores e apenas pressupõe que eles sejam apropriáveis e alienáveis."

Por isso, **ao mesmo tempo que um produto do trabalho adquire propriedade de mercadoria e se torna o portador de um valor, o homem adquire um valor de sujeito de direito e se torna portador de direitos. "Sujeito do direito é o ente cuja vontade é decisiva."**

Ao mesmo tempo, **a vida social desintegra-se, por um lado, na totalidade de relações reificadas que surgem espontaneamente (...), ou seja, relações nas quais as pessoas nos dizem menos respeito que as coisas**; (...). O vínculo social da produção apresenta-se, simultaneamente, sob duas formas absurdas: como valor de mercadoria e como capacidade do homem de ser sujeito de direito.

Como consequência da diversidade natural de propriedades úteis, um produto aparece na forma de mercadoria apenas como um simples invólucro do valor, e os aspectos concretos do trabalho humano diluem-se no trabalho humano abstrato como criador de valor — do mesmo modo que a diversidade concreta de relações do homem com as coisas surge como uma vontade abstrata do proprietário e **todas as particularidades concretas que diferenciam um representante da espécie de *Homo sapiens* de outra diluem-se na abstração do homem em geral como sujeito de direito**.

Se, economicamente, a coisa prevalece sobre o homem, (...) juridicamente, o homem domina a coisa, pois, na qualidade de possuidor e proprietário, ele se torna apenas a encarnação do sujeito de direito abstrato e impessoal, o puro produto das relações sociais. Usando as palavras de Marx, podemos dizer:

> para relacionar essas coisas umas com as outras como mercadorias, seus guardiões têm de estabelecer relações uns com os outros como pessoas cuja vontade reside nessas coisas e agir de modo tal que um só pode se apropriar da mercadoria alheia e alienar a sua própria mercadoria em concordância com a vontade do outro, portanto, por meio de um ato de vontade

comum a ambos. Eles têm, portanto, de se reconhecer mutuamente como proprietários privados.

É bastante natural que o desenvolvimento histórico da propriedade como instituição jurídica (...) tenha ficado longe de se realizar de forma harmoniosa e ordenada, como na dedução lógica aqui conduzida. Mas apenas essa dedução nos revela o sentido geral do processo histórico.

Ao cair na dependência escrava das relações econômicas que se impõem, às suas costas, na forma das leis de valor, o sujeito econômico, já na qualidade de sujeito de direito, recebe como recompensa um raro presente: uma vontade presumida juridicamente que faz dele um possuidor de mercadorias tão absolutamente livre e igual perante os demais quanto ele mesmo o é. **"Todos devem ser livres e ninguém deve atrapalhar a liberdade do outro [...] Cada qual possui seu próprio corpo [...] como livre instrumento de sua vontade." Eis o axioma do qual partem os teóricos do direito natural. E essa ideia de isolamento, de encerramento em si da pessoa humana, esse "estado natural" do qual emana *"Widerstreit der Freiheit ins Unendliche"* [a contradição infinita da liberdade], que corresponde inteiramente ao modo de produção mercantil, no qual os produtores são formalmente independentes uns dos outros e não estão ligados por nada além de uma ordem jurídica artificialmente criada. Essa mesma condição jurídica — ou, para usar as palavras do autor, "a existência conjunta de muitas criaturas livres, em que devem todas ser livres e a liberdade de uma não deve interferir na liberdade da outra" — não existe de outro modo senão no mercado idealizado, transposto para as alturas vertiginosas da abstração filosófica e isento de seu empirismo grosseiro**, no qual se encontram os produtores independentes, pois, como nos ensina outro filósofo, "numa transação comercial, ambas as partes fazem aquilo que desejam e não dispõem de mais liberdade do que a que reservam para os outros."[85]

Do exposto, Pachukanis predica como verdadeiramente comunista a seguinte sentença:

[85] *Ibidem*, p. 119-122. Grifos meus.

> *os direitos individuais à vida, à liberdade e à propriedade não têm uma existência absoluta ou abstrata; esses direitos, que do ponto de vista legal existem apenas graças ao fato de estarem sob a guarda do Estado, se encontram, portanto, organicamente à disposição do Estado.*[86]

Logo, ao fim e ao cabo, o ideal comunista despreza qualquer luta por direitos, uma vez que, exitosa a revolução, sequer há que se falar em Direito, principalmente sob o prisma Ocidental — menos ainda, em direitos humanos universais; tudo de uma tal maneira que, para o marxismo mais puro, é impensável que alguém possa pretender, juridicamente, qualquer coisa contra qualquer pessoa em razão de uma discriminação fulcrada em preconceito de diversidade. Em outros dizeres, o marxismo, portanto, tem como característica inata o eterno preconceito contra qualquer forma de diversidade humana e traz consigo, implícita ou explicitamente, verdadeira ordem para a prática discriminatória diante de qualquer alegação de diversidade entre as pessoas.

Resta impossível que outra conclusão seja extraída:

> a tomada do poder político pelo proletariado é a premissa fundamental do socialismo. Contudo, como a experiência demonstrou, a produção e a distribuição plenamente organizadas não podem substituir, de um dia para o outro, as trocas mercantis e as ligações mercantis entre unidades econômicas distintas. Se isso fosse possível, a forma jurídica da propriedade já teria sido historicamente superada. Ela completaria o ciclo de seu desenvolvimento, retornando ao ponto de partida, aos objetos de uso comum e imediato — ou seja, seria novamente uma relação elementar da prática social. Com isso, também estaria condenada à morte a forma geral do direito.[87]

É, justamente, na insistência acerca da hipótese de um vale-tudo jurídico para a implantação de um regime marxista que, importa salientar, pode ser identificado como uma longuíssima ou, até mesmo, uma eterna "fase de transição" — vale também dizer que, entre o fim da sociedade burguesa e o

---

[86] *Ibidem*, p. 135.

[87] *Loc. cit.*

alcance do paraíso na Terra, essa "fase de transição" da implantação de um regime marxista ortodoxo e ideal pode ser inferno sem prazo de validade —, que exsurge, com claridade solar, a necessidade de o marxismo reprimir qualquer modalidade de reconhecimento em matéria de gênero e sexualidade sob pena de falhar em seu objetivo mais pungente, isto é, um futuro sem classes.

Nas palavras de Pachukanis:

> por isso, a forma do direito como tal não implica, em nossa época de transição, as infinitas possibilidades que se abriram para a sociedade burguesa-capitalista na aurora de seus dias. Contudo, ela nos encerra temporariamente em seu restrito horizonte. Ela existirá apenas até que se esgote de uma vez por todas.
>
> A tarefa da teoria marxista consiste em verificar essas conclusões gerais e levar adiante o estudo de determinado material histórico. O desenvolvimento não pode alhear-se dos domínios da vida social. Por isso, é fundamental um trabalho minucioso de observação, comparação e análise. Mas, apenas quando estudarmos o ritmo e as formas da erradicação das relações de valor na economia e, com isso, do desaparecimento dos momentos do direito privado na superestrutura jurídica e, finalmente, a dissolução gradual desses processos fundamentais na própria estrutura jurídica como um todo, poderemos dizer que esclarecemos pelo menos um dos lados do processo de criação da cultura sem classes do futuro,[88]

O comunismo, assim, não enxerga divergência entre os conceitos de direito e arbitrariedade; afinal, já dizia Marx: "o direito do mais forte também é um direito". Por esse prisma, também, exsurge a criminalização da sodomia como medida de juridicidade legítima, porque, inclusive, o conceito de *personalidade* é daninho à revolução que o marxismo pretende operar.

> A relação jurídica não pressupõe, por sua própria "natureza", um estado de paz, assim como o comércio, a princípio, não exclui o assalto à mão armada, mas anda de mãos dadas com ele. Direito e arbítrio — conceitos que poderiam parecer opostos — estão, na verdade, estreitamente

[88] *Ibidem*, p. 137.

> ligados. Isso é válido não apenas para o antigo direito romano, mas também para épocas mais recentes. O direito internacional moderno contém em si uma alta dose de arbítrio (retorções, represálias, guerras etc.). Até no Estado burguês "bem ordenado" a realização do direito se concretiza, segundo a opinião de um jurista perspicaz como Hauriou, para cada cidadão "por sua própria conta e risco". Marx elaborou de modo ainda mais preciso: "o direito do mais forte também é um direito". Não há nada de paradoxal nisso, pois o direito, assim como a troca, é um meio de ligação entre elementos dissociados. O grau dessa dissociação pode ser, historicamente, maior ou menor, mas jamais desaparecerá por completo. Assim, por exemplo, as empresas do Estado soviético executam, de fato, uma única tarefa coletiva, mas, ao trabalhar com o método de mercado, cada uma delas tem seu interesse particular, opondo-se umas às outras como compradoras e vendedoras, agindo por sua conta e risco, e, por isso, devem necessariamente se encontrar em uma relação jurídica. A vitória final da economia planificada as colocará em uma ligação recíproca exclusivamente técnica, eliminando delas a "personalidade jurídica".[89]

Ainda conforme a teoria marxista do direito de Pachukanis, qualquer estudioso sem déficit de cognição é capaz de compreender ser incogitável, em absoluto, qualquer pensamento voltado a quaisquer tipos de proteção ou mero assentimento jurídico da diversidade existencial humana, já que, na leitura marxista, um *direito humano fundamental à igualdade* (que, hoje, agasalha tanto as lutas pelo reconhecimento das militâncias LGBT...+ quanto as das mulheres e de tantas categorias enquadradas, socialmente, como minorias) é, se não uma armadilha ou um sortilégio, uma quimera; uma "deformidade ideológica" que precisa ser, necessariamente, aniquilada a partir da "fase de transição":

> em todas as outras relações, a desigualdade entre as pessoas (de gênero, de classe etc.) no decorrer da história salta aos olhos com tamanha evidência que é de se admirar, não tanto pela riqueza de argumentos que poderiam ser apresentados contra a doutrina da igualdade natural entre

---

89 *Ibidem*, p. 139.

> as pessoas por seus diferentes opositores, que até Marx e além de Marx ninguém tenha questionado as razões históricas que favoreceram o aparecimento desse preceito do direito natural. Afinal, se o pensamento humano, no decorrer dos séculos, voltou-se com tal persistência para a tese da igualdade entre as pessoas e a elaborou de mil maneiras, então fica claro que deve estar escondida por trás dessa tese alguma relação objetiva. Não há dúvida de que o conceito de pessoa moral ou pessoa igual é uma construção ideológica e, como tal, não se adéqua à realidade. O sujeito econômico egoísta não representa uma deformação ideológica menor da realidade. Entretanto, ambas as definições são adequadas a uma relação social específica e apenas a expressam de modo abstrato e, consequentemente, unilateral. Falando de modo geral, já tivemos a oportunidade de indicar que o conceito ou a palavrinha "ideologia" não deve nos impedir de prosseguir com a análise. Simplificaria muito a tarefa se nos satisfizéssemos com a explicação segundo a qual a noção de ser humano igual a outro ser humano é unicamente criação da ideologia. "Baixo" e "alto" não são nada mais que conceitos que expressam nossa própria ideologia "terrestre". Contudo, em sua base está, seguramente, o fato real da gravitação terrestre. E foi justamente quando o homem conheceu a razão real que o fez distinguir entre alto e baixo, ou seja, a força da gravidade direcionada para o centro da Terra, que ele percebeu as limitações dessas definições, sua inadequação à aplicação a toda a realidade cósmica. Dessa maneira, a descoberta do caráter ideológico de um conceito seria o outro lado da descoberta de sua verdade.[90]

Em implacável crítica à teoria dos imperativos categóricos de Kant, Pachukanis menospreza aquilo que ele chama de moral burguesa ao constatar que, ao contrário do pensamento marxista, faltam-lhe o apego e o apelo ao "heroísmo" e ao "sacrifício" verdadeiro (o sacrifício espontâneo que não pede correspondência; solitário; sem contrapartida ou vantagem individual egoísta),[91] sem os quais é impossível superar os "fetiches éticos" burgueses, condição necessária "à superação do fetichismo jurídico e da mercadoria"

---

90 *Ibidem*, p. 155.

91 *Ibidem*, p. 156.

que orientam as ações das pessoas "pelos conceitos simples e claros de prejuízo e utilidade" e impossibilitam que se apaguem "as fronteiras do eu".[92]

O comunista deve, então, estar orientado e, nesse sentido, consente com "todos os meios possíveis de pressão sobre seus membros", porque, aduz Pachukanis, "ao lado do novo, continua existindo o velho. Ao lado do novo homem socialista do futuro, que funde seu 'eu' com o coletivo, encontrando nisso uma grande satisfação e o sentido da vida, continua a existir o homem moral, que carrega o peso do dever mais ou menos abstrato."[93]

Logo, qualquer que seja a disposição normativa planificadora de um regime marxista (a criminalização da sodomia, por exemplo; dos homens que, por egoísmo, renunciam à sua utilidade pessoal natural, biológica) é, para a doutrina marxista, justa; contra ela, inexiste direito que se possa reclamar, pois, conclui Pachukanis,

> **a moral, o direito e o Estado são formas da sociedade burguesa**. Se o proletariado necessita usá-las, isso não significa de modo nenhum a possibilidade do desenvolvimento futuro dessas formas recheadas com um conteúdo socialista. Elas não têm condições de acomodar esse conteúdo e devem perecer na medida de sua realização. Mas, por enquanto, na atual época de transição, o proletariado tem o dever de usar segundo seus interesses de classe tais heranças das formas da sociedade burguesa e, assim, esgotá-las completamente.
>
> (...). Em sua crítica a Proudhon, Marx, entre outras coisas, aponta que o conceito abstrato de justiça está longe de ser um critério absoluto e eterno, do qual lançaríamos mão para poder construir uma relação de troca ideal, ou seja, justa. Isso significaria uma tentativa de "transformar trocas químicas de substâncias de acordo com 'ideias eternas' 'de propriedades especiais' e 'ferramentas especiais', em vez de estudar suas leis reais."
>
> (...). Essencialmente falando, no próprio conceito de justiça não se encerra nada de fundamentalmente novo em comparação ao conceito de igualdade entre as pessoas, o qual analisamos aqui. Por isso, é ridículo ver na ideia de justiça um critério autônomo e absoluto. (...); a justiça, ao

---

92 *Ibidem*, p. 159.

93 *Ibidem*, p. 160.

contrário, dá publicamente ao homem "o que lhe é devido"; ela autoriza a realização exterior e um interesse egoísta ativo.[94]

Em síntese, não somente a luta pelo direito à igualdade das militâncias da diversidade, as de ontem e as de hoje, devem ser reprimidas em um regime socialista, de acordo com a lição do festejado jurista marxista Pachukanis, mas também as reivindicações — especialmente, estas — de liberdade, em qualquer das suas vertentes (da autodeterminação laboral às relações sexuais), não podem ser toleradas, pois o marxismo define a liberdade como um modelo burguês de existência individualista que garante aos sujeitos nada mais do que o direito "de contrair obrigações e cometer crimes".[95]

Vale ser citada, ainda, a crítica de Hans Kelsen em seus estudos críticos das obras marxistas elementares, quais sejam, as de Marx e Engels e Lênin, bem como aquelas dos mais relevantes juristas marxistas, ou seja, de Pachukanis (aqui, analisado), Stutchka, Reisner, Vichinski, Golunski e Strogovich: com base no marxismo ortodoxo, isto é, de forma estritamente alinhada com a teoria da superestrutura ideológica de Marx, a teoria jurídica soviética (que admitiu a criminalização da sodomia) "foi desde o início concebida como uma arma ideológica na luta do socialismo contra o capitalismo", ou seja, o marxismo promoveu "o vergonhoso declínio" do Direito.[96]

Por derradeiro, alinhados com a teoria geral marxista do direito e do Estado que acabo de expor, alguns conceitos-chave de Marx emprestam plena legitimidade, dentro da sua própria doutrina (é claro) que tantos males trouxe à humanidade, à criminalização de homossexuais — uma vez que, exegeticamente, são homens iludidos com uma falsa verdade que vai além das funções biológicas (se, conforme Marx, a "exigência de que abandonem as ilusões acerca de uma condição é a exigência de que abandonem numa condição que necessita de ilusões", "a tarefa da história, depois de desaparecido o além da verdade, é estabelecer a verdade do aquém"[97]) — e os desviam

94 *Ibidem*, 160-161. Destaquei.

95 *Ibidem*, p. 183.

96 KELSEN, Hans. *A Teoria Comunista do Direito*. Trad. Pedro Davoglio. São Paulo: Contracorrente, 2021, p. 8.

97 MARX, Karl. *Crítica da Filosofia do Direito de Hegel*. Trad. Rubens Enderle e Leonardo de Deus. 2ª ed. São Paulo: Boitempo, 2010, p. 146.

"contra a realidade mundana que existe sem ele",[98] de forma que a nenhuma vontade individualista é dado se voltar a realidade existente.

b. Conclusão

O professor Nikolai Gredeskul anunciou a criação do Novo Homem soviético a partir dos textos fundamentais do marxismo radical:

> o homem belo do futuro [é] parte trabalhador e parte pensador (...). A ordem de Stálin para que vinte e oito milhões de homens tomassem um copo de vodca diário por quatro anos a fim de aumentar a moral garantiu que a próxima geração de russos tenha um claro padrão alcoólico. (...) O regime impôs um novo rigor moral e, como expressão da ética do trabalho proletário, proibiu o homossexualismo[99].

Junto aos espiões, sabotadores, terroristas, trotskistas, direitistas, mencheviques, anarquistas e nacionalistas, os homossexuais eram prisioneiros em campos onde "'viviam' em beliches de três camas. É importante também notar que o efetivo dos *gulags* era constantemente completado com as chegadas diárias, que muitos não suportavam as condições e morriam."[100] Tal desumanidade, conforme demonstrei até aqui, não pode ser empurrada ao indivíduo Stalin tornando-o bode expiatório, pois está na essência da doutrina marxista e, é inevitável, à ideologia comunista.

Ao fundamentar a afirmação de que a mentira é a arma revolucionária empunhada pela esquerda ao longo da história, questiona-se o historiador e jornalista madrilenho Fernando Díaz Villanueva: "se a ideologia comunista em si não é nem pode ser criminalizada, de onde vem então a fama criminal

98 MARX, Karl. *Diferença entre a filosofia da natureza de Demócrito e a de Epicuro*. Trad. Nélio Schneider. São Paulo: Boitempo, 2018, p. 57.

99 Apud LOZANO, Álvaro. *Stalin: el tirano rojo*. Madrid: Nowtilus, 2012, p. 460-461. Tradução minha.

100 VOLKOGONOV, Dimitri. *Stalin: triunfo e tragédia*. Trad. Joubert de Oliveira Brízida. 2ª ed. Rio de Janeiro: Nova Fronteira, 2017, v. 1, p. 394-395.

que o comunismo arrasta consigo, principalmente nos países que sofreram os seus excessos ideológicos na própria carne? Da experiência, obviamente."[101]

Contraponto ao ideal liberal, caracterizado pelo intercâmbio livre e voluntário de bens, serviços e relações pessoais, o comunismo, assinala Villanueva,

> é feito pela revolução, objetivo máximo que deriva inevitavelmente da teoria. Em qualquer tempo ou lugar em que se tenha imposto ou tratado de impor-se um regime comunista, cometeram-se inúmeros crimes (...). Trata-se de um facto histórico, não de uma opinião. Estes crimes estavam já contidos na ideologia.[102]

Experts em propaganda — não à toa, a semiótica foi estudada e levada a estado da arte pelo regime soviético —, é curioso notar que, fora do poder, enquanto anseiam por ele, os marxistas pedem um diálogo que depois negam aos seus adversários quando se sentem mais fortes. Diante dessa constante histórica, Villanueva observa "que as ideias de Marx, Engels, Lenine, Mao ou Enver Hoxha são intelectualmente erróneas", mas sobrevivem à noite dos tempos pelo "facto de se terem comportado como seita, no sentido de organizações muito fechadas em si mesmas, em tensão com o resto da sociedade e possuidoras de uma verdade revelada e esotérica, que apenas os iniciados — a vanguarda — conhece." O comunismo, conclui, "só é seita e só é criminoso quando segue à letra os ditames de Marx e de Lenine. E não é uma opinião, é um facto comprovável."[103]

De todo o exposto acerca da homofobia comunista levada a cabo na URSS, nada há de surpreendente, afinal, para um "radical de esquerda, comunista" de verdade, pois, conforme ensina o citado professor Diego Santos Vieira de Jesus: **"os marxistas acreditavam que a 'perversão sexual' era o reino de degenerados aristocratas e pequeno-burgueses."**[104]

---

101 VILLANUEVA, Fernando Díaz. *A contra-história do comunismo: a grande utopia do século XX em 35 episódios.* Trad. Carlos Alvim. Madri: La Esfera de los Libros, 2023, p. 10.

102 *Ibidem*, p. 11.

103 *Ibidem*, p. 11-13.

104 JESUS, Diego Santos Vieira de, *op. cit.*, p. 75. Grifos meus.

Somente entre os anos de 1934 e 1980, cerca de cinquenta mil homossexuais foram condenados.[105]

III. Comunistas e Socialistas nos Estados Unidos da América

a. Partido Comunista Revolucionário dos Estados Unidos da América (RCP)

Desde a sua fundação, em 1975, até o ano de 2001, o programa do Partido Comunista Revolucionário (Revolutionary Communist Party ou RCP), dos Estados Unidos, sempre foi claro ao estabelecer, como uma de suas metas, a eliminação ou a "reforma" dos homossexuais.

Tal objetivo encontra-se registrado em uma de suas revistas "teóricas", *Revolution*, mais especificamente na 56ª edição (primavera de 1988), no artigo intitulado *On the question of homosexuality and the emancipation of women*[106] (Sobre a questão da homossexualidade e da emancipação das mulheres), às páginas 40 a 55: apesar de os redatores do artigo expressarem a sua oposição "à atmosfera *pogromista* e repressiva em curso e incitada contra homossexuais, incluindo a utilização da epidemia da AIDS", os homossexuais do sexo masculino são incompatíveis com a causa do partido.

Isso porque, afirmam, "(as) comunidades gays têm sido, tipicamente, caracterizadas pela promoção de um estilo de vida muito narcisista e autoindulgente, incluindo um elevado grau de preocupação com o sexo. Além disso, existem também algumas expressões extremas de ódio e decadência às mulheres." No mais, para os comunistas americanos, "(a) proliferação da homossexualidade masculina nos EUA e noutros países imperialistas é, em grande parte, uma resposta ao crescente parasitismo do imperialismo e ao declínio e decadência da família dentro dele."

Nada divergente do seguinte dispositivo do programa partidário do RCP, que é transcrito na página 41:

---

105 MÁRQUEZ, Nicolás. *A máquina de matar: biografia definitiva de Che Guevara*. Trad. Bruno Alexander. Campinas: Vide Editorial, 2023, p. 171.

106 Disponível em: https://bannedthought.net/USA/RCP/Journals/Revolution/Revolution-56.pdf. Acesso em: 2 mai. 2024. Traduções minhas.

> quanto à homossexualidade, esta também é perpetuada e fomentada pela decadência do capitalismo, especialmente à medida que este afunda em uma crise mais profunda. Este é, particularmente, o caso em virtude das relações distorcidas e opressivas entre homem e mulher que o capitalismo promove. Quando o proletariado estiver no poder, ninguém será discriminado no emprego, na habitação etc., apenas por ser homossexual. Mas, ao mesmo tempo, será conduzida educação em toda a sociedade sobre a ideologia por trás da homossexualidade e as suas raízes materiais na exploração da sociedade, e será travada uma luta para eliminá-la e reformar os homossexuais (Partido Comunista Revolucionário, p. 77).

b. Partido Socialista dos Trabalhadores (SWP)

Por sua vez, o Partido Socialista dos Trabalhadores (Socialist Workers Party ou SWP) dos Estados Unidos chegou a proibir que seus membros se envolvessem com quaisquer organizações, políticas ou civis, de defesa da homossexualidade a fim de evitar tanto uma eventual alienação das massas quanto uma "imagem exótica" ao SWP.[107].

Esses dois exemplos, Excelência, são bastante ilustrativos acerca da rejeição ideológica pura do marxismo à homossexualidade — a masculina, em especial, haja vista que, ao longo das décadas da *Guerra Fria*, quando os Estados Unidos da América e a União das Repúblicas Socialistas Soviéticas simbolizavam, respectivamente, os ideais burgueses e os ideais marxistas em conflito, se as políticas, de um lado, via de regra, opunham-se, tomando posições antagônicas, às do outro, naquilo que se referia à homossexualidade, poupadas as lésbicas, e à transexualidade, esses dois polos se irmanavam em rejeição. Logo, fossem, realmente, antagônicas as ações marxistas, muito bem poderiam contrariar essa realidade "burguesa", comprovando que, de fato, o marxismo rejeita, doutrinariamente, um homem que não seja masculino em todas as suas acepções biológicas naturais.

---

[107] Disponível em: http://archives.econ.utah.edu/archives/marxism/2004w16. Acesso em: 31 mar. 2024.

Em suma, mais uma vez fica demonstrado — como no caso indiano analisado supra — que os dois extremos do espectro político condenam a homossexualidade.

IV. China

Outra comprovação de que a homossexualidade é, evidente e necessariamente, um mal para a ideologia marxista emerge através de uma rápida análise da história chinesa. Império no qual a Igreja, em sua expansão mundial, não logrou êxito em entrar, a religião secular da doutrina marxista, contudo, conseguiu... E fez cinzas da sua cultura milenar.

No século III a.C., o filósofo Han Fei fala de *Yútáo* ("pêssego mordido"), que conta sobre a vida de Mi Zixia, um rapaz de rara beleza que, tal como Ganímedes — raptado por Zeus e tornado águia —, despertou o desejo obsessivo do Duque Ling de Wei. A história narra que, certa vez, Mi compartilhou um fruto, depois de mordê-lo, com o Duque.

Yútáo (余桃) tornou-se vocábulo sinônimo de homossexualidade, ao lado de *duànxiù* (断袖). *Duànxiù* ["cortar a manga (da veste)"] teve o mesmo destino etimológico — vale registrar que os termos formais para "homossexualidade" e "homossexual" são, respectivamente, *tongxinglian* (同性戀) e *tongxinglian zhe* (同性戀者), de maneira que a comunidade gay chinesa há tempos passou a usar a expressão *tongzhi* — em razão do imperador Ai Di (Dinastia Han) que, aos 20 anos de idade, ascendeu ao trono no ano 7 a.C.

Três anos mais tarde, em 4 a.C., Ai Di (23 anos) nomeou Dong Xian (20 anos) como secretário particular. O imperador, mesmo casado, apaixonou-se pelo secretário (que também tinha uma esposa) e, posteriormente, o promoveu a amante particular. Assim, Dong Xian se tornou conhecido em toda a China e passou a tomar decisões em nome de Ai Di. Quanto ao vocábulo que se tornaria uma expressão para "homossexual", conta-se que, um dia, ao acordar, Ai Di cortou a manga [*duànxiù* (断袖)] de suas vestes para não acordar o amado que ainda dormia (e lhe comprimia parte do vestuário).

Dong Xian foi feito Primeiro-Ministro em 2 a.C. Um ano depois, 1 a.C., aos 26 anos de idade e sem filhos — conta-se que jamais fizera sexo com a sua consorte —, Ai Di falece e, em testamento, deixa o trono para Dong Xian... Todavia, o desejo não se realiza por falta de apoio e alianças.[108]

Muito embora a prática da homossexualidade não fosse admitida nem pelo Confucionismo nem pelo Taoismo, as pesquisas do sociólogo marxista Pan Guangdan,[109]traduzidas e debatidas pelo historiador Howard H. Chiang, da Universidade de Princeton,[110] apontam para o fato de que, além da assimilação de relacionamentos lésbicos, na Dinastia Han (206 a.C. a 220 d.C.), quase todos os imperadores tiveram um ou vários amantes do mesmo sexo. De igual maneira, a homossexualidade foi bastante popular durantes as dinastias Sung (960 a 1279), Ming (1368 a 1644) e Qing (1644 a 1912).

Essa pacífica assimilação histórica das relações homossexuais na China — não somente nas cortes dinásticas, mas também entre os seus súditos, conforme relata o historiador Timothy Brook[111] — evidencia, de forma cabal, que a homofobia é um elemento indissociável ao marxismo na sua doutrina de um homem natural (do macho biológico e, portanto, naturalmente mecânico), pois a homossexualidade tornou-se crime e somente passou, de fato, a ser severamente reprimida com a ascensão dessa ideologia ao poder com Mao Tsé-Tung: "os sodomitas eram condenados não apenas à prisão e castração, mas também à morte nos casos em que essa prática era repetida."[112]

Os homossexuais passaram a ser condenados ao lado de toda a sorte de inimigos da Revolução. Sobre as condenações, merece destaque o registro de Jung Chang e Jon Halliday:

---

[108] REIS, Luís Gustavo. Antes do preconceito: um imperador homossexual na China. In *Pragmatismo Político*, 14 nov. 2023. Disponível em: https://www.pragmatismopolitico.com.br/2023/11/antes-do-preconceito-um-imperador-homossexual-na-china-antiga.html. Acesso em: 27 jan. 2024.

[109] PAN, Guangdan. Zhongguo wenxianzhong tongxinglian juli [Exemplos de homossexualidade nos documentos chineses]. In PAN, Guangdan. *Xingxinlixue* [*Psicologia do Sexo*]. Beijing: Sanlian Shudian, 1966.

[110] CHIANG, Howard H. Rethinking "style" for historians and philosophers of science: converging lessons from sexuality, translation, and East Asian studies. In *Studies in History and Philosophy of Biological and Biomedical Sciences*, jun. 2009, v. 40, p. 73-142.

[111] BROOK, Thimothy. *Great State: China and the World*. New York: Harper, 2020.

[112] MÁRQUEZ, Nicolás, *op. cit.*, p. 172.

mais gente teria sido morta se não fosse pelo valor de seu trabalho escravo. Mao disse isso em uma ordem: algumas pessoas haviam "cometido crimes que merecem ser punidos com a morte", mas não deveriam ser mortas, em parte porque "perderíamos uma grande força de trabalho". Assim, milhões foram poupados para serem enviados aos campos de trabalhos forçados. Com a assessoria de especialistas russos em deportação e administração de campos, Mao semeou um vasto arquipélago de campos, cujo termo oficial era *lao-gai*: "reforma pelo trabalho". Ser enviado para *lao-gai* significava ser condenado ao trabalho opressivo nos terrenos mais hostis e nas minas mais poluidoras, e ser hostilizado e ameaçado incessantemente. Escondidos nesses campos, os mais fracos fisicamente e os mais fortes espiritualmente eram obrigados a trabalhar até a morte.

Muitos internos eram executados, enquanto outros se suicidavam de diversas maneiras, como mergulhando em uma ceifadeira. No total, durante o regime de Mao, o número dos que foram executados e tiveram morte prematura em prisões e campos de trabalho forçado pode ter chegado a 27 milhões.

Além da execução e do encarceramento em prisões e campos, havia uma terceira forma de punição, tipicamente maoísta, que foi imposta a muitas dezenas de milhões de pessoas durante o reinado de Mao. Chamavam-na de ser posto "sob vigilância", enquanto a vítima permanecia na sociedade. Isso significava "cumprir sentença do lado de fora", ser mantido em uma espécie de liberdade condicional permanente e ser considerado um dos suspeitos habituais, passível de ser detido e atormentado novamente em qualquer novo ataque da repressão. Significava que toda a família da pessoa viveria como pária. A alta visibilidade do estigma servia de advertência para que o público em geral jamais contestasse o regime.[113]

Tamanho era o número de perseguidos a quem se negava qualquer resquício de humanidade. Era tanta gente que morria em decorrência dessa perseguição que, em 1961, o Partido proibiu os funerais: os corpos eram jogados em valas ou deveriam se tornar adubo.

---

113 CHANG, Jung. HALLIDAY, Jon. *Mao: a história desconhecida*. Trad. Pedro Maia Soares. São Paulo: Companhia das Letras, 2012, p. 325.

V. Cuba

Chego, Excelência, ao último regime paradigmático neste já, demasiadamente, extenso capítulo destinado à comprovação dos fatos, teóricos e práticos, que demonstram não passar de lamentável equívoco a presente ação penal.

É lugar comum, há décadas, deparar-se com a cena de homossexuais pseudomarxistas vestindo camisetas estampadas com o rosto de Ernesto "Che" Guevara. Jean Willys, catapultado à fama por sua participação em um programa televisivo de confinamento e, depois, por ser deputado federal pelo Estado do Rio de Janeiro, além de liderança nacional da militância pelos direitos da diversidade sexual e de gênero (mesmo sem ter logrado êxito em absolutamente nada nessa matéria), chegou a posar para a edição de agosto de 2011 da revista *Rolling Stone Brasil* fantasiado de Che Guevara.

Esse oximoro imagético, Excelência, ilustra, com justeza ímpar, a pretensão do autor desta ação, por meio da qual pretende condenar este denunciado por, conforme se extrai deste longuíssimo capítulo, ousar lhe dizer a verdade sobre sua ideologia de ideologia: o seu delírio sobre um marxismo que, caso praticado, condenaria o autor a trabalho escravo ou o executaria em razão da sua sexualidade (pela mesma razão, o mesmo destino estaria reservado a este denunciado).

Vivessem, seja o autor seja o réu destes autos, em Cuba...

No dia 19 de novembro de 1965, tomando como modelo os *lao-gai* chineses supra descritos, Fidel Castro inaugurou o primeiro dos seus campos de concentração e de trabalho escravo para a "reeducação revolucionária" — batizados como Unidades Militares de Ajuda à Produção (UMAP) e distribuídos por toda a ilha de Cuba — em uma insalubre área da província de Camagüey.

Sobre esses campos e sobre a explícita e orgulhosa homofobia do ditador marxista cubano, recorro, mais uma vez, à primorosa pesquisa de Fernando Díaz Villanueva:

> na primavera de 1966, referiu-se aos novos campos pelo seu nome oficial e, ao mesmo tempo, justificou que se estivesse a enviar «falsos revolucionários» para aí trabalharem. «O que há que liquidar não é o pecador,

mas o pecado. E muito simplesmente, com esse elemento parasita da Revolução iremos ajustar contas, estamos já a ajustar contas!», bramava o líder máximo na escadaria da Universidade da Havana, perante um público numeroso e interessado. Mas quem eram esses pecadores de que falava Fidel? Para o regime, tratava-se de «elementos do amiguismo, das festas, das farras, do vício, do parasitismo».

(...). «Temos uns quantos senhores detidos. Não lhes vai suceder nada, que ninguém se assuste; simplesmente, estamos a investigar algumas irregularidades, algumas imoralidades, algumas faltas, que são sancionadas pelo Código Penal. Viciosos no seio da revolução? Não», dizia o próprio Fidel nessa época.

O ódio aos homossexuais decorria de duas tradições. A primeira era o machismo imperante na época, um mal que afetava todo o Ocidente, mas que, pelo menos em Cuba, nunca implicara a prisão de homossexuais e o seu posterior internamento em campos de concentração pelo simples facto de o serem. A segunda era mais ideológica. Na União Soviética considerava-se a homossexualidade como uma demonstração da decadência e da imoralidade inerentes ao capitalismo e à sociedade burguesa. A *Grande Enciclopédia Soviética* descrevia a homossexualidade como «uma perversão sexual que consiste numa atração antinatural entre pessoas do mesmo sexo. Ocorre nos dois sexos. Os códigos penais da URSS, dos países socialistas e até de alguns Estados burgueses, penalizam-na».

Fidel Castro era claro a respeito do tema da homossexualidade. Numa longa entrevista que concedeu ao jornalista norte-americano Lee Lockwood, confessou que «nunca acreditámos que um homossexual possa apresentar as condições e requisitos de conduta que nos permitam considerá-lo um verdadeiro revolucionário, um verdadeiro comunista». E o destino dos que não eram verdadeiros revolucionários e comunistas era indefetivelmente o campo da UMAP.

Esses detidos de que falava Castro e a quem, segundo as suas palavras, não iria acontecer nada foram internados em infernais campos de trabalho, onde o escárnio, a tortura e os vexames de toda a índole eram moeda de troca habitual. (...). Os presos, desprovidos de qualquer tipo de direito, eram submetidos a um tratamento desumano que se traduzia em esgotantes jornadas laborais, sob o sol inclemente do Caribe, escassa alimentação e maus-tratos contínuos.

Norberto Fuentes, um dos cronistas da revolução que caiu em desgraça décadas depois, referiu-se-lhes como «o nosso querido gulag crioulo». Fuentes sabia do que falava, pois viu-os com os seus próprios olhos, ainda que do lado dos guardas. «Os campos de concentração não são aqui uma figura metafórica para caluniar o castrismo», escreveria ele anos mais tarde. «Campo de concentração é um terreno cercado por arames eletrificados, com torres de vigilância e holofotes e cães, e em cujos barracões se amontoam centenas de escravos esfomeados.» A ilusão propagandística que os jornais distribuíam, com imagens de presos felizes a jogarem basebol ou a posarem com os guardas em plena faina nos canaviais, não passavam disso mesmo, de ilusões destinadas a agradar ao regime e a tranquilizar uma opinião pública amestrada.

(...). Os presos dormiam em redes e, se não havia nenhuma livre, no chão entre as palmeiras. Os guardas tinham o hábito de despertar os cativos à chibatada ou com golpes de sabre sobre o corpo nu, a fim de os prepararem psicologicamente para um dia de trabalho devastador. A desnutrição e as enfermidades encarregavam-se do resto.

O campo estava convenientemente separado da civilização por muitos hectares de campos de cultivo. Ninguém sabia nada e ninguém tinha razões para saber o que sucedia para lá do arame farpado.

(...).

Nunca se soube ao certo quantos cubanos foram enviados para o infame arquipélago da UMAP. (...). Sabe-se que houve uma infinidade de suicídios e de execuções, mas não se conhece o número exato e provavelmente não se conhecerá nunca.[114]

EL TRABAJO LOS HARÁ HOMBRES[115] (O TRABALHO OS FARÁ HOMENS): essas eram as palavras expostas logo na entrada dos campos de trabalho escravo que eram, especificamente, “dedicados” aos homossexuais.

---

[114] VILLANUEVA, Fernando Díaz, *op. cit.*, p. 176-179.

[115] PEREIRA, Joseane. Fidel Castro: a repressão aos homossexuais. In Aventuras na História. 25 nov. 2019. Disponível em: https://aventurasnahistoria.uol.com.br/noticias/reportagem/historia-a-homofobia-no-regime-fidel-castro.phtml. Acesso em: 5 mai. 2024.

Essa foi a frase dita por este denunciado ao se contrapor ao autor desta ação penal aloprada quando se afirmou um "radical de esquerda, comunista". Afinal, em Cuba, a criminalização e essa forma sutil de aniquilar homossexuais foi introduzida pelo marxismo, haja vista que, antes, sob o regime de Fulgêncio Batista, a homossexualidade era tolerada a ponto de existirem homossexuais em posições sociais elevadas.

Vale lembrar que, tanto os homossexuais quanto as prostitutas, sob o regime marxista, passaram a ser caçados por uma unidade policial especial e secreta, denominada "El Escuadrón de la Escoria" (O Esquadrão da Escória) — e, creio eu, o significado do vocábulo "escória" é suficientemente conhecido de maneira a dispensar maiores comentários.

Relatos de Jorge Ronet, Héctor Santiago e Heberto Padilla, ex-internos que conseguiram sobreviver ao inferno, mencionam a realização de experimentos pavlovianos, "terapias" e "procedimentos" de "cura gay", como descargas elétricas ou injeções de insulina sempre que eram expostos a fotos de homens nus, bem como "recompensas" em forma de comida quando expostos à pornografia heterossexual.[116]

Em abril de 1971, a Declaração Final do Primeiro Congresso de Educação e Cultura de Cuba[117] determinava, formalmente, o seguinte:

> *Los medios culturales no pueden servir de marco a la proliferación de falsos intelectuales que pretenden convertir el esnobismo, la extravagancia, el homosexualismo y demás aberraciones sociales, en expresiones del arte revolucionario, alejados de las masas y del espíritu de nuestra Revolución.*

> **Traduzo:**
> Os meios culturais não podem servir de base para a proliferação dos falsos intelectuais que pretendem converter o esnobismo, a extravagância, o homossexualismo e demais aberrações sociais em expressões da arte revolucionária, longe das massas e do espírito da nossa Revolução.

De fato, a determinação não foi feita para inglês ver, mas para os russos verem.

---

116 *Loc. cit.*

117 CUBA. Declaración del Primer Congreso Nacional de Educación y Cultura. In *Revista Casa de las Américas*. Año XI. n. 65-66, mar.-jun. 1971, p. 4-19.

É, assim, paradigmática a triste história do famoso escritor cubano Reinaldo Arenas, discutida pela professora de história e de direito civil Manuella Santos de Castro no *Tratado de Proteção da Diversidade*, obra que tive a honra de coordenar e da qual sou coautor. Passo a transcrever os trechos mais pertinentes ao debate em tela do primoroso capítulo de autoria da mencionada professora:

> nascido em 1943 na província de Holguín, Reinaldo Arenas, por meio de sua obra "Antes que anoiteça", e de diversas outras, evidencia a grande exclusão social e a violência sofrida pelos homossexuais em Cuba. Através de seus escritos, ele constrói uma contramemória do processo revolucionário. (...). A literatura intensa e rebelde de Reinaldo Arenas personificou a coragem e a resistência de ser quem era. No entanto, as marés revolucionárias calaram seu grito de liberdade, submetendo-o a trabalhos forçados, humilhações e maus-tratos, além da constante ameaça de ser apagado da memória coletiva.
>
> (...) os líderes cubanos associavam o comportamento "não normativo" dos homens cubanos à fraqueza moral e à falta de fervor revolucionário. Fidel Castro e o governo cubano estigmatizaram abertamente a homossexualidade, considerando-a um desvio burguês e uma ameaça à "moral revolucionária". Homossexuais foram rotulados de "desviados" e "contrarrevolucionários" e, consequentemente, se tornaram alvos de perseguição implacável.
>
> (...). Além das medidas oficiais, a população era incentivada a denunciar e marginalizar os homossexuais. Vizinhos, colegas de trabalho e até mesmo familiares eram encorajados a reportar comportamentos suspeitos.[118]

Reinaldo Arenas, como mártir, ousou desafiar o silêncio e, como a voz de muitos homossexuais que cometiam suicídio em silêncio, denunciar as atrocidades promovidas pelo marxismo na ilha. Sua arma foi a própria

[118] CASTRO, Manuella Santos de. A Literatura como testemunha da História: O caso Reinaldo Arenas como paradigma da perseguição aos homossexuais durante a Revolução Cubana. In: PAVINATTO, Tiago (Coord.). *Tratado de Proteção da Diversidade: Sexualidade, gênero e direito.* São Paulo: Almedina, 2023, p. 452-454.

literatura e, sobre ela, retomo aos estudos da Professora Manuella Santos de Castro:

> como sabemos, o historiador estuda os vestígios deixados pelo passado a fim de reconstruí-lo e interpretá-lo. Para tanto, usa fontes históricas como textos (cartas, ofícios, leis, livros), vestígios arqueológicos, fontes visuais e audiovisuais (fotos, pinturas, filmes, documentários), dentre outras. A autobiografia é uma espécie do gênero da "escrita do eu", em que se encontram, por exemplo, diários e escritos diversos de memória. É um tipo de escrita em que o autor é simultaneamente testemunha e protagonista dos fatos históricos. Por meio da narrativa ele se percebe capaz de atestar a sua presença no mundo e na temporalidade. De modo geral, os diários, os relatos íntimos e as autobiografias não têm narrativas felizes. Geralmente são histórias de sofrimento e resistência. O que me leva a pensar que a motivação dos autores de "escrita do eu" é aliviar a sua dor e deixar um legado. O indivíduo que faz o retrospecto de sua vida procura compreender os caminhos que o trouxeram ao momento do relato e qual foi o sentido de sua vida.
>
> Isso se dá de modo marcante com Reinaldo Arenas, uma vez que ele se suicidou dias após a conclusão do livro.
>
> (...). Reinaldo Arenas precisava deixar registrado o seu testemunho da Revolução Cubana e os horrores produzidos por ela, que além de acabar com suas ilusões de juventude, ainda mudou o curso da sua vida. Como ele mesmo disse ao chegar a Miami: "a diferença entre o sistema comunista e o capitalista é que, embora os dois nos deem um chute na bunda, no sistema comunista a gente leva o chute e tem que bater palmas, enquanto no capitalista, a gente também leva, mas pode gritar". E ele gritou muito por meio de cada palavra que deixou escrita.[119]

Em *Antes que Anochezca* (*Antes que Anoiteça*), Reinaldo Arenas, preso e torturado durante anos pelo castrismo, revela o seu calvário inimaginável antes do desembarque, na ilha de Cuba, do ideal marxista do "Homem Novo". Muito embora as palavras de Reinaldo Arenas tenham sido capazes de transcender o tempo e lançar luz sobre as sombras do marxismo em Cuba, o

[119] *Ibidem*, p. 455-457.

sortilégio comunista parece ter vencido: Arenas, nem mesmo no exílio (onde viveu entre 1980 e 1990), encontrou liberdade e paz, pois se deparou com escritores e intelectuais — alguns deles, inclusive, homossexuais — a ele pouco simpáticos, porque entusiastas da Revolução Cubana... Sem saber, de fato, o que ocorria na ilha[120] — e a semelhança desse fato com a presente denúncia de homofobia que parte de um autor dito marxista não é mera coincidência.

a. Ernesto "Che" Guevara: A Máquina de Matar

O premiado jornalista e escritor argentino Nicolás Márquez levou a cabo uma empreitada que, se lhe tomou, por um lado, anos de vida e resultou em uma detenção em Cuba, por outro, fez dele o mais profundo pesquisador e conhecedor de um dos argentinos mais famosos de últimos tempos; uma celebridade maior que, talvez, Diego Maradona — mas essa afirmação apenas se verificará com o passar das décadas.

A fim de comprovar, Excelência, que um homossexual que veste uma camisa estampada com o rosto de Guevara — ou, pior, que se fantasia dele — seja algo equivalente e tão absurdamente inimaginável, embora inexplicavelmente corriqueiro, quanto um hipotético e orgulhoso judeu de suástica, recorro à biografia definitiva sobre o argentino Ernesto Guevara de la Serna, mundialmente conhecido como "Che", escrita por Márquez.[121]

Importante aliado dos irmãos Castro no processo de tomada do poder em Cuba, Che Guevara é mais um indicativo de que a homofobia presente nos regimes marxistas não é um elemento exótico ou estranho à doutrina, mas algo intrínseco à ideologia, independentemente do perfil psíquico de seus líderes.

É sabido que, entre 1958 e 1959, Fidel apresentava-se com um discurso moderado e, suspeita-se, sequer cogitava ser um comunista convicto. Desconhecedor da obra de Marx, o seu momento de virada ao marxismo pode ser incerto entre biógrafos e pesquisadores. Todavia, Lucila Velásquez, uma antiga namorada de Fidel e amiga de Che e de sua esposa, afirma que, "sem Ernesto Guevara, Fidel Castro talvez jamais tivesse se tornado

120 *Ibidem*, p. 458.

121 MÁRQUEZ, Nicolás. *A máquina de matar: Biografia definitiva de Che Guevara*. Trad. Bruno Alexander. Campinas: Vide Editorial, 2023.

comunista. Sem Fidel Castro, Ernesto Guevara talvez jamais tivesse passado de um teórico marxista."[122]

Independentemente de alguma ascendência doutrinária de Che sobre Fidel, o fato é que os horrores perpetrados o foram em nome do marxismo e a partir dos autores marxistas. Assim declarou Fidel, no dia 2 de dezembro de 1961: "digo-o aqui com total satisfação e segurança: sou marxista-leninista e serei marxista-leninista até o último dia da minha vida."[123]

No que concerne à implacável repressão homossexual, todavia, Che foi pioneiro em Cuba antes mesmo da tomada definitiva do poder por Castro. Ainda guerrilheiros em processo de tomada de territórios, em um deles, "Guevara nomeou-se prefeito *ad hoc* do povoado de Sancti Spiritus. Foi ali que tentou, às pressas, impor códigos de convivência que regulavam inclusive a vida sexual dos habitantes."[124]

No poder, "(e)nquanto Fidel se ocupava em criar uma fachada moderada para a revolução, rejeitando com indignação qualquer acusação de 'influência comunista', na esperança de evitar um confronto prematuro com os Estados Unidos, Raúl e Che cimentavam"[125] o comunismo à risca da doutrina marxista. Nesse passo:

> na distribuição de cargos, Fidel encarregou Guevara de dirigir "La Cabaña", uma fortaleza militar (a qual, na época, abrigava três mil soldados do regime de Batista que se renderam sem lutar) que agora, sob o jugo do Che, se tornaria um campo de extermínio: foi a partir de então que, a mando de Ernesto Guevara, dissidentes seriam executados em quantidades industriais durante os dramáticos dias de stalinismo caribenho. (...). Agora que o poder estava instalado, uma tarefa não menos difícil estava por vir: consolidá-lo. Embora o marxismo possa ser imposto à base de tiros e repressão, a realidade é que se faz necessário certo consenso ideológico, e Fidel só tinha consenso político, de modo que não explicitava suas verdadeiras pretensões. Para compensar essa considerável deficiência doutrinária, Che pretendia realizar uma ideologização

---

[122] Apud MÁRQUEZ, Nicolás. *Idem*, p. 95.

[123] *Loc. cit.*

[124] *Ibidem*, p. 108.

[125] *Ibidem*, p. 125.

> em massa (...). O que importava para Che era que eles doutrinassem seus barbudos na dialética do marxismo-leninismo, que era a sua (...).[126]

Che, na trilha mais fiel à literatura marxista, buscou, com a sua carnificina, realizar, na prática, o ideal teórico do homem natural e mecânico:

> Guevara pensava que, combinando a doutrinação, de um lado, com o terror repressivo, de outro, de modo gradual, mas sustentado ao longo do tempo, poderiam ser alcançados o controle perfeito e a submissão social, o que, no final, transformaria a natureza humana e fabricaria essa ilusão ideológica chamada de Homem Novo. O sistema funcionaria assim: aplicando medidas repressivas brutais, um temperamento submisso seria forjado na população. Além disso, o assédio ideológico seria incorporado para imprimir uma mentalidade uniforme.
>
> Guevara tinha tanta fé nos resultados dessa maquinaria hegemônica que em 1960 publicou um texto que veio a se chamar *Notas para el Estudio de la Ideología de la Revolución Cubana*, em cujos fragmentos, além de especificar a maneira como mecanismos totalitários seriam instituídos, podemos ver declarações disparatadas, comparando a superstição marxista com as ciências físicas e biológicas: "Quando nos perguntam se somos marxistas ou não, nossa postura é a de um físico diante da pergunta se é newtoniano ou de um biólogo se é pasteuriano. Há verdades tão óbvias, tão incorporadas ao conhecimento do povo, que é inútil discuti-las. É preciso ser marxista com a mesma naturalidade com que se é newtoniano na física ou pasteuriano na biologia, considerando que, se novos fatos determinam novos conceitos, sua parcela de verdade jamais será retirada daqueles que já passaram. É o caso, por exemplo, da relatividade einsteiniana ou da teoria quântica de Planck [...]. Nós, revolucionários práticos, iniciando nossa luta, simplesmente cumpríamos as leis fornecidas pelo cientista Marx (...), estamos simplesmente nos ajustando às previsões do cientista Marx [...]. As leis do marxismo estão presentes nos acontecimentos da Revolução Cubana, independentemente de seus dirigentes professarem ou conhecerem plenamente, do ponto de vista teórico, essas leis".

[126] Ibidem, p. 127-128.

> Logo em seguida, entusiasmado com seu desejo de ser um "pensador", em outro folheto de sua autoria intitulado *El Socialismo y el Hombre en Cuba*, Guevara escreveu que o cubano comum, a partir de então, deveria deixar de ser um cidadão com vida própria e tornar-se um simples fantoche do Estado: "No nosso caso, a educação direta adquire uma importância muito maior. A explicação é convincente porque é verdadeira" (observe o fundamentalismo). E acrescenta: "Ela não precisa de subterfúgios, sendo exercida através do aparato educacional do Estado... A educação pega nas massas e a nova atitude preconizada tende a se tornar um hábito; as massas apropriam-se dela e pressionam aqueles que ainda não foram educados. Essa é a forma indireta de educar as massas, tão poderosa quanto aquela outra [...]. O indivíduo recebe continuamente o impacto do novo poder social e percebe que não está totalmente adequado a ele. Sob a influência da pressão da educação indireta, ele tenta se ajustar a uma situação [...] ele se educa. Nesse período de construção do socialismo, podemos ver nascer o homem novo". E acrescenta que, a partir de então, os homens "não marcham mais completamente sozinhos por veredas extraviadas" (...).[127]

Para atingir o ideal marxista, Che, então, apresentou uma série de métodos denominados "instituições revolucionárias",

> uma brutal maquinaria repressiva, como ele mesmo explica: "Na imagem das multidões em marcha para o futuro, o conceito de institucionalização se encaixa como o de um conjunto harmônico de canais (...) de dispositivos bem lubrificados que permitem essa marcha, que permitem a seleção natural daqueles destinados a caminhar na vanguarda e atribuir recompensa e punição a quem colabore ou atente contra a sociedade em construção". (...). Che assegura que, com o socialismo, "os homens terão características diferentes", pois "as novas gerações virão livres do pecado original", a juventude, então, será "o barro maleável com o qual o homem novo pode ser construído sem nenhum dos defeitos anteriores" e a revolução será capaz de corrigir as fraquezas humanas (...).[128]

---

[127] *Ibidem*, p. 158-159.

[128] *Ibidem*, p. 160-161.

Nesse sentido, já no ano de 1961, tornaram-se famosas as batidas conhecidas como "As noites dos três P's" (pederastas, prostitutas e proxenetas), em que os acusados eram detidos e depois transferidos para campos de concentração. Che defendia essas perseguições:

> os dissidentes eram exterminados e os "desviados" tinham a oportunidade de "reabilitar-se" em longas estadias nos campos de concentração. É o Che quem cria a superlotação prisional em Cuba, localizada na Península de Guanahacabibes, para internar dissidentes, religiosos e, sobretudo, homossexuais. Guevara justificava a criação da propriedade degradante, alegando: "Para Guanahacabibes enviamos pessoas que não deveriam ir para a cadeia, pessoas que cometeram violações à moral revolucionária em maior ou menor grau [...] como uma espécie de reeducação pelo trabalho"[129].

Surge, então, o slogan de Fidel Castro que popularizou o cruel e requintado conceito marxista do homem natural: **"A REVOLUÇÃO NÃO PRECISA DE CABELEIREIROS"**[130]. Sob tal lema generalizado, El Comandante acendeu a luz verde para que Che Guevara,

> além de La Cabaña, projetasse e comandasse um campo de concentração para punição de desviados sexuais em Guanahacabibes, precursor do que pouco depois o próprio castrismo massificou na ilha com numerosos assentamentos sob o programa UMAP, aquela política de repressão estatal que consistia em sequestrar homossexuais, amontoá-los e sujeitá-los a todo tipo de vexames e servidão, buscando, assim, sua reabilitação: "Nunca acreditamos que um homossexual pudesse personificar as condições e requisitos de conduta que nos permitissem considerá-lo um verdadeiro revolucionário, um verdadeiro comunista. Um desvio dessa natureza destoa do conceito que temos do que deve ser um militante comunista [...]. Serei sincero e direi que não se deve admitir homossexuais em cargos onde possam influenciar os jovens", declarou Castro (...).

129 *Ibidem*, p. 169-170.

130 *Ibidem*, p. 172.

> Nos primeiros dias de 1965, chegou à Havana o primeiro grupo de agentes soviéticos encarregados de instruir os cubanos sobre as formas de controlar a crescente onda de prostituição, homossexualidade e outras desordens: "Nossa sociedade não pode acomodar esta degeneração", ordenou Castro. (...). O jornal *Revolución*, na quinta-feira, 11 de março de 1965, assim celebrou a iniciativa do programa da UMAP: "O plano de Reeducação, batizado pelo Ministério do Interior e diretamente orientado por Fidel, soma-se as grandes conquistas humanas da revolução". (...).
>
> As detenções ocorriam por escalonamentos cronológicos e eram geridas pelo já mencionado Departamento de Doenças Sociais do Ministério do Interior (...). Dentro do grupo dos "doentes sociais" (como oficialmente o Estado socialista os qualificava), o setor que liderava era o dos homossexuais. (...). Já em março de 1971, quatrocentos mil jovens haviam sido condenados a "internação". Várias dezenas deles morreram devido ao esforço excessivo (...) e quinhentos e sete foram hospitalizados para receber tratamento psiquiátrico. Jorge Ronet (preso em 29 de novembro de 1965, no Cinódromo de Marianao) conta (...): "Depois de carregar cinquenta caminhões, partimos para a Estação Central de Havana, cada caminhão escoltado por uma perseguidora e alguns jipes cheios de militares portando metralhadoras russas, em posição de atirar [...]. Eles nos mandaram descer dos vagões e nos levaram a um estádio esportivo próximo (...). Nesse momento, enormes refletores iluminavam a escuridão, revelando os rostos de exaustão e fadiga (...). Começam as ofensas, os xingamentos, os impropérios: 'Suas bichas! Acabaram os passeiozinhos e a veadagem pelo Prado'. Começaram a passar o refletor na cara de cada um: 'Este parece viado, e é, e este, e aquele ali', diziam os cabos e sargentos distribuídos pelo estádio."[131]

Por mais que os defensores de Castro ou de Che tentem minimizar a barbárie homofóbica — ou, ainda, por mais que os marxistas de hoje tentem culpar os ditadores a fim de desvincular a homofobia intrínseca da doutrina —, é certo que os seus argumentos são apenas cabotinos. Afinal, em que

[131] *Ibidem*, p. 172-175.

pese a realidade de um preconceito machista predominante à época, outra realidade se impõe:

> a realidade é que, naquela época, no resto dos países latino-americanos, não existiam campos superlotados ou penalidades semelhantes para homossexuais. Aliás, a única referência histórica em todo o continente americano de tão exagerado destrato não foi outra senão a Cuba castrista e sua imposição forçada do "Homem Novo socialista", arquétipo humano que só existe na fantasia dogmática dos implacáveis burocratas de um regime que, por cegueira ideológica, eram incapazes de tolerar a falibilidade da natureza humana e, por isso, a puniam com espancamentos brutais e prisão prolongada.[132]

Em resumo, a imagem de homossexuais que, no conforto de uma época na qual lhes é garantido (ou, até mesmo, obrigatório) celebrar, com hiperbólico histrionismo e segurança, um orgulho atribuído à sexualidade divergente, vestem camisetas, portam estandartes, empunham cartazes, levantam canecas ou veneram posters estampados com a foto de Che Guevara ou Karl Marx (a quem Che se referia como "São Carlos"). Há também episódios em que líderes da sua militância se fantasiam com os paramentos de Ernestito ou promovem tanto a devoção autômata do marxismo quanto, através do mesmo processo de automatia, a defesa de regimes odiosos cheios de juras de amor vazias. Isso tudo confirma a triste sentença — porque existe — de Simone Weil (intelectual de base marxista considerada herética por seus colegas, especialmente após afirmar que a revolução se tornou o verdadeiro ópio do povo) segundo a qual, "l'opération de prendre parti, de prendre position pour ou contre, s'est substituée à l'obligation de penser. C'est là une lèpre qui a pris origine dans les milieux politiques, et s'est étendue, à travers tout le pays, presque à la totalité de la pensée."[133] Em português: "a operação de tomar partido, de tomar posição a favor ou contra, substituiu a obrigação de pensar. Essa é uma lepra que se originou nos meios políticos e se espalhou por todo o país, por quase todo o pensamento."

---

[132] *Ibidem*, p. 177.

[133] WEIL, Simone. *Notes sur la suppression générale des partis politiques*. Paris: L'Herne, 2014, p. 48.

3.I. Conclusão

Penso, Excelência, que os exemplos trazidos ao longo do tópico antecedente sejam suficientes — apesar de tantos outros casos abundarem acerca do tema discutido na presente ação (como, por exemplo, os regimes comunistas instalados na Albânia, na Coreia do Norte, na Bulgária etc.) — tanto para comprovar a lógica acadêmica do argumento proferido por este acusado — argumento que se quer criminalizar — quanto, *par ricochet*, para evidenciar o desleixo intelectual do autor, verdadeira torpeza que, de rigor, inviabiliza qualquer pretensão em proveito próprio, conforme demonstrado no Capítulo 2 desta defesa.

A crítica jornalística e acadêmica deste denunciado contra o autor resume-se à didática do oximoro da circunstância do fato: sendo, ou não, o autor homossexual, este acusado o é, assim, torna-se insustentável a defesa de ser comunista... A não ser que aceite as medidas de "reeducação" comuns aos regimes marxistas.

Este denunciado, seja por sua homossexualidade aberta desde uma época em que o *assumir-se* levava ao desemprego, seja pelas diferentes personalidades dos namorados que teve ao longo da sua vida, jamais debocharia da masculinidade mais ou menos acentuada de quem quer que seja.

O deboche absurdo é, sim, implícito na conduta do próprio autor desta ação, pois ela equivaleria à hipótese insana de um rapaz paramentado com *Talit* (xale judaico com franjas pendentes em cada um dos seus quatro cantos para a oração matinal), *Tefilín* [um par de caixas com pequenos pergaminhos em seus interiores — nos quais estão escritos o *Shemá* (*Escuta, ó Israel, o Eterno é nosso Deus, o Eterno é Um!*) e outros versículos da Torá — e tiras de couro, das quais uma se amarra no braço e outra, na região superior da testa] e, no topo da sua cabeça, *kipá*, a exortar a ideologia nazista.

Michel Foucault, reconhecidamente um dos maiores intelectuais da esquerda mundial, era voz considerada crítica ao marxismo tradicional por seus colegas "radicais de esquerda, comunistas", principalmente dentro do assunto que lhe foi mais caro em vida: a sexualidade.

Sua crítica à obra de Marx e Engels, apesar de subjacente, volta-se à questão do homem natural. Embora Foucault padeça de uma amnésia conveniente quanto aos nomes de ambos, é inegável que ambos, Marx e Engels, no delírio cientificista da teoria platônica por eles criada, tenham assimilado, quanto ao modelo ideal de homem, as conclusões do famoso alienista francês Claude-François Michéa — contemporâneo dos pais do marxismo.

De fato, o problema do homem natural — sem mencionar, contudo, a doutrina marxista — é colocado como retrocesso pseudocientífico por Foucault nos seguintes termos:

> portanto, o instinto se desvincula do ato de fecundação pelo fato de que é essencialmente produtor de prazer e de que esse prazer pode se localizar ou se atualizar por uma série incontável de atos. O ato de geração ou de reprodução é tão-só uma das formas em que o prazer, que é o princípio da economia intrínseca ao instinto sexual, vai efetivamente ser satisfeito ou se produzir. Nessa medida, como produtor de um prazer não ligado por natureza à geração, o instinto sexual vai poder dar lugar a toda uma série de comportamentos que não são ordenados à geração. E Michéa os enumera: o "amor grego", a "bestialidade", a "atração por um objeto de natureza insensível", a "atração pelo cadáver [humano]" (...). Assim, o instinto sexual é, por sua força, o mais importante e, por conseguinte, o instinto dominador na economia geral dos instintos. Mas, como princípio produtor de prazer (e como princípio produtor de prazer em qualquer lugar, em qualquer momento e em qualquer condição), ele se conecta a todos os outros, e o prazer que se sente ao satisfazer um instinto deve ser referido, de um lado, ao próprio instinto e, de outro, a esse instinto sexual que é, de certo modo, o produtor universal do prazer universal. Com a análise de Michéa, creio que vemos entrar na psiquiatria um objeto ou um conceito novo, que nunca havia tido, até então, seu lugar, salvo talvez que o víamos transparecer, se delinear às vezes (...) através de algumas análises de Leuret: é o papel do prazer. O prazer vai se tornar agora um objeto psiquiátrico ou psiquiatrizável. **A desvinculação do instinto sexual relativamente à reprodução é assegurada pelos mecanismos do prazer, e é essa desvinculação que vai permitir a constituição do campo unitário das aberrações. O prazer não ordenado à sexualidade normal é o suporte de toda a**

série das condutas instintivas anormais, aberrantes, suscetíveis de psiquiatrização.[134]

Importa, Excelência, apresentar, em sede desta defesa, a reunião de todos esses elementos de pesquisa acadêmica, pois — e essa é a impressão bastante objetiva deste denunciado — quase todas as obras acerca da relação entre a homossexualidade e o marxismo parecem, de um extremo a outro, esconder o problema, seja atribuindo à relação um caráter subjacente, seja reescrevendo ou ressignificando textos escritos, bem como sangrando as sagradas memórias das vítimas dessa ideologia.

O próprio Michel Foucault, em toda a sua contundente crítica histórica das repressões sexuais, é veemente contra o cristianismo, a psiquiatria e a sociedade "burguesa" (definida como "uma sociedade de perversão explosiva e fragmentada"[135]). Todavia, ele sequer menciona o marxismo ou qualquer um dos regimes marxistas — exemplos mais extremistas no enfrentamento da homossexualidade — quando fala, por exemplo, da redução do homossexual a uma personagem que incorpora as perversões da sociedade burguesa no século XIX.[136] Tal constatação demonstra a existência de um sortilégio marxista, um feitiço que recai, certamente, contra o autor da presente ação penal.

Isso porque, Excelência, o autor desta ação apresenta-se como comunista quando, na verdade, integra — e, para tanto, abre mão da ética (ao menos a acadêmica) — uma massa de ativistas úteis homogeneizados por pseudointelectuais *pseudo-pós-marxistas* calcados nos estudos de pós-marxistas mais sérios, como Michel Foucault.

Vale mencionar: se o pós-marxismo abre divergências dentro das rupturas abertas pelas contradições impositivas do marxismo tradicional, o *pseudo-pós-marxismo* rompe com todo o arcabouço teórico do marxismo impondo ao rótulo, que conservam como símbolo oco de uma luta por justiça social, contradições que não existiam.

---

[134] FOUCAULT, Michel. *Os anormais: Curso no Collège de France (1974-1975)*. Trad. Eduardo Brandão. São Paulo: Martins Fontes, 2002, p. 364-365. Grifei.

[135] FOUCAULT, Michel. *História da sexualidade: A vontade de saber*. Trad. Maria Thereza da Costa Albuquerque e J. A. Guilhon Albuquerque. 18ª ed. São Paulo: Graal, 1998, v. 1, p. 54.

[136] *Ibidem*, p. 23-57.

Em apertada síntese, portanto, o *pseudo-pós-marxismo* é o *antimarxismo* que não ousa dizer o seu nome e que, ainda por cima, ousa denominar-se "marxismo" ou "comunismo". A façanha é possível pois, na esteira da já citada definição do marxismo como "religião secular", como qualquer outra religião, com o passar do tempo e a mudança dos líderes, muitas das prescrições dos seus textos sagrados conseguem ser adaptadas ou, até mesmo, ignoradas a partir de outros trechos contraditórios e tão sagrados quanto.

Como resultado, o ideal materialista e determinista (econômico) do comunismo sonhado por Marx resta desfigurado, já nas últimas décadas do século XX, em uma ideologia irreconhecível, idealista e incoerente (cultural), de maneira que tem razão o antropólogo Antonio Risério ao afirmar que, "em vez de 'marxismo cultural', seria mais correto falar de marxismo caricatural."[137]

Na esteira de Risério, apesar das atrocidades protagonizadas por Stálin, Mao, Pol Pot, Fidel Castro etc., causa perplexidade a crença de que a esquerda seja imune ao fascismo e à homofobia, especialmente em nossos dias em que, constata, "o fascismo identitário corre solto"[138]. Mesmo "contrariando, nesse caso, a visão do próprio Marx (em *A Ideologia Alemã*, por exemplo) ou a de Trótski, em *Literatura e Revolução*"[139],

> essa turma, como já estamos vendo, quer abolir não só a história, como as classes sociais e a variabilidade antropológica da humanidade. Em seu discurso, todo branco é igual e todo homem é idêntico. Não há diferença entre Stálin e Dorival Caymmi. É ridículo. E o mais grave, insisto, é que esses identitários se fecham como adversários furiosos da diversidade, desfechando um combate feroz e sem tréguas à outridade, feito loucos desejosos de banir da face da Terra quem discorda de seus dogmas. São a encarnação da intolerância. E, por isso mesmo, inimigos da verdadeira vida democrática.[140]

---

[137] RISÉRIO, Antonio. *Sobre o relativismo pós-moderno e a fantasia fascista da esquerda identitária.* 2ª ed. Rio de Janeiro: Topbooks, 2020, p. 73.

[138] *Ibidem*, p. 164.

[139] *Ibidem*, p. 149.

[140] *Ibidem*, p. 69.

Sobre essa façanha em curso e intocável do progressismo (expressão curta, politicamente correta, mas teoricamente inadequada, para o *pseudo-pós-marxismo antimarxista*) que santifica Marx, merece destaque a análise do britânico Douglas Murray:

> um estudo sobre universidades norte-americanas realizado em 2006 mostrou que 18% dos professores de ciências sociais se identificam alegremente como "marxistas". (...). O mesmo levantamento descobriu que 21% dos professores de ciências sociais estão dispostos a se identificar como "ativistas" e 24% como radicais. Mesmo quando não se identifica como tal, a tendência marxista e pós-marxista na esquerda política sempre pode ser reconhecida a partir do conjunto de pensadores que cita e reverencia, e cujas teorias tenta aplicar a toda e qualquer disciplina e área da vida. De Michel Foucault, (...) tudo é visto somente através do prisma do "poder". (...). Os pós-marxistas que buscam explicar o mundo a nossa volta não se imbuíram somente do prisma distorcido de Foucault e Marx. De Antonio Gramsci eles absorveram a noção de cultura como "força hegemônica" cujo controle é ao menos tão importante quanto a classe trabalhadora. Do contemporâneo de Foucault, Gilles Deleuze, absorveram a ideia de (...) "desconstruir" tudo.[141]

Evidentemente, se voltarmos aos textos (transcritos supra) de Marx e Engels, em especial, nos trechos em que ambos louvam a religião natural e, mais especificamente, o homem natural, que produz, antes de mais nada, a própria vida humana, torna-se incontestável que esse conceito, ao reduzir o homem aos caracteres biológicos, ou é aniquilado ou torna insustentáveis as investidas de figuras como, por exemplo, Judith Butler, da Universidade de Berkeley, que, após confundir as noções de sexo e de gênero, prega que o gênero não passa de uma "performance social reiterada" e, portanto, jamais pode ser o resultado de uma "realidade anterior".[142]

Ocorre que a obra de Butler é o resultado silencioso de uma lenta operação de "modificação" do marxismo que, na realidade, provocou — mesmo

---

[141] MURRAY, Douglas. *A loucura das massas: Gênero, raça e identidade*. Trad. Alessandra Bonrruquer. Rio de Janeiro: Record, 2021, p. 62-63.

[142] Apud MURRAY, Douglas. Idem, p. 64.

que isso jamais seja confessado — o aniquilamento da teoria. Retomo, nesse diapasão, a explicação de Murray:

> um importante pós-marxista, o argentino Ernesto Laclau (que morreu em 2014), passou a década de 1980 tentando lidar com os problemas que, como reconheceu, estavam emergindo. Juntamente com sua parceira e coautora Chantal Mouffe, ele forneceu uma das primeiras fundações para o que se tornaria a política identitária. Em sua obra de 1985 *Hegemony and Socialist Strategy* [Hegemonia e Estratégia Socialista], eles começam por nobremente admitir que o socialismo foi desafiado pela "emergência de novas contradições". O "discurso tradicional do marxismo" fora "centrado no conflito de classes" e nas "contradições do capitalismo". Contudo, **a noção de "conflito de classe" precisava ser modificada**.
>
> (...) Laclau e Mouffe (...) são claros sobre a utilidade, para o conflito socialista, dos "novos movimentos sociais" (...). A utilidade de tais grupos é óbvia: seus "conflitos altamente diversos, urbanos, ecológicos, antiautoritários, anti-institucionais, feministas, antirracistas, étnicos, regionais ou relacionados a minorias sexuais" dão propósito e impulso a um movimento socialista que precisa de novas energias. (...). E necessário juntar todos eles sob a alçada do conflito socialista. (...) Porque (...) esses **"novos sujeitos políticos" ("mulheres, estudantes, jovens, minorias raciais, sexuais** e regionais, assim como os vários conflitos anti-institucionais e ecológicos") têm uma vantagem imediata óbvia: seu inimigo é definido não em função de sua exploração, mas por deter certo poder.[143]

Quanto aos homossexuais marxistas e os marxistas que enfeitiçam homossexuais, salta aos olhos a hipocrisia; afinal, eles não são — como todos os demais, aliás — "novos sujeitos políticos", mas velhos conhecidos e condenados, na teoria e na prática, pelas formas mais cruéis. Não à toa, Laclau e Mouffe foram enfáticos quanto à imprescindibilidade de uma "reconsideração teórica [do marxismo]".[144]

---

[143] *Ibidem*, p. 66-67. Grifei.

[144] *Ibidem*, p. 68.

Na esteira de Antonio Risério, o marketing e a publicidade parecem estar em jogo "com o narcisismo identitário na exploração de novos nichos de mercado e incorporando a *political correctness* para 'agregar valor' a marcas empresariais."[145]

Expoente do ativismo progressista europeu, o jurista português e professor catedrático jubilado da Faculdade de Economia da Universidade de Coimbra, Boaventura de Sousa Santos — "professor estrela" enredado, em 2023, em casos de assédio sexual e moral, que ele teria praticado contra ex-alunas —, é um desses intelectuais que, ao mesmo tempo em que enaltece a obra de Marx na sua crítica à religião e às teologias (notadamente as cristãs),[146] é capaz de concluir, em insuperável contradição, que uma "fonte de anti-humanismo raramente reconhecida como tal é chamada 'morte de Deus'", pois, se "o pensamento de Deus é a forma mais elevada do pensamento humano", "(p)rivar os seres humanos do pensamento de Deus seria o equivalente a privá-los do cuidado pelos outros seres humanos."[147]

No que concerne à opressão dos indivíduos — vale destacar que Santos atribui o reconhecimento humanitário da dignidade dos indivíduos homossexuais ao progressismo (e vincula homossexuais ao progressismo da mesma forma que um sequestrador se vincula à vítima do seu sequestro) —, ele deixa escapar, contudo, uma tímida observação (tão tímida que ignora, taticamente, os horrores das máquinas de moer homossexuais fenomenizadas a partir da ideologia comunista): "a solução proposta pelo Marxismo — o sujeito de classe e o 'novo homem' (...) — é hoje igualmente questionada, devido à sua incapacidade de combinar igualdade e liberdade, libertação e autonomia."[148]

Em resumo, essa insustentável defesa marxista do ser *antimarxista* se mantém em razão não da qualidade, mas da quantidade de produções *pseudocientíficas*, seja porque, bem observa Murray, as "áreas de estudos acadêmicos se tornaram uma incubadora de fraudes", seja porque "não existe absolutamente nada que não possa ser dito, estudado ou alegado, desde que se

---

[145] RISÉRIO, Antonio, *op. cit.*, p. 196.

[146] SANTOS, Boaventura de Sousa. *Se Deus fosse um ativista dos Direitos Humanos.* 1ª ed. São Paulo: Cortez, 2014, p. 141.

[147] *Ibidem*, p. 111-112.

[148] *Ibidem*, p. 114.

encaixe em teorias e suposições preexistentes dos campos relevantes e utilize uma linguagem desastrosa."[149]

A esses motivos, acrescenta-se o fato de que "qualquer um que fique no caminho se vê pisoteado com espantoso vigor. As armas à mão (acusações de racismo, sexismo, homofobia e, finalmente, transfobia) são facílimas de empunhar e não há preço a se pagar por empunhá-las injusta, injustificada ou frivolamente."[150]

É, exatamente, o caso da presente ação penal, cujo autor se define como marxista… E, certamente, crê nisso que afirma — afinal, ensina Tertuliano: *Credo quia absurdum* (Creio, porque absurdo).[151]

[149] MURRAY, Douglas, *op. cit.*, p. 73.

[150] *Ibidem*, p. 69.

[151] Embora a autoria seja, erroneamente, atribuída a Tertuliano (o primeiro apologista cristão), trata-se de uma paráfrase a partir das sentenças em seu *De Carne Christi*: "prorsus credibile est, quia ineptum est" ("é completamente credível, porque é inadequado") e "certum est, quia impossibile" ("é certo, porque é impossível").

4. VIDA NAS REDES: EXPOSIÇÃO, CRÍTICA E INJÚRIA

O autor da presente ação penal requer a condenação deste acusado na pena incursa ao crime de *calúnia, injúria racial* e *difamação*.

Transitado o afastamento judicial das duas primeiras hipóteses, resta rebater, portanto, apenas a denunciação da difamação.

Com efeito, há que se considerar a existência, ou não, de três elementos fáticos, quais sejam: (*i*) a conduta do acusado, isto é, a causa; (*ii*) o abalo moral objetivo do autor, ou seja, o resultado; e (*iii*) o nexo de causalidade entre a causa e o resultado, ou seja, o crime consumado.

Primeiro, quanto à causa.

Este acusado, homossexual assumido e articulador das primeiras políticas públicas voltadas à diversidade no Brasil, ao comentar assuntos do momento da internet em programa televisivo, após a exibição de trecho de *live*, viralizada em diversas redes sociais, e no qual o autor afirma que "radicais de esquerda, comunistas" (grupo no qual se inclui) não deveriam admitir o gozo da liberdade de expressão a certas pessoas [as de direita (grupo no qual o acusado se inclui)], criticou o discurso do autor.

Este acusado é advogado, graduado, pós-graduado, mestre e doutor pela Faculdade de Direito da Universidade de São Paulo (USP) do Largo São Francisco, professor doutor de filosofia do direito na Faculdade de Direito da Fundação Armando Álvares Penteado (FAAP), ex-coordenador e professor dos cursos de extensão em filosofia do Laboratório de Política, Comportamento e Mídia da Fundação São Paulo (PUC-SP), bem como jornalista profissional.

Seja pela formação jurídica (em especial, no que toca aos direitos LGBT...+ ao longo da história), seja pela especialização em filosofia (disciplina dentro da qual se inserem as obras de Marx e Engels), seja pelo trabalho jornalístico (reconhecido, aliás, com a Ordem do Mérito Jornalístico), com escorreita e absoluta correção acadêmica (tanto jurídica quanto filosófica, bem como histórica), proferi a minha opinião crítica em programa televisivo.

Nesse contexto, tendo como base tudo aquilo que expus a Vossa Excelência no capítulo precedente e em virtude do contexto da análise de uma fala voluntariamente pública do autor, afirmei, com o mesmo tom de voz e a mesma cadência de fala que sempre utilizei naquele programa — e que, inclusive, são os mesmos das minhas conversas no gozo da minha intimidade —, que o autor, queira ele ser um marxista verdadeiro, como afirma em rede mundial, deveria se dirigir a um campo de trabalho forçado para aprender a ser "homem" como pretende a filosofia da teoria do homem novo marxista (o homem natural e mecânico produtivo e reprodutivo) e como, lamentavelmente, aconteceu nos países que fenomenizaram os regimes marxistas.

Onde está o crime? Onde está a intenção de ofender a sexualidade alheia (especialmente, quando este acusado é homossexual)? Onde está o menosprezo à sexualidade da parte deste acusado (principalmente, quando é assumido nacional e internacionalmente)? Simplesmente, não estão!

Em que este acusado distorceu a fala do autor? Em que este acusado está errado na sua crítica ao comunismo, especialmente sendo homossexual? Em nada!

O crime, a ofensa e o menosprezo contra qualquer sexualidade divergente à naturalidade biológico-reprodutiva animal estão no marxismo, de maneira que o discurso do autor configura um trágico oximoro com aparência de cômico.

Quanto à crítica proferida contra a cientificidade da exposição do autor, nem se fale: o autor se diz ideologicamente enquadrado em uma doutrina que menospreza e ofende a homossexualidade, uma doutrina que, posta em prática, criminalizou e aniquilou — e ainda reprime, nos dias de hoje — dezenas de milhares de homossexuais e, quando este acusado lhe disse a verdade, a odiosa realidade, tornou-se ele o homofóbico pelo simples fato de ter revelado que, aos olhos dos radicais de esquerda, dos comunistas de verdade, os homossexuais não são "homens".

Como se disse, em sede preliminar, a causa do pedido do autor torna torpe a sua pretensão jurídica... E pretensões jurídicas torpes, se procedentes na esfera jurisdicional, maculam o Judiciário com torpeza — o que não se pode admitir.

Segundo, quanto ao resultado.

O impacto dos argumentos deste acusado pode, de fato, ter abalado a honra subjetiva do autor desta demanda: tudo aquilo em que ele acreditou ao longo da sua existência como militante — de forma cega e a partir de uma, aparente ou não, inabalável crença alheia, oriunda ou não, de outra crença igualmente alheia, também aparente ou não, mas validada, coletivamente, por um critério quantitativo tão robusto que se sobrepôs à necessidade da checagem das fontes — revelou-se falso. Por óbvio, esse acontecimento agride a honra subjetiva do sujeito enganado.

Contudo, não é o caso narrado na peça inaugural desta ação penal.

O autor mantém a sua crença no incredível e, incrivelmente, credita a este acusado a autoria de um ato de discriminação motivado por preconceito, ato este oriundo do comunismo que ele próprio autor defende, mas não conhece propriamente e, por isso, quer criminalizar quem, com propriedade, entende do assunto. É angustiante, desesperador, inacreditável.

Voltemos ao exemplo extremo e bizarro do hipotético judeu: se, publicamente e com o intuito de ser um influenciador, ele disser que é possível ser um judeu nazista e, ato contínuo, um jornalista ou um professor, também publicamente, critica a sua fala questionando se gostaria de viver em um campo de extermínio ou, ainda, perguntando como é a vida de um ser subumano (como foram categorizados os judeus na doutrina nazista), poderia, por fim, esse judeu processar esse jornalista ou professor por injúria racial? A resposta da pergunta acima responde também à seguinte pergunta: tem cabimento a presente ação penal?

É certo que a honra subjetiva do autor possa estar ferida, mas, se está, o responsável é o próprio autor, que, quase como um sujeito que se autoflagela no seio de algum fanatismo religioso, carrega o estandarte de uma doutrina homofóbica, mesmo lutando contra a homofobia — seja ela homossexual ou não. No momento da autoflagelação, porém, flagela aquele que se pronuncia sobre a insustentável defesa de ser homossexual no seio de uma ideologia homofóbica.

Terceiro, quanto ao crime.

Inexistente a materialidade de qualquer delito nos presentes autos — sequer alguma materialidade aparente —, bem como considerando que o disposto no inciso II do artigo 142 do Código Penal exclui a antijuridicidade e, assim, afasta a punibilidade da "opinião desfavorável da crítica literária, artística ou científica, salvo quando inequívoca a intenção de injuriar ou difamar", além de considerar as garantias constitucionais às liberdades de manifestação do pensamento (CF/1988, artigo 5º, VII) das atividades intelectual, artística, científica e de comunicação (artigo 5º, IX), expressão, informação (artigo 220), ensino e divulgação do saber (artigo 206, II), é despiciendo afirmar, sob qualquer prisma de análise, que o presente feito configura um ato de denunciação caluniosa.

Quem, nestes autos, cometeu um crime foi o seu autor, acompanhado de seu patrono, razão pela qual nenhuma procedência deve haver, da parte deste DD. Juízo, em favor do autor em qualquer dos seus pedidos, sejam eles de natureza penal (codificada ou especial) ou de natureza civil (isto é, a compensação por danos morais conexos).

I. A Absoluta Inexistência de Qualquer Ato Ilícito do Denunciado

Seja na modalidade tipificada pelo artigo 140 do Código Penal brasileiro, seja na modalidade especial dada pela nova redação do artigo 2º da Lei nº 7.716/1989, a Lei do Racismo, a conduta deste acusado não perfaz qualquer crime e, portanto, não é passível de nenhuma condenação.

Tal defesa se sustenta por duas razões elementares: (*i*) este acusado jamais proferiu, tanto em conteúdo quanto em forma, nenhuma imputação vaga ou imprecisa contra o autor; nem (*ii*) emitiu nenhuma opinião sobre ele que fosse desacompanhada de concretude.

Deveras, é a lição de Fernando Capez ao definir o crime de injúria: "consiste ela em uma opinião pessoal do agente sobre o sujeito passivo, desacompanhada de qualquer dado concreto. (...). A injúria também pode constituir na imputação de fatos desabonadores, desde que essa imputação seja vaga, imprecisa."[1]

---

[1] CAPEZ, Fernando. *Curso de Direito Penal: Parte especial (arts. 121 a 212).* 23ª ed. São Paulo: Saraiva, 2023, p. 224.

Amparado nos anais das uníssonas doutrina e jurisprudência brasileiras, o professor Capez destaca que **NÃO HÁ CRIME DE INJÚRIA QUANDO NÃO HOUVER**

> vontade livre e consciente de injuriar alguém, atribuindo-lhe qualidade negativa. Segundo o entendimento majoritário da doutrina, é necessário, além do dolo, um fim especial de agir, consistente na vontade de ofender, denegrir a honra do ofendido — trata-se do *animus injuriandi*. **Inexiste o crime de injúria se o agente atua com *animus jocandi, narrandi, consulendi, defendendi, corrigendi vel disciplinandi***, ou, ainda, de acordo com a jurisprudência, se as expressões são proferidas em razão de discussão ou exaltação emocional, em virtude da ausência do elemento subjetivo do tipo.[2]

Isso posto, Vossa Excelência há de considerar o quanto segue:

(a) Além da absoluta inexistência do *animus injuriandi* — afinal, na qualidade de homossexual abertamente assumido, é absurdo pensar que este acusado tenha querido ofender ou menosprezar a masculinidade do autor;

(b) Salta aos olhos que a crítica feita por este acusado, especialmente por ser homossexual, gravitou toda ao redor do equívoco doutrinário difundido pelo próprio autor, pois, conforme restou demonstrado ao longo desta longa defesa, é insustentável a desinformação ventilada, voluntária e publicamente, quanto à realidade de um marxismo que encampe as pautas da militância identitária da diversidade, razão pela qual, dadas as titulações deste acusado, as únicas intenções da fala que se quer criminalizar são aquelas inerentes ao *animus corrigendi vel disciplinandi*, ao *animus consulendi* e ao *animus narrandi* — sem contar que, porque este acusado é, insista-se, homossexual, extrai-se da sua crítica ao autor também o chamado *animus defendendi*, pois, conhecendo a fundo a doutrina marxista, é de rigor que dela ou da

2 *Ibidem*, p. 226. Destaquei.

sua propaganda desinformadora reaja em defesa da sua própria identidade; e

(c) Naquilo que concerne à forma como a crítica foi proferida (tom de voz e cadência de fala): ela foi realizada com os habituais tom de voz e cadência de fala comuns à expressão do acusado e, se alguma leveza foi emprestada ao tema, o foi em razão do estilo habitual do acusado, fato que afasta, ainda mais, a hipótese de qualquer ilícito, uma vez que, dela, emerge o *animus jocandi* — aliás, ensina o professor Luiz Regis Prado: "não há como imprimir um caráter injurioso absoluto em determinado vocábulo ou gesto."[3]

Cabe, aqui, quanto à forma discursiva e às palavras contidas no discurso, frisar que, até mesmo para pensadores progressistas de maior relevo, pensar em palavras indizíveis ou, ainda, em um regramento que conjugue certas palavras a determinadas condutas para que um tema específico possa ser abordado, publicamente, sem judicialização é um esforço estúpido e desumano. Judith Butler, por exemplo, despreza um tal regramento quando trata da palavra "homossexual".

A filósofa retoma um antigo debate das Forças Armadas estadunidenses "acerca do que deveria ser considerado 'homossexual', de como distinguir a fala da conduta e se essa distinção seria possível ou deveria ser realizada." Para ela, a "regulamentação do termo 'homossexual' não é, portanto, um mero ato de censura ou silenciamento. A regulamentação reduplica o termo que procura restringir, e só pode efetuar tal restrição por meio dessa reduplicação paradoxal." Uma proibição dessa natureza, argumenta, evocaria "o ato de fala que procura restringir e permanece presa em uma produção circular e imaginária que ela mesma constrói."[4]

Como resultado, continua Butler, tal regulamentação "assumirá o papel daquele que é censurado ao mesmo tempo que assume a própria voz que censura, assimilando a representação dramática como uma maneira de estabelecer o controle sobre o enunciado."[5] Dentro ou fora do exemplo das Forças

---

[3] PRADO, Luiz Regis. *Curso de Direito Penal Brasileiro.* 19ª ed. Rio de Janeiro: Forense, 2021, p. 522.

[4] BUTLER, Judith. *Discurso de ódio: Uma política do performativo.* Trad. Roberta Fabbri Viscardi. São Paulo: Unesp, 2021, p. 215.

[5] *Ibidem*, p. 215-216.

Armadas, Judith Butler sustenta que o "fracasso da censura em efetuar uma censura completa do discurso (...) tem tudo a ver com (a) a incapacidade de instituir uma subjetivação completa ou total através de meios jurídicos e (b) a incapacidade de circunscrever de maneira eficaz o domínio social do discurso dizível."[6]

Nesse diapasão, conclui:

> a questão não está em saber o que eu poderei dizer, mas o que constituirá o domínio do dizível no qual eu poderei começar a falar. Tornar-se um sujeito significa estar sujeito a um conjunto de normas implícitas e explícitas que determinam o tipo de discurso que será lido como o discurso de um sujeito. Aqui, a questão não está em saber se certos tipos de discurso enunciados por um sujeito são censurados, mas em como certo exercício da censura determina quem será um sujeito dependendo se o discurso desse candidato à subjetividade obedece ou não a certas normas que governam o que é dizível e o que não é. Sair do domínio da dizibilidade é arriscar seu estatuto de sujeito. Incorporar as normas que governam a dizibilidade no discurso é consumar seu estatuto de sujeito do discurso. **Os "discursos impossíveis" seriam justamente as divagações dos associais ou o delírio dos "psicóticos" produzidos pelas regras que governam o domínio da dizibilidade e pelos quais elas são continuamente assombradas**[7].

Superado tal equívoco de uma absurda tecnicidade para o tratamento do tema *homossexualidade*, merece atenção, também, o mencionado elemento discursivo do *animus jocandi*.

Em obra consagrada como a principal referência doutrinária nacional quanto à responsabilidade jurídica dos meios de comunicação, Rogério Donnini e Oduvaldo Donnini perfazem uma lapidar abordagem:

> o mesmo sucede com a sátira, que integra o que se denomina direito de crítica. Sátira, do latim *satira*, significa mistura, o que deu origem na literatura romana a uma mescla de prosa e verso, uma composição

---

6 *Ibidem*, p. 216.

7 *Ibidem*, p. 219. Grifei.

> poética divertida, destinada a atacar os costumes, instituições, além dos equívocos e vícios de uma pessoa. Molière valeu-se da comédia como crítica à sociedade. Com humor, dirigiu ataques à burguesia e ao Clero. Em sua obra *Tartufo*, fez constar a frase latina *ridendo castigat mores* (rindo se castigam os costumes, ou os costumes são corrigidos pelo riso), que exprime com precisão o que deve ser uma sátira. É uma espécie de humor em que o comportamento de uma pessoa, considerado impróprio, resulta em uma chacota, zombarias. Trata-se de um ato de liberdade e, antes de tudo, de civilidade, próprio daqueles que têm senso de humor, normalmente pessoas consideradas inteligentes, que agem ou se expressam com *animus jocandi*, pois o que diferencia o ente humano dos animais, entre outras coisas, é o riso, uma virtude necessária ou mesmo indispensável no jogo da vida.[8]

Assim, portanto, concluem os professores Rogério e Oduvaldo Donnini: "em tese, diante de seu caráter humorístico, a sátira, por existir uma proteção constitucional pela liberdade de expressão, prevalece em relação a outros direitos fundamentais eventualmente violados."[9]

É oportuno destacar que esse entendimento se ampara em pacífica jurisprudência, da qual são paradigmáticas as seguintes decisões:

> liberdade de expressão e pluralismo de ideias. Valores estruturantes do sistema democrático. Inconstitucionalidade de dispositivos normativos que estabelecem prévia ingerência estatal no direito de criticar durante o processo eleitoral. Proteção constitucional às manifestações de opiniões dos meios de comunicação e a liberdade de criação humorística (STF, Pleno, ADI 4451, Rel. Min. Alexandre de Moraes, j. 21.06.2018).

> Inexiste conduta ilícita, ante o formato caricatural da sátira e da paródia feitas pelo programa, não havendo qualquer caráter ofensivo (TJRJ,

---

8 DONNINI, Rogério; DONNINI, Oduvaldo. *Responsabilidade civil dos meios de comunicação*: *Imprensa livre, mídias sociais, pós-verdade, fake news e deepfake*. 3ª ed. São Paulo: JusPodivm, 2023. p. 70-71.

9 *Ibidem*, p. 71.

17ª Câmara Cível, Ap. 00352632720198190001, Rel. Des. Marcia Ferreira Alvarenga, j. 11.03.2020).

Em suma, se o crime de injúria é inexistente quando o agente se comunica com os *animi jocandi, narrandi, consulendi, defendendi e corrigendi vel disciplinandi*, despiciendo dizer que é impossível, juridicamente, cogitar de injúria racial — por óbvio, a injúria racial é, inicialmente, uma injúria e, mesmo que seja tipificada especialmente, a análise do componente racial somente tem cabimento caso proceda a hipótese pura da injúria.

Insista-se, porque expressão da mais lídima verdade: este acusado não cometeu injúria seja porque a sua crítica foi destinada à doutrina marxista, particularmente no que tange à sua intolerância aos homossexuais, seja porque este acusado é, abertamente, homossexual e conhecido defensor ferrenho da livre sexualidade — razão esta que revela, aliás, a impossibilidade de ter cometido injúria contra o autor, pois, na esteira da melhor doutrina, "o tipo legal exige uma determinada tendência subjetiva de realização da conduta típica."[10]

Ademais, mesmo se fosse crível que o autor desta ação, com o intuito de influenciar pessoas, defenda que militantes de direita sejam considerados uma subcategoria humana, sem direito à liberdade de expressão (nos moldes das políticas nazistas para judeus, homossexuais e ciganos) e, ao mesmo tempo, sinta-se maculado em sua honra subjetiva e em sua humanidade, ao ser confrontado por um homossexual que nada mais fez do que lhe opor a verdade — ao longo da história, o marxismo enviou homossexuais a campos de trabalho forçado para que se tornassem "homens" —, isso revelaria certo desvio de caráter do autor ou uma sensibilidade extremada. Ainda assim, não haveria que se falar em conduta criminosa deste acusado, pois, seguindo na esteira de Luiz Regis Prado, "a tipificação da injúria protege o sentimento pessoal de dignidade ou decoro, mas não alcança as exageradas suscetibilidades individuais, a excessiva sensibilidade da vítima."[11]

No que tange à suscetibilidade pessoal, não há que se pensar nem em injúria nem em difamação, pois, conforme demonstrado logo no início do Capítulo antecedente desta defesa, o autor não teve nem a honra subjetiva

---

[10] PRADO, Luiz Regis, *loc. cit.*

[11] *Loc. cit.*

(injúria) nem a objetiva (difamação) ferida, pois, caso tivesse, não teria produzido e divulgado material audiovisual — omitido nestes autos —, no qual transparece estar bastante satisfeito com o comentário deste acusado a quem busca, caluniosamente, incriminar

Nesse vídeo, que o próprio autor produziu e publicou em suas redes sociais no dia 2 de agosto de 2023 e no qual tece comentários (sorridentes e sarcásticos), intercalando-os a cortes da fala deste acusado — vídeo este que lhe rendeu cerca de meio milhão de visualizações e é, no período, O MAIS ASSISTIDO DO SEU CANAL NO YOUTUBE —, fica comprovado que a fala deste acusado em nada abalou o seu íntimo, uma vez que a reproduziu COM EXPRESSA E INDISFARÇADA GALHARDIA.

Da mesma forma, diante dos resultados obtidos com tal publicação, ou seja, por se tratar do vídeo mais assistido de seu canal dentro do período, obteve mais seguidores e mais fama dentro do seu público (razão pela qual é absurdo pensar que tenha sido vítima de difamação). Ademais, nos comentários desse vídeo, exibido como verdadeiro troféu pelo próprio autor, seus "influenciados" o tratam como herói e se referem a este acusado com desprezo, como *a bicha da direita* e coisas do gênero.

Afastada a hipótese de calúnia desde o primeiro momento desta ação e tendo sido a injúria também considerada fora de cogitação, cabe, por fim, concluir: é ridículo pensar em difamação.

Nas palavras de Nelson Hungria: "se digo, por exemplo, a propósito de um livro, que é um 'atestado de ignorância do seu autor', não incorro na sanção penal."[12]

II. Excludente de Ilicitude

Ad argumentandum tantum, ou seja, por mero amor ao debate, em que pese o fato de nenhuma difamação, sequer aparente, ter sido cometida por este acusado, importa, mais uma vez, trazer a exame a excludente de ilicitude prescrita no inciso II do artigo 142 do Código Penal.

Tal excludente, reitere-se, aplica-se aos casos de "opinião desfavorável da crítica literária, artística ou científica, salvo quando inequívoca a intenção

[12] HUNGRIA, Nelson. *Comentários ao Código Penal*. 5ª ed. Rio de Janeiro: Forense, 1979. v. VI. p. 124.

de injuriar ou difamar"; tudo em consonância com as garantias constitucionais às liberdades de manifestação do pensamento (CF/1988, artigo 5º, VII), das atividades intelectual, artística, científica e de comunicação (artigo 5º, IX), expressão, informação (artigo 220), ensino e divulgação do saber (artigo 206, II).

Nesse sentido, Rogério Donnini e Oduvaldo Donnini ensinam que a "alienação informativa não é recomendável numa sociedade civilizada (...). E a liberdade de expressão, manifestada por suas inúmeras facetas, notadamente o direito à informação, é fundamental para o desenvolvimento da sociedade de forma transparente e pluralista."[13]

Quanto às hipóteses de exclusão dos crimes de injúria ou difamação previstas no artigo 142 do Código Penal, os professores asseveram o melhor entendimento quanto ao caso destes autos:

> a notícia, portanto, difundida com exame de valores, passa a ser considerada crítica jornalística (*animus criticandi*). Sendo assim, o direito de crítica é o direito de opinião, que está protegido pela Lei Maior, no inciso IV do art. 5º. Desta forma, opiniões mais vigorosas, impiedosas ou mesmo divulgadas com ironia são permitidas e estão em sintonia com a liberdade de imprensa.[14]

Da mesma obra, merecem transcrição os argumentos a seguir:

> a crítica possui um juízo de valor ao examinar uma dada obra e representa uma manifestação de criação intelectual, no momento que indica seus erros ou acertos. A possibilidade de discordância de uma posição política, científica ou artística é ato de liberdade, o que significa dizer livre expressão da atividade de comunicação e da crítica jornalística. Existe, dessa forma, um dispositivo específico que garante o direito de crítica jornalística, que é consectário da atividade comunicativa.[15]

---

13 DONNINI, Rogério; DONNINI, Oduvaldo, *op. cit*, p. 64.

14 *Ibidem*, p. 69.

15 *Ibidem*, p. 72.

Dentro da mesma temática, a irretocável lição de Luiz Regis Prado: com o objetivo de "defender elevado interesse da cultura, que é resguardar a liberdade de crítica em relação às ciências, artes e letras, indispensável ao aperfeiçoamento dessas manifestações superiores do espírito e à segurança do julgamento histórico sobre elas", a análise crítica não pode nem deve ser punida, "por mais rigorosa que seja", nem circunscrita "à determinada obra, mas abrangendo, também, o seu autor e a sua produção em geral."[16]

Destacadas das análises meramente narrativas, humorísticas e consultivas, no que tange às análises críticas ou informativas (caso destes autos), o professor destaca o quanto segue:

> se a par do *animus criticandi* ou *informandi* há, também, o propósito de ofender, é possível invocar a exclusão da ilicitude se, da ponderação de interesses, prevalece a liberdade de expressão ou informação sobre o direito à honra. E para que as liberdades de expressão e informação preponderem, não basta que seu exercício vise contribuir para a formação da vontade política da comunidade, mas é preciso, ademais, que a informação seja veraz e que as expressões desonrosas sejam necessárias para o exercício de tais liberdades.[17]

Logo, mesmo que existisse, no caso em debate, algum resquício de *animus difamandi* (em absoluto, não há), os *animi criticandi et informandi*, diante de tudo o que, aqui, se expôs, seria privilegiado e conduziria o caso à hipótese excludente.

III. A Vida nas Redes e a Exposição Voluntária com a Intenção de Influenciar

Cito, uma vez mais, a doutrina do professor e amigo Fernando Capez, com especial destaque para a seguinte sentença lapidar e fundamental ao dilema discutido nestes autos:

---

[16] PRADO, Luiz Regis, *op. cit.*, p. 528.

[17] *Ibidem*, p. 528-529.

> aquele que expõe a sua obra ao público está sujeito à censura, ao risco da crítica. É o denominado risco profissional.[18]

A lição do professor Capez explicita a consequência jurídica no exercício do direito fundamental à liberdade de opinião por quem quer que seja; afinal, é famosa a máxima de Winston Churchill: "não existe opinião pública, existe opinião publicada."[19]

A relevância da citada sentença do mais notório primeiro-ministro inglês é elevada à enésima potência em nosso tempo, haja vista que, na contemporânea era da sociedade em redes virtuais de informação, relação e indignação, o cidadão mais comum transforma-se em figura pública ao publicar, aberta e voluntariamente, a sua livre opinião. Nesse exercício, torna-se, consequentemente, alvo da livre crítica — em especial, quando o seu afã de se tornar um influenciador digital mistura-se com o seu despreparo científico relativo ao nicho de debate escolhido.

É o caso do autor da presente demanda.

Se, antes, como informam Rogério e Oduvaldo Donnini, por incômodo ou discordância "do enfoque jornalístico da matéria", já não existia pretensão jurídica legítima (de injúria e danos morais) em favor do cidadão comum que, voluntariamente, "tenha consentido na divulgação de sua imagem e veiculação de uma entrevista"[20], tal pretensão também é, hoje, inviável a qualquer um que, pública e voluntariamente, produz qualquer conteúdo nas plataformas digitais — principalmente com o intuito de influenciar terceiros.

É, repita-se, o caso do autor da presente demanda.

A problemática da *vida nas redes*, há mais de uma década, já é debatida, com o habitual brilhantismo, pelo jusfilósofo italiano Stefano Rodotà, especialmente porque, em sua análise, "às tecnologias da informação e da comunicação é confiada a tarefa de construir uma nova democracia cidadã a partir de baixo."[21]

---

18 *Ibidem*, p. 242.

19 *Apud* DONNINI, Rogério; DONNINI, Oduvaldo, *op. cit.* p. 73.

20 *Ibidem*, p. 212.

21 RODOTÀ, Stefano. *Il mondo nella rete: Quali i diritti, quali i Vincoli*. Roma: Laterza, 2014, p. 7. Tradução minha.

Via de consequência, é inevitável que essa reconfiguração do debate público também promova um rearranjo de direitos e obrigações, em especial naquilo que tange à liberdade de crítica em todas as suas modalidades, pois qualquer compartilhamento voluntário e público de qualquer conteúdo nas redes adquire a natureza jurídica de obra. É o que se extrai do pensamento de Rodotà:

> é justamente a transição (...) das redes sociais, que deu uma nova dimensão à relação entre democracia e direitos. As possibilidades de ação organizada foram enriquecidas, não só e não tanto do ponto de vista quantitativo, mas pela qualidade dos sujeitos que passaram a ser capazes de articular as relações sociais de uma nova forma e, ao mesmo tempo, dar origem a variadas formas de ação política individual e coletiva. Isso se faz tanto reproduzindo o modelo de manifestações públicas de massa (...) quanto inovando profundamente a presença das pessoas na cena pública. Ao usar a tecnologia cada vez mais intensamente, a vida sai da tela e invade, de uma nova forma, o mundo inteiro, redefine as esferas pública e privada e, progressivamente, desenha uma redistribuição de poderes. (...). O novo mundo da rede, o uso massivo da internet, portanto, não pode ser representado como uma descontinuidade radical, como a entrada em uma dimensão na qual traços do passado não podem mais ser encontrados. Pode-se argumentar que estamos vivendo uma fase de transição, onde o novo deve inevitavelmente conviver com o velho, cujo significado ele não deixa de transformar. Vejamos a relação entre lugares virtuais e reais: não há dúvida de que as praças, o lugar histórico da comunicação política — esvaziado da televisão — foram preenchidos novamente graças ao papel desempenhado pelas redes sociais, na verdade, cada vez mais o ativismo online promove encontros "físicos".[22]

Logo, não importa se o sujeito criticado por seu conteúdo voluntariamente disponibilizado em rede mundial seja jornalista ou não, comunicador ou não, artista ou não, tenha muitos seguidores ou não; ele estará sujeito às

[22] *Ibidem*, p. 7-9.

críticas, em especial, às críticas da imprensa, uma vez que, ainda na esteira Rodotà:

> a velha imprensa, dada como morta, coloca sua autoridade a serviço da nova internet. As revoluções também precisam de uma certa continuidade, não perdem completamente o contato com o *ancien régime*. E essa função da imprensa de "certificar confiabilidade" pode se tornar ainda mais importante quando se trata de informações e documentos cuja origem ou veracidade do conteúdo é duvidosa.[23]

Portanto, o filósofo italiano — pai da expressão "corpo eletrônico" — adverte àqueles que, como o autor da presente demanda, se expõem ao debate público através das redes:

> essa publicidade implacável dos espaços privados, essa exposição contínua a olhares desconhecidos e indesejados afetam o comportamento individual e social. Saber se escrutinar limita a espontaneidade e a liberdade. Ao reduzir os espaços livres de controle, somos forçados a nos trancar em casa e a defender ferozmente esse último espaço privado (...). É aqui que reside a mudança social. A vigilância está passando do excepcional para o cotidiano (...).[24]

Tal advertência é, cada vez mais, necessária à medida que mais e mais pessoas optam pela exposição nas redes com a intenção de influenciar o maior número possível de outros usuários. Pioneiro na análise sociológica da vida nas redes, Manuel Castells identificou, há muito, que a "chave do sucesso" no mundo de relações digitais "não é o anonimato, mas, pelo contrário, a autoapresentação de uma pessoa real conectando-se com pessoas reais."[25]

Esse fenômeno depende de uma escolha do usuário que, ao optar pela autoapresentação, passa a gozar do bônus e a responder pelo ônus de uma maior autonomia, cujo conceito é, conforme o sociólogo espanhol, ampliado:

23 *Ibidem*, p. 51.

24 RODOTÀ, Stefano. *Tecnologie e diritti*. 2. ed. Bologna: Il Mulino, 2021, p. 113. Tradução minha.

25 CASTELLS, Manuel. *Redes de indignação e esperança: Movimentos sociais na era da internet*. Trad. Carlos Alberto Medeiros. Rio de Janeiro: Zahar, 2013, p. 173.

> autonomia refere-se à capacidade de um ator social tornar-se sujeito ao definir sua ação em torno de projetos elaborados independentemente das instituições da sociedade, segundo seus próprios valores e interesses. A transição da individuação para a autonomia opera-se por meio da constituição de redes que permitem aos atores individuais construírem sua autonomia com pessoas de posição semelhante nas redes de sua escolha. Eu afirmo que a internet fornece a plataforma de comunicação organizacional para traduzir a cultura da liberdade na prática da autonomia. Isso porque a tecnologia da internet incorpora a cultura da liberdade, como mostra o registro histórico de seu desenvolvimento.[26]

Também em razão dessa nova realidade da dinâmica social, não merece prosperar, *in totum*, a pretensão do autor desta ação; pelo contrário, deverá ele responder pelo crime de denunciação caluniosa.

IV. Da Denunciação Caluniosa

Crime algum se extrai da narrativa do autor. Ou melhor, de todo o exposto nesta defesa, fica evidente que é o autor desta ação quem incorre, com ela, em prática penalmente tipificada, qual seja, a prática do crime de denunciação caluniosa contra este acusado.

Dispõe o artigo 339 do Código Penal brasileiro:

> Art. 339. Dar causa à instauração de inquérito policial, de procedimento investigatório criminal, de processo judicial, de processo administrativo disciplinar, de inquérito civil ou de ação de improbidade administrativa contra alguém, imputando-lhe crime, infração ético-disciplinar ou ato ímprobo de que o sabe inocente:
>
> Pena – reclusão, de dois a oito anos, e multa.

Se, na seara cível, uma pretensão ardilosa, isto é, sabidamente ilegítima, quando levada ao Poder Judiciário, pode ser condenada a título de litigância de má-fé, algo semelhante ocorre na esfera jurisdicional criminal.

---

[26] *Ibidem*, p. 172.

Em que pese a inexistência de previsão normativa dessa modalidade sancionatória no bojo do processo penal, a má-fé, porque é conduta humana, sempre existirá quando alguém pretender, das autoridades competentes à persecução criminal, medidas contra outrem sabidamente inocente.

Assim, mesmo inadmissível o pedido da condenação civil pela litigância de má-fé no processo penal,[27] a tradição jurídica brasileira, desde o Código Penal do Império (1830), considera essa prática um tipo penal autônomo, qual seja, o crime de *denunciação caluniosa* prescrito no citado artigo 339 do Código Penal em vigor.

Contudo, uma vez que o direito de petição é garantia individual constitucionalmente petrificada, aquele que apresenta uma *notitia criminis* requer a abertura de um inquérito policial ou uma sindicância e nada mais faz do que exercer um direito constitucionalmente garantido... E quem exerce um direito não pode, em razão de exercê-lo, ser condenado, pois o exercício de um direito não pode equivaler a uma conduta penalmente tipificada.

Portanto, a denunciação caluniosa, como bem prevê a redação do tipo, somente exsurge nos casos de exercício do direito de petição, um direito legítimo, quando o seu autor sabe que o acusado, de fato, não cometeu nenhum crime ou infração legal.

Porque saber o que o outro sabe só é possível através de poderes divinatórios, hipótese imprestável para o devido processo legal, a denunciação caluniosa é um crime de imputação delicada, de maneira que, tanto a doutrina quanto a jurisprudência, são uníssonas em reconhecer a evidência da *verdade subjetiva* para que seja descartada essa hipótese criminal.

Para que haja *verdade subjetiva*, mesmo que o acusado seja inocente ou a sua inocência seja declarada ao fim do processo, basta que o autor da demanda persecutória acredite, com sinceridade, na verdade das próprias alegações. É o suficiente para a eliminação do dolo da imputação.

Essa crença sincera, nas próprias alegações acusatórias, coincide com o chamado *erro escusável ou invencível* — e todo erro humano é escusável em

[27] "4. Esta Corte Superior firmou o entendimento de que não é cabível a imposição de multa por litigância de má-fé no âmbito do processo penal, porquanto sua aplicação constituiria indevida analogia *in malam partem*, haja vista ausência de previsão expressa no Código de Processo Penal. Precedentes. 5. Ordem parcialmente concedida somente para afastar a multa por litigância de má-fé aplicada pelo Tribunal de origem" (STJ, 5ª TURMA, HC 401.965/RJ, Rel. Min. Ribeiro Dantas, j. 26/09/2017, DJe 06/10/2017).

razão da ausência, em nós, da onipresença, da onipotência e da onissapiência. Aliás, porque a reserva mental é a última e impenetrável barreira dos nossos segredos, caso não existam elementos objetivos que provem o contrário, a mera aparência da verdade subjetiva será capaz de esconder e levar ao túmulo a má-fé de um peticionário que, sem que ninguém soubesse, sempre teve ciência da inocência do acusado.

Todavia, no caso em tela, dois elementos objetivos, que elidem a presunção da verdade subjetiva garantidora do direito de petição, são identificados da própria fala do autor da presente demanda (objeto da crítica deste acusado ao qual se pretende imputar o crime de injúria). São eles:

(1) A declaração expressa de "radical de esquerda, comunista"; e

(2) A exortação expressa em favor do rebaixamento humano através do silenciamento de um grupo de pessoas por motivos políticos.

Torna-se inegável, Excelência, através dessas duas afirmações públicas e voluntárias do autor, que a pretensão jurídica contida no exercício do seu direito de petição perfaz os requisitos exigidos pela norma que tipifica a denunciação caluniosa. Em outras palavras, o autor tem plena ciência de que este acusado não cometeu nenhum crime contra a sua honra, pois, objetivamente, é impossível crer na verdade das suas alegações.

Porque se declara, expressa e objetivamente, como "radical de esquerda, comunista", é certo que o autor tenha conhecimento do arcabouço bibliográfico trazido por este acusado nestes autos. Ele sabe, portanto, que o "virar homem", dito por este acusado, é o que se extrai do comunismo, que ele próprio defende, e não do pensamento deste acusado, que é figura pública e, da mesma maneira, publicamente homossexual.

Em acréscimo, a sua incitação à desumanização dos cidadãos de direita mediante a negativa de liberdade de expressão, além de incitar um crime contra a humanidade previsto no Estatuto de Roma — o que configura, em si, uma conduta criminal autônoma tipificada no artigo 286 do Código Penal —, revela que, além de estar ciente de que a crítica deste acusado foi correta e adequadamente acadêmica — afinal, trata-se o autor de um marxista tradicional em seus próprios termos —, a presente demanda é uma forma de colocar em prática o seu anseio militante.

Não bastassem esses dois elementos objetivos expressos pelo próprio autor contra a presunção da verdade subjetiva, acrescenta-se um terceiro. Como ensina Cezar Roberto Bitencourt, "não se pode perder de vista que o direito tem como uma de suas garantias o tecnicismo, ou seja, os termos jurídicos têm sentido técnico preciso e muito bem delimitado, sendo vedado dar-se-lhes sentido diverso, especialmente para criminalizar alguma conduta."[28]

Por derradeiro, cabe pontuar que a verdade subjetiva não pode ser confundida com a estupidez ou com a ignorância das leis. Se as partes são maiores e capazes, somente o erro escusável deve ser admitido para que não se reconheça a denunciação caluniosa. Caso contrário, a maior vítima seria este DD. Poder Judiciário e, via de consequência, a administração da própria Justiça.

[28] BITENCOURT, Cezar Roberto. *Código Penal comentado.* 9ª ed. São Paulo: Saraiva, 2015, p. 1508.

5. PEDIDOS

Diante de tudo o que resta exposto e, farta e fundamentadamente, comprovado na presente defesa, além dos votos de que o autor aprenda alguma coisa e deixe de ensinar o que não sabe, requer-se de Vossa Excelência:

(a) a improcedência absoluta, em decisão de mérito, aos pedidos do autor;

(b) a notificação do Ministério Público a fim de que se manifeste quanto ao possível crime de denunciação caluniosa cometido, eventualmente, pelo autor desta demanda;

(c) a condenação do autor no pagamento integral das custas e emolumentos judiciais aplicáveis; e

(d) a condenação do autor no pagamento de honorários de defesa a este acusado em valor a ser, justamente, arbitrado por Vossa Excelência.

Nestes termos,
pede e espera deferimento

São Paulo (SP), 21 de maio de 2024

PROF. DR. TIAGO PAVINATTO
OAB/SP Nº ████

A NAU DA MILITÂNCIA LGBT......+

Quem ganhar ou quem perder,
nem quem ganhar nem perder,
vai ganhar ou perder;
vai todo mundo perder

1. ORAÇÃO AO PROFESSOR CELSO LAFER

Perguntada "o que é a oração?", Santa Teresa do Menino Jesus responde, ternamente, que "é um impulso do coração, é o olhar simples lançado ao céu, é um grito de gratidão e amor, seja no meio da tribulação seja no meio da alegria."[1]

É esse o sentido desta introdução: ela é um impulso do meu coração. É expressão da minha gratidão e da admiração pelo magistério do professor Celso Lafer que, há vinte anos, em minha graduação nas Arcadas, incutiu, em mim, o lema que, prodigamente relembrado nas suas aulas de filosofia do direito, tornou-se a bússola da minha carreira jurídica em todas as suas frentes... E eu, vinte anos depois, também me tornaria professor de filosofia do direito.

"Parar para pensar" tornou-se a regra de ouro de toda a minha *economia jurídica* e, depois, da minha carreira como comunicador. "Parar para pensar" é um verdadeiro mandamento que se firmou como sendo o primeiro e o mais importante, anterior, inclusive, ao mosaico "amar a Deus sobre todas as coisas", pois, sem "parar para pensar", é impossível amar a Deus, ao próximo e a si mesmo genuinamente, isto é, com responsabilidade ética.

"Parar para pensar" é a verdadeira oração do homem moderno, seja de qualquer religião ou mesmo sem religião. É a oração realista, sem a qual nenhuma outra é real, pois, de fato, o poder de "parar para pensar" é a primeira bênção de Deus ao ser humano, diferenciando-o dos outros seres

1 SAINTE THÉRÈSE DE L'ENFANT-JÉSUS. *Histoire d'une âme: manuscrits autobiographiques*. Paris: Cerf/DDB, 1996, p. 390 (Manuscrit C, 25r. Tradução minha).

vivos, uma vez que nos permite, assim como o próprio Deus, criar coisas, imaginar, inventar. "Parar para pensar" é, antes de tudo, ser grato a Deus por esse presente que nos faz não apenas seres à Sua imagem, mas também à Sua semelhança.

O homem que não para para pensar condena a humanidade ao rebaixamento. É ingrato por esse dom divino e, porque é ingrato, é incapaz de amá-Lo e, menos ainda, de amá-Lo sobre todas as coisas.

A divina inspiração de Chesterton, Príncipe dos Conservadores Ingleses e Rei dos Paradoxos, ensina, n'*O Homem Eterno*, que a arte é a assinatura do homem. Em sua expedição imaginária a uma caverna pré-histórica (ilustrando, com fidelidade e ternura, as descobertas da arqueologia), depara-se com traçados grandes e expansivos, diferenciados por terras coloridas: eram desenhos ou pinturas de animais; era arte.

Fossem meros rabiscos, não seriam arte. São arte, porquanto mostram o domínio do movimento e do gesto de uma mão humana, da mão de um artista que, com uma técnica primeira, domina, ordena e diferencia os traçados atribuindo significado a eles. Isso revela o espírito experimental e aventuroso do artista, um espírito capaz e que busca realizar coisas difíceis.

Aos olhos sensíveis e prevenidos da estupidez, essas pinturas causam espanto pelo sentimento de que esse artista das cavernas, um homem tão distante de nós no tempo, esteja tão presente na sua obra, enquanto os animais retratados, ainda tão próximos de nós, parecem tão longe. A arte, a dominação de uma técnica que produz algo significativo, assim, é o que diferencia o homem das bestas.

E porque, como diz Chesterton, o cachorro não pintou melhor do que pintava quando era um chacal, bem como nem o cavalo selvagem não foi um impressionista nem o cavalo de corrida é, hoje, um pós-impressionista, é dessa capacidade de reproduzir ou inventar coisas em sombras ou formas significativas, que o ser humano se diferencia de todos os demais seres viventes neste mundo. O domínio da arte não existe em parte alguma, a não ser no ser humano, criatura verdadeiramente diferente de todas as outras criaturas, porque é, simultaneamente, tanto criador quanto criatura.

Essa verdade é tão verdadeira que, mesmo sem nenhuma crença religiosa, deve ser reconhecida sob a forma de algum princípio moral ou metafísico. Essa verdade tão divina nos ensina, a todos, que negligenciar a essência da arte é negligenciar a própria divindade; é rebaixar o valor da nossa existência; é aniquilar a nossa condição de titulares de direitos humanos fundamentais e universais. E não existiria arte se não pudéssemos parar para pensar. Afinal, parar para pensar já é, como dádiva da semelhança divinal (cuja característica essencial é a liberdade), uma arte.

Há mais de três séculos, ao fazer menção ao jornal que fundara, o *Bamberger Zeitung*, Hegel, um dos pilares da Filosofia ocidental, afirmou: "Das Zeitungslesen des Morgens früh ist eine Art von realistischem Morgensegen."[2] No Brasil, esse aforismo tornou-se popular através de uma tradução poética: *a leitura do jornal é a oração matinal do homem moderno.*

Filósofos não são, necessariamente, poetas — muito embora poetas (os bons, é claro) comumente sejam grandes filósofos. Ainda que o pensamento de Hegel seja poético, a tradução vulgarizada é incauta e, por isso, infeliz, pois, da mesma maneira que Maquiavel jamais escreveu a frase "os fins justificam os meios" nem Sócrates teria dito "só sei que nada sei", o filósofo de Stuttgart não fala em "oração matinal do homem moderno".

Fielmente traduzido para a língua portuguesa, Hegel afirma: ler (*Das lesen*) o jornal (*Zeitungs)* de manhã (*des Morgens*) cedo (*früh*) é uma espécie de (*ist eine Art von*) **bênção** (*segen*) matinal (*Morgen*) realista (*realistischem*). Ou, ainda: **ler jornal, logo cedo da manhã, é uma bênção matinal realista.** Como se pode perceber, Hegel não faz nenhuma menção expressa ao homem moderno. Igualmente, emprega o termo *segen* (bênção), e não *gebet* (oração). Se a oração é um pedido, uma invocação, a bênção, por seu turno, é, ao mesmo tempo, uma entrega e uma obtenção.

Enquanto a oração tem os contornos materiais de uma ação, uma mecânica — quer dizer, enquanto a oração coincide totalmente com o seu ritual e com ele se confunde (de forma que, com ele, se inicia e se encerra) —, a bênção, independentemente de qualquer ritual, tem natureza imaterial e está presente tanto em quem a dá quanto em quem a recebe. Mesmo sem depender de uma forma preestabelecida (ritual) para ser concedida ou de uma mecânica prescrita para ser recebida, a bênção, que prescinde dessa ação física, pode ser — inadvertidamente, é claro — confundida, ainda que jamais

---

2 HEGEL, Georg Wilhelm Friedrich. Aphorismen aus der jenenser zeit. In: HOFFMEISTER, Johannes (Hrsg.). *Dokumente zu Hegels Entwicklung*. Stuttgard-Bad Cannstat: Frommann, 1974, p. 360.

coincida com a mecânica ritualística, que apenas pode conter ou movimentar a bênção de natureza transcendental (extrafísica) para o mundo dos seres humanos de natureza física.

A materialidade da oração significa, ou melhor, viabiliza através de signos, o sentimento de desejo (metafísico) pelo bem imaterial, qual seja, a bênção que, por sua vez, é um bem imaterial (extrafísico, sobrenatural ou transcendental). A benção é o bem imaterial transcendental que responde corretamente a outro bem também imaterial, mas metafísico, que é o desejo humano.

É de se concluir, portanto, que uma oração (mecânica; material; fenomênica) contém um desejo (imaterial metafísico) de continuidade, de mudança (livramento ou surgimento) ou de definição diante de um futuro humanamente sempre indefinido e indecifrável (pode ou não vir a ser, daí sua qualidade metafísica). Por sua vez, uma bênção (imaterial transcendental) consiste em algo já definido de maneira sobre-humana (ou é ou não é; ou está ou não está, independentemente do desejo humano e, por isso, é transcendental, sobrenatural).

A relação apresentada entre oração, desejo e bênção é a mesma relação que se estabelece entre parar e pensar. Nesse sentido, a bênção hegeliana é uma bênção *sui generis*, pois se define como uma bênção realista, o que representa uma quebra paradigmática, pois, se a bênção é de natureza imaterial transcendental, em princípio, pode ser qualificada como verdadeira (que, simplesmente, existe), mas não como realista (que é real).

Realista (o mesmo ocorre com a palavra germânica *realistischem*, do texto original) é adjetivo derivado do substantivo feminino *realidade*, termo equivalente ao de origem latina, *realitas*, substantivo imparissílabo que, por sua vez, é formado pela junção do apelativo feminino (no latim, apelativo é um substantivo comum para a designação de elementos genéricos) *res* (que significa *coisa, coisa material, objeto, matéria, fato, acontecimento*) com o advérbio de afirmação e de modo *ita* (que é palavra primitiva e independente no latim e pode ser traduzida como *assim, deste modo, desta maneira*). "Realista" qualifica aquilo que, de fato e de alguma maneira, acontece, existe. Descreve algo, portanto, como coisa demonstrada ou demonstrável, fenômeno que é passível de explicação lógica, fato de resultado comprovado ou comprovável, coisa de experimentação ou de existência sabida, reconhecida, e assim por diante.

Prosseguindo com a sentença de Hegel — haja vista que a leitura do jornal pode nos situar de muitas coisas que acontecem, sejam elas desejáveis ou indesejáveis, esperadas ou inesperadas, imaginadas ou não —, a *realização* da bênção representa uma espécie de operação hipostática entre materialidade (realidade) e imaterialidade (bênção). Essa operação rebaixa a imaterialidade de natureza transcendental (porque divina e dogmática) à natureza metafísica que, a despeito de sua igual imaterialidade, é administrada pelo ser humano (pois o pensar é coisa sabidamente existente, experimentada pelo ser racional), que, ao pensar a realidade estrategicamente para determinados fins, sequencialmente escolhe e toma condutas de modo a ver realizada a bênção.

Ou seja, o pensamento hegeliano equaliza substantivos de naturezas diametralmente opostas e os insere, conjuntamente, no campo da metafísica e, ao afirmar que a leitura matinal das notícias é uma *bênção realista*, aposta na racionalidade humana como ferramenta para melhorar a adaptabilidade social por meio do pensamento ético e da subsequente aplicação da moralidade (atividade metafísica que realiza, isto é, transforma um bem imaterial em um bem material).

Sobre a metafísica, o filósofo madrilenho Ortega y Gasset ensina que vida de cada um de nós, seres humanos, "é, antes de tudo, deparar-se com o futuro. Não é o presente ou o passado a primeira coisa que vivemos; não: a vida é uma atividade que se executa para adiante, e o presente ou o passado se descobre depois, em relação a esse futuro."[3] Nesse diapasão, "eu" deve ser sinônimo de "outro(s)", de maneira que "nos deparamos com a desopilante evidência de que a homogeneidade de conceito implica, neste caso, a heterogeneidade de *ser*."[4]

Sob outro prisma, uma vez que a metafísica está nas convicções personalíssimas de cada um dos seres humanos, é correto dizer que ela se confunde com a ética. Ambas (metafísica e ética) podem ser definidas como *a atividade de parar para pensar*, um exercício fundamental do ser humano,

---

3 ORTEGA Y GASSET, José. *Lições de metafísica*. Trad. Felipe Denardi. Campinas: Vide Editorial, 2019, p. 54.

4 *Ibidem*, p. 80-81.

exaltado na obra de Hannah Arendt como o mais poderoso e eficiente instrumento contra os totalitarismos.

Diante das notícias, dos acontecimentos ou das ideias, parar para pensar, antes de agir, é um exercício de ética. Composta de um conjunto de convicções personalíssimas de um sujeito, a ética será falsa quando não for autônoma, profunda e não resistir à argumentação racional. Se ser ético é respeitar as próprias convicções, decorre que o respeito próprio somente pode ser alcançado a partir de uma ética verdadeira.

Logo, porque a vida humana é vida de relação (e realização), aquele que se respeita pretende externar a sua ética (elemento intrapessoal), realizá-la, portanto. Assim, se cada um pretende externar a própria ética na vida de relação, deparamo-nos com a necessidade de converter um elemento intrapessoal (dentro de mim) em um ato interpessoal (que parte de mim e afeta o outro).

Essa conversão é realizada pela moralidade, elemento igualmente personalíssimo que auto-orienta a conduta individual a partir da ética, ou seja, elege os meios de interação na vida de relação da pessoa também consciente da ética do outro, porque deseja realizar a sua essência, a sua ética, sabendo que o outro tem igual intenção. A moralidade, então, provém da ética, que é intrapessoal, mas se realiza de forma interpessoal, permitindo-nos concluir, desse modo, que a moralidade é o instrumento da ética.

"Parar para pensar" diante dos fatos, das notícias, dos discursos e dos nossos anseios é se dispor à grande benção realista. "Parar para pensar" quer dizer, resumidamente, parar para pensar o significado das coisas. Nesse sentido, o professor Lafer nos ensina que, por ser um ato questionador e problematizador, o parar para pensar exerce um efeito liberador sobre a faculdade do juízo, esta que é, de acordo com Hannah Arendt, a mais política das atividades mentais do homem.[5]

Infelizmente, nem todo profissional do direito teve a oportunidade de conviver, em sala de aula, com o professor Lafer. Infelizmente, *parar para pensar* é ação cada vez mais esquecida — ou depreciada — em nossos dias, muito em razão da moderna sociedade formatada em *redes de indignação e*

---

5 LAFER, Celso. *A reconstrução dos Direitos Humanos: Um diálogo com o pensamento de Hannah Arendt*. São Paulo: Companhia das Letras, 1988, p. 376.

esperança[6], na gentil denominação de Manuel Castells — redes que, lamentavelmente, corromperam-se pela violência de *legioni di imbecilli* em redes de indignação, ressentimento e ódio, que promovem, segundo Umberto Eco, "o idiota da vila a detentor da verdade."[7]

"Parar para pensar", particularmente, foi o que manteve meu *corpo fechado* ao feitiço progressista que lobotomiza homossexuais à militância ideológica identitária, levando-os a defender ideias e políticas indefensáveis e insustentáveis quando se para para pensar. Entretanto, a minha gratidão ao professor Lafer é anterior a esse ensinamento de sala de aula que me impediu de comungar com aqueles que desprezam a essência verdadeira da filosofia. Ela surgiu em 2003, no meu primeiro ano na Faculdade de Direito — um ambiente conservador e pouco receptivo a um sujeito como eu (um rapaz latino-americano sem dinheiro no banco, sem parentes importantes, vindo do interior e, ainda, *gay*). Naquele ano, o professor Lafer ensinava a todo o país que o fato de pertencermos, todos nós, a uma só espécie, a uma só raça, a raça humana, em nada prejudica o *direito à diversidade*[8] dos indivíduos e dos grupos. Essa lição, que escreveu um novo capítulo no tratamento jurídico do *racismo* no Brasil, embora destinada a um caso concreto de antissemitismo,[9] foi fundamental para que eu pudesse seguir adiante como um homossexual assumido e, assumidamente, de direita.

---

6 CASTELLS, Manuel. *Networks of Outrage and Hope: Social Movements in the Internet Age.* 2ª ed. Cambrige: Polity Press, 2015.

7 Em 10 de junho 2015, profetizando o fato de que a *internet* promove "lo scemo del villaggio a detentore della verità", disse Umberto Eco: "I *social media* danno diritto di parola a legioni di imbecilli che prima parlavano solo al bar dopo un bicchiere di vino, senza danneggiare la collettività." (Traduzimos: "As redes sociais dão direito de palavra a legiões de imbecis que, antes, falavam apenas no bar depois de um copo de vinho sem prejudicar a comunidade." Disponível em: https://www.huffingtonpost.it/2015/06/11/umberto-eco-internet-parola-agli-imbecilli_n_7559082.html. Acesso em: 22 jul. 2021.

8 Cf. LAFER, Celso. Parecer – O caso Ellwanger: Antissemitismo como crime da prática do racismo. STF, HC 82424/RS. *Revista de Informação Legislativa. Brasília*. a. 1. n. 162, abr.-jun./2004, p. 61-62. "Diz o art. 1 – 1 da Declaração da UNESCO que todos os seres humanos pertencem a uma única espécie, o que não exclui, como afirma o inciso II do artigo 1, o direito à diversidade de indivíduos e grupos. No seu artigo 2 – 1, a Declaração afirma que quaisquer teorias que contemplem a reivindicação de que grupos raciais ou étnicos são inerentemente superiores ou inferiores não têm fundamento científico e são contrárias aos princípios morais e éticos da humanidade."

9 STF, HC 82424-RS, Rel. Min. Moreira Alves, j. 17.09.2003.

Sem que o Professor Lafer soubesse — nem poderia imaginar —, incentivou-me, *par ricochet*, ao respeito próprio e à autenticidade, sem os quais não há dignidade.

Referida lição se encontra no seu histórico parecer oferecido, há duas décadas, nos autos do Caso Ellwanger perante o Supremo Tribunal Federal (STF). Assim, esta oração, sinal de gratidão e respeito, também toma forma peticionária, pois roga a Deus que a doutrina firmada pelo professor Lafer nesse caso — sem deixar de lado a insistente advertência do mestre: "Parar para pensar" — desça como fogo aos que debatem o assunto da homofobia. Além de ultrajante em termos jurídicos, o esquecimento dos contornos do tema debatido no mencionado Caso Ellwanger — inclusive pelos próprios ministros do STF ao julgarem, dezesseis anos depois, em 2019, o tema da *criminalização da homofobia*[10] — tem sido fonte de contínua insegurança jurídica, bem como brecha para injustiças e abusos de toda sorte.

A análise conjunta desses dois julgamentos (antissemitismo, em 2003, e homofobia, em 2019), à luz das lições do Professor Lafer aplicadas no primeiro caso, deixa claro que o Direito deve estar para a Justiça assim como um ordenamento jurídico deve estar para um sistema (de rigor, coeso).

Da maneira como a militância LGBT...+ opera, a bandeira da homofobia como crime diferenciado se tornou uma luta inglória, na qual, como disse, certa vez, uma presidente aloprada: "quem ganhar ou quem perder, nem quem ganhar nem perder, vai ganhar ou perder; vai todo mundo perder."

---

[10] STF em julgamento conjunto da ADO 26, Rel. Min. Celso de Melo, e do MI 4733, Rel. Min. Edson Fachin, mai.-jun. 2019.

2. RACISMO É TODA PRÁTICA DE DISCRIMINAÇÃO PRECONCEITUOSA

Um dos "objetivos fundamentais da República Federativa do Brasil" é "promover o bem de todos, sem preconceitos de origem, raça, sexo, cor, idade e quaisquer outras formas de discriminação." Assim dispõe o artigo 3º, IV, da Constituição Federal de 1988 — que, ademais, estabelece como princípio das relações internacionais brasileiras o repúdio ao racismo, no inciso VIII do seu artigo 4º. O documento também consagra de forma pétrea, entre os direitos e garantias fundamentais, o princípio da igualdade e o comando da não discriminação no *caput* do seu festejado artigo 5º ("Todos são iguais perante a lei, sem distinção de qualquer natureza"), bem como condena toda forma de tratamento desumano ou degradante — predicados inevitáveis a qualquer prática discriminatória — em seu inciso III e, no X, torna invioláveis a honra e a imagem de todas as pessoas — direitos da personalidade fatidicamente lesados de todo sujeito discriminado. Não bastasse, o inciso XLI do mesmo artigo é claro ao estipular que "a lei punirá qualquer discriminação", além de constituir, no XLII, a "prática do racismo" como "crime inafiançável e imprescritível".

Ora, muito embora o termo racismo seja empregado na linguagem do senso comum nacional para se referir ao preconceito em razão da cor da pele, é certo que, em decorrência do mencionado artigo 3º, IV, o mesmo não se pode dizer do vocabulário jurídico, quer dizer, do conceito constitucional de racismo, pois *verba cum effectu sunt accpienda*, ou seja, não contendo a lei palavras inúteis — exigência ainda maior quando se trata da Carta Magna—, a expressão "racismo" empregada no inciso LXII do artigo 5º não pode ter, obrigatoriamente, outro significado senão o de *preconceito étnico, social, sexual, físico, etário ou de qualquer outra natureza.*

Descartar esse entendimento é tornar inútil o elenco exemplificativo do artigo 3º, IV, em especial, da expressão "quaisquer outras formas de discriminação" — expressão essa que se repete no texto do artigo 5º, LXI.

Em outros dizeres, além de tornar os textos de trechos pétreos da *Lex Legum* inúteis, defender que a palavra "racismo" do referido inciso LXII somente se liga aos critérios de cor e etnia é defender, necessariamente, que a própria Constituição da República pratica discriminação contra todas as "outras formas de discriminação", uma vez que estas restariam desproporcional e inconstitucionalmente diminuídas diante dos critérios de etnia e cor (*desigualando desiguais nas suas igualdades, portanto*), como se o constituinte desprezasse ou tivesse qualquer preconceito em relação às demais — uma torpeza que não pode ser cogitada, pois, além da sua antijuridicidade, contraria o espírito constitucional de formar, conforme o Preâmbulo da própria *Lex Legum* que deve estar refletido em cada uma das disposições ao longo de todo o seu extenso texto, "uma sociedade fraterna, pluralista e sem preconceitos".

Por fim, dentre os direitos assegurados à criança e ao adolescente, no artigo 227, a Lei Maior também se propõe a colocá-los a salvo de toda discriminação, concedendo destaque, no inciso II do §1º deste mesmo artigo, aos portadores de qualquer deficiência e, no §6º, aos filhos nascidos fora da relação matrimonial.

Antes do novo capítulo de nossa República, inaugurado com a Constituição de 1988, o racismo foi considerado contravenção penal no último Governo Vargas a partir da Lei nº 1.390, de 3 de julho de 1951 (a famosa Lei Afonso Arinos), que se valia dos critérios de *raça* e *cor*, ambos repetidos pelo legislador que atendeu ao comando constitucional atual através da Lei nº 7.716, de 5 de janeiro de 1989, popularmente conhecida como Lei do Racismo, que tornou essas ações discriminatórias crimes de fato. Apesar de repetir tais critérios, conforme exposto, eles já surgiram superados, uma vez que o conceito constitucional de racismo abrange toda forma de discriminação.

Já no ano seguinte, 1990, e ainda a despeito do entendimento constitucional, a chamada Lei do Racismo teve ampliadas as hipóteses de aplicação com a inserção, ao lado de *raça* e *cor*, de etnia, religião e procedência nacional.

Mais tarde, em 1997, são criados casos qualificados para o crime de "(p)raticar, induzir ou incitar a discriminação ou preconceito", conforme previsto no artigo 20 (destaco, entre eles, a hipótese de serem difundidas por qualquer meio ou publicadas de qualquer forma). Além disso, foi inserido, no Código Penal, o §3º ao artigo 140, que se refere ao tipo vulgarmente conhecido como "injúria racial" (sendo mais acertada a expressão *injúria discriminatória*).

Com relação a esses dois crimes, é necessário mencionar que a jurisprudência tem diferenciado a *prática* da lei especial do tipo inserido na codificação, argumentando que o *crime de racismo* (Lei nº 7.716, art. 20) é um crime contra a coletividade — ainda que não seja incorreto sustentar que ele se aplique contra ato individualmente determinado —, ao passo que a *injúria discriminatória* (CP, art. 140, §3º) é cometida contra indivíduos determinados.

Em 2023, a Lei nº 14.532 fez a injúria racial migrar do Código Penal para a Lei do Racismo e, nela, promoveu alguns acréscimos, sem alterar, contudo, o "cardápio" das hipóteses raciais protegidas pela norma jurídica. O feito coube ao STF que, sem o brilhantismo jurídico de outrora — em 2003, ao debater a questão no Caso Ellwanger, talhou perfeita definição jurídica ao racismo, conceito que acabou menosprezado por uma composição pouco notável do STF atual —, inseriu, nesse rol, a homofobia e a transfobia de uma maneira midiática e, filosoficamente, tão empobrecida que, a qualquer momento e a depender da direção do vento, poderão deixar de ser racismo.

Por fim, a temática do racismo se repete expressamente no Código Penal também como qualificadora do crime de *redução a condição análoga à de escravo* (artigo 149, §2º, II) e, convém destacar, afeta todo o texto dessa codificação: *a prática discriminatória reflete em todos os crimes ali previstos*, uma vez que, de acordo com o artigo 61, II, a, o *motivo torpe* (e toda prática discriminatória é, por natureza, torpe) é circunstância que sempre provoca o aumento da pena — e, mais do que agravar a condenação, qualifica os crimes de *homicídio* (artigo 121, §2º, I) e de *induzimento, instigação ou auxílio ao suicídio ou à automutilação* (artigo 122, §3º, I).

Como se nota, o ordenamento jurídico brasileiro já cumpre, a contento, o comando constitucional de combate a toda forma de discriminação. Se a problemática inicial gravitou em torno da ponderação entre a não discriminação e as liberdades também elencadas no artigo 5º da Constituição, em um segundo momento, a definição de racismo, o seu conteúdo jurídico — especialmente quando definitivamente constatada a inexistência de raças pela ciência, mas só uma raça humana —, foi questão superada no ano de 2003 pelo STF, que acolheu toda a fundamentação trazida pelo professor Celso Lafer, atuando como *Amicus Curiæ*[1], em seu parecer no Caso Ellwanger.

---

1 *Amicus Curiæ* ou *amigo da corte* (ou, ainda, *amigo do tribunal*) é expressão em latim que se refere à autoridade ou instituição que fornece subsídios a órgão decisório do Poder Judiciário em casos concretos de proporções relevantes e de grande impacto social. Surgiu expressamente no ordenamento jurídico brasileiro com a Lei nº 9.868/1999, que trata das ações direta de inconstitucionalidade e declaratória de constitucionalidade, muito embora outros dispositivos já previssem atuação semelhante: o artigo 32 da Lei nº 4.726/1965 (Junta Comercial), o artigo 31 da Lei nº 6.385/1976 (CVM), bem como os artigos 57, 118 e 175 da Lei nº 9.279/1996 (INPI). Hoje, na vigência do Código de Processo Civil de 2015, esse instrumento passou a ser tratado através do seu artigo 138: "O juiz ou o relator, considerando a relevância da matéria, a especificidade do tema objeto da demanda ou a repercussão social da controvérsia, poderá, por decisão irrecorrível, de ofício ou a requerimento das partes ou de quem pretenda manifestar-se, solicitar ou admitir a participação de pessoa natural ou jurídica, órgão ou entidade especializada, com representatividade adequada."

3. ELLWANGER, O NAZISTA BRASILEIRO

Por maioria de votos, em 17 de setembro de 2003, o STF não concedeu *habeas corpus* a Siegfried Ellwanger, que pretendia ver reconhecida a atipicidade de sua conduta como crime de racismo. Ellwanger publicara, em 1989, diversos livros de conteúdo abertamente antissemita, tendo sido representado por crime de racismo em 1990. Alegava seu pedido que *judeu não é raça* e, por tal motivo, não poderia ter cometido crime de racismo.

No acórdão que julgou o *habeas corpus* de autos nº 82424-RS, ficaram vencidos os votos do relator, o ministro Moreira Alves, e os dos ministros Carlos Ayres Britto e Marco Aurélio Mello. Resumidamente, apesar das manifestações de contrariedade à discriminação, defenderam a atipicidade da conduta de Ellwanger, pois, à época dos fatos, inexistia tipificação do antissemitismo como forma de *racismo*; para eles (mal interpretando, pois, o texto constitucional anterior é superior à lei penal), limitava-se à cor, à raça. Os outros oito ministros (Maurício Corrêa, Celso de Mello, Gilmar Mendes, Carlos Velloso, Nelson Jobim, Ellen Gracie, Cezar Peluso e José Paulo Sepúlveda Pertence), na esteira do parecer do professor Lafer, indeferiram o pedido e trouxeram à ordem jurídica nacional o que se chamou de conceito estendido de raça.

O ministro Maurício Corrêa, tendo insistido que o racismo se origina de processo político-social de intolerância a uma coletividade de indivíduos que se diferenciam por suas especificidades socioculturais, amparado em documento da UNESCO de 1978, estabeleceu, em seu voto, que o conceito constitucional de *racismo* é o conceito antropológico de raça social definida por indicador físico ou cultural.

Destacando a gravidade da intolerância e das práticas discriminatórias contra grupos minoritários, o ministro Celso de Mello recorreu, diversas vezes, às palavras do professor Lafer para dizer que o conteúdo jurídico do racismo "reside nas teorias e preconceitos que estabelecem diferenças entre grupos e pessoas, a eles atribuindo as características de uma 'raça' para discriminá-las", de modo que "raça é uma construção histórico-social, voltada para justificar a desigualdade." Citando, ainda, o professor Lafer, o ministro conclui que "os judeus não são uma raça, mas também não são raça os negros, os mulatos, os índios e quaisquer outros integrantes da espécie humana que, no entanto, podem ser vítimas da prática do racismo. É o caso, por exemplo, dos párias na Índia."[1] De fato, também recorrendo ao iluminado parecer, o ministro entendeu que não se pode reduzir o bem jurídico tutelado sob pena de estarmos diante de "um crime impossível pela inexistência do objeto: as raças."[2]

Por sua vez, o ministro Gilmar Mendes também transcreveu, em seu voto, o parecer do professor Lafer para afirmar que "discutir o crime da prática do racismo a partir do termo raça (...) é uma maneira de reduzir e, no limite, esvaziar completamente o conteúdo jurídico do preceito constitucional consagrado pelo art. 5º, XLII" da Constituição da República, pois "o conteúdo jurídico do crime da prática do racismo reside nas teorias e preconceitos que discriminam grupos e pessoas", que nada mais fazem do que exercer seu "direito à diversidade".[3] Em acréscimo, o ministro fundamentou seu voto trazendo importante decisão da Corte Europeia de Direitos Humanos (55-1997-839-1045) que condenou os chamados *discursos de ódio*[4] a partir da ponderação entre a liberdade de expressão e a proibição do abuso do direito.

Concluindo que nenhuma liberdade está acima da dignidade humana, o ministro Carlos Velloso extraiu dos argumentos perfilhados pelo professor Lafer, a partir de sua análise da Declaração da UNESCO, que o racismo não está no conceito de raça, pois o fato de pertencermos a uma única espécie

---

1 Transcrições do parecer do professor Celso Lafer, STF, HC 82424-RS, Rel. Min. Moreira Alves, j. 17.09.2003, fls. 626(301).

2 *Idem*, fls. 627(302).

3 *Idem*, fls. 648(342).

4 Nesse sentido, confira-se GOMES, Fabrício Vasconcelos; SALVADOR, João Pedro Favaretto; LUCCAS, Victor Nóbrega (Coord.). *Discurso de Ódio: Desafios jurídicos*. São Paulo: Almedina, 2020.

não anula o direito à diversidade de pessoas e de grupos. No mesmo sentido, fizeram coro os ministros Nelson Jobim, Ellen Gracie, Cezar Peluso e Sepúlveda Pertence.

Esse entendimento, aliás, já era conhecido e filosoficamente incontroverso: Hannah Arendt, em *Race-Thinking before Racism* (1944), encontra na obra do Conde Arthur de Gobineau (1853) a base fundamental do racismo, ou seja, a impostura científica redutora de qualquer expressão espiritual ou fenômeno cultural[5] que, posteriormente, possibilitou a organização das personalidades inatas do romantismo alemão para defini-las como membros de uma aristocracia natural,[6] bem como constituiu a potente ideologia de qualquer política imperialista.[7]

Cabe, aqui, uma curiosa digressão: porque a ideologia racista se firma a partir dos escritos de Gobineau, no Brasil, especificamente, o conceito (pejorativo) de raça alcança cada um dos brasileiros natos. Ou seja, o racismo, por aqui, é universal, de maneira que qualquer prática discriminatória contra qualquer brasileiro em razão de qualquer critério deve, de rigor técnico, ser classificada como racismo.

Convém explicar melhor: diplomata francês, o filósofo e escritor Arthur de Gobineau fora nomeado ministro de seu Soberano no Brasil, em 1868. Aqui instalado, surpreendeu-se com o fato de o Imperador D. Pedro II já conhecer a sua obra. Tornaram-se, então, amigos — e a amizade perdurou até a morte do Conde, em 1882. Apesar de Gobineau se referir a Pedro II como "o príncipe mais inteligente e erudito que existe",[8] o brasileiro não restou imune das suas considerações raciais. Certa feita, escreveu Gobineau sobre Pedro II: "Descobri, sobretudo, que, quando não concorda comigo, lança-me, sem uma palavra, um certo olhar de soslaio, carregado de um orgulho e de uma frieza tipicamente castelhanos, e cheirando à casa da Áustria, com a qual tem laços de sangue. Nessas ocasiões, lembra espantosamente os Felipes de Velásquez."[9]

---

5 ARENDT, Hannah, *Il razzismo prima del razzismo*. Trad. Massimo De Pascale. Roma: Castelvecchi, 2018, p. 41-42.

6 *Idem, ibidem*, p. 47.

7 *Idem, ibidem*, p. 6.

8 cf. RAEDERS, Georges. *O inimigo cordial do Brasil: O Conde de Gobineau no Brasil.* São Paulo: Paz e Terra, 1988. p. 46.

9 *Ibidem*, p. 80.

Nada que se comparasse, no entanto, com a descrição que fazia dos súditos, o povo brasileiro: "Já não existe nenhuma família brasileira que não tenha sangue negro e índio nas veias; o resultado são compleições raquíticas que, se nem sempre repugnantes, são sempre desagradáveis aos olhos"[10] (*loc. cit.*, p. 90). Não bastante, em carta a Marie Dragoumis, datada de 1869, recorreu ao marujo Simbá dos contos d'*As Mil e Uma Noites* para afirmar que os brasileiros são "macacos extremamente feios", governados por um Imperador, pelo menos este, humano.[11]

Em suma, para o teórico inaugural do racismo, *todo e qualquer brasileiro é de raça inferior*, razão pela qual, no sentido mais literal do termo, *discriminar qualquer um dos brasileiros, por qualquer motivo, configura racismo.*

Volto ao julgamento do Caso Ellwanger.

Deveras, dúvidas não restaram sobre o conceito jurídico de *raça*, o qual sintetizo como *determinada característica biológica (genotípica ou fenotípica), vocacional, sentimental, de pensamento ou sociocultural, que é diferenciadora e, político-socialmente, definidora de um indivíduo ou de qualquer grupamento humano por ela identificado* — um conceito abstrato que, por si só, é capaz de resolver, juridicamente, todo problema acerca dos critérios e das hipóteses para o combate à discriminação exigido pela Constituição (e efetivado através da Lei nº 7.716 e do Código Penal), além de esclarecer um pouco mais sobre o conteúdo da dignidade da pessoa humana e definir limites para o exercício das liberdades fundamentais.

Em resumo, a partir dos argumentos do professor Lafer no debatido acórdão de 2003, fica explícito que o racismo de que fala o artigo 5º, LXII, da Constituição encerra toda forma de preconceito revelado nas práticas discriminatórias e, consequentemente, revelam-se meramente exemplificativas (e desnecessárias) as hipóteses ou os critérios elencados no artigo 1º da Lei nº 7.716 para efeitos de responsabilidade penal em todos os crimes nela tipificados. Ou seja, todo tipo de preconceito expressado em ações discriminatórias deve ser castigado — mas nem todos perceberam; ou, o que é pior: quase ninguém.

---

10 *Ibidem*, p. 90.

11 *Ibidem*, p. 78.

4. HOMOFOBIA COMO RACISMO SUBSIDIADO

Apesar dessa construção conceitual levada a estado da arte em 2003, o mesmo STF, em 2019, decidiu outro caso de discriminação e preconceito de forma nada condizente. Em outras palavras: usou aquelas mesmas bases sobre as quais ergueu o conceito estendido de raça para decidir de maneira aparentemente igual, mas essencial e diametralmente oposta.

De fato, alguns ministros até recordaram e citaram aquele acórdão histórico, mas o aplicaram de maneira absolutamente equivocada; ou seja, ele foi utilizado como premissa da qual se extrai conclusão incompatível, como fundamentação para uma decisão que, o que é pior, esvaziou o seu conteúdo, apresentando-se como a entidade absurda do *entendimento que não entende*. Mais do que essa incompatibilidade indelével, mas sutilmente operada, angustiou-nos o fato de não ter sido ela percebida por unanimidade substancial.

O motivo dessa conclusão mais recente, talvez, além da vaidade instantaneamente saciada pela repercussão midiática e, principalmente, através das redes virtuais — realidade impensável em 2003, mas onipresente e insuperável em 2019 —, tenha sido certo medo de enfrentar a ferocidade da reação imediata dessas redes de indignação orquestradas pelo identitarismo militante que é, quase sempre, amparado por célebres formadores de opinião eticamente irresponsáveis e moralmente esquizofrênicos. Essas qualidades — cujo conteúdo e denominação são dados por Ronald Dworkin[1] — são compartilhadas com os grupos identitários, que, protegidos desde 2003, revelaram a mais completa falta de noção jurídica sobre a proteção de que já

[1] DWORKIN, Ronald. *Justiça para ouriços*. Trad. Pedro Elói Duarte. Coimbra: Almedina, 2016.

gozavam. Movidos por vaidade midiática, ressentimento irado ou necessidade de opressão eterna, festejaram a anulação da própria proteção definitiva e, consequentemente, comemoraram (ao que parece, sem saber) a brecha aberta para identitarismos rivais validarem seu preconceito.

No que diz respeito ao caso, em 23 de maio de 2019, o STF formou maioria quanto ao entendimento da possibilidade de enquadrar a homofobia e a transfobia (economicamente chamadas de *homotransfobia*) no crime de racismo previsto no artigo 20 da já citada Lei nº 7.716 — e, em agosto de 2023, acomodou tais nomenclaturas discriminatórias no tipo penal da injúria racial. A decisão não causaria espanto se ela se limitasse a essa apresentação, isto é, a de dizer que a homotransfobia, simplesmente, é, ao fim e ao cabo, racismo.

Assistindo à mencionada sessão de julgamento e, na contramão de todos os outros homossexuais — tanto os que comemoravam quanto os que lamentavam o rumo dos acontecimentos naquela noite de maio — qual não foi o meu desconforto ao perceber o grave equívoco da decisão que se firmava... O Pretório Excelso julgava a Ação Direta de Inconstitucionalidade por Omissão (ADO) 26 proposta pelo então Partido Popular Socialista (PPS) contra o Congresso Nacional em 2013,[2] bem como, conjuntamente, o Mandado de Injunção (MI) 4733 impetrado pela Associação Brasileira de Gays, Lésbicas, Transexuais e Intersexos (ABGLTI) em 2012.[3]

Em apertada síntese, na ADO 26, alegava-se a existência de ordem constitucional para que se legisle criminalmente sobre a homotransfobia. Assim, queria-se saber se havia mora inconstitucional do Congresso Nacional acerca dessa criminalização específica e se era possível a aplicação subsidiária da Lei nº 7.716. Já no MI 4733, sustentava-se que a Constituição da República permitia a sua impetração visando à criminalização específica dessas condutas, pois, sem tal tipificação, homossexuais e transexuais não poderiam exercer, de fato, as prerrogativas inerentes à cidadania nem gozar de dignidade.

Alegava-se, nesse sentido, a existência de ordem constitucional para legislar, criminalmente, uma ordem que não só obriga o legislador a percorrer o tema, mas que, também, já define, de antemão, o resultado da votação: *aprovar ou aprovar*. Ambas as proposituras, por fim, requeriam a condenação

---

2 STF, ADO 26, Rel. Min. Celso de Melo.

3 STF, MI 4733, Rel. Min. Edson Fachin.

do Estado brasileiro, até que não surgisse tal legislação específica criminalizando as práticas homotransfóbicas, em indenizar todas as suas vítimas.

Afastada unicamente a pretensão indenizatória, o STF não reconheceu a aplicação "subsidiária" da Lei nº 7.716 para os casos de homotransfobia enquanto não for aprovada lei que os criminalize especificamente — ou seja, *razzismo ma non tropo*. Além disso, de maneira canhestra, não reconheceu que o Congresso Nacional se encontra em mora inconstitucional para tanto. Esse episódio revela despreparo da militância, seu profundo desconhecimento do sistema jurídico e a incompreensível conduta dos ministros do STF que, contrariando seus próprios e históricos entendimentos, nos arrastaram para um limbo jusfilosófico repleto de almas bipolares ora positivistas ora interpretativas.[4]

Diante do fato consumado, tratei meu desconforto, por telefone, com a professora Janaína Paschoal — para aqueles que não sabem, a professora trabalhou no Caso Ellwanger ao lado do Professor Miguel Reale Júnior — que, muito embora tenha concordado comigo, na mesma oportunidade, advertiu-me: "Mas acho que nem o povo do direito vai compreender. Esse raciocínio requer conhecer Ellwanger no detalhe..."

Como diz o cancioneiro, "as aparências enganam aos que odeiam e aos que amam": apesar dos efusivos aplausos midiáticos progressistas, o acórdão, golpe impreciso e equivocado contra a discriminação, não passou de aparente vitória dos homossexuais e transexuais e, ao mesmo tempo, derrota, também apenas aparente, dos homotransfóbicos — estes, ao fim e ao cabo, os reais vitoriosos. Apesar da aparente boa intenção dos ministros do STF, eles parecem ter esquecido que o inferno, dela, está cheio.

De qualquer maneira, além do indisfarçado despreparo técnico e tático, a militância LGBT...+ (sigla crescente que, indiscriminadamente e a despeito do sinal de soma, vem abarcando toda e qualquer minoria sexual em razão do manifesto desejo, da identificação de gênero ou da formatação genital exógena ou reprodutora endógena) insiste em negar, com veemência, o

---

4 Ao analisar a natureza do direito, Dworkin considera duas teorias principais: (i) o "positivismo legal", que declara absoluta independência entre direito e moral e no qual, se uma lei aprovada, ela se torna realmente lei; e (*ii*) o "interpretativismo", que nega que direito e moral sejam sistemas totalmente independentes e afirma que o direito inclui não somente as regras específicas promulgadas, "mas também os princípios que fornecem a melhor justificação moral para essas regras promulgadas" (DWORKIN, Ronald. *Justiça para ouriços*, *op. cit.*, p. 410-411).

equívoco da ideia de uma lei que trate, especificamente, da homotransfobia, ou seja, de maneira apartada (mesmo que *a latere*) das outras formas de discriminação e fora do conceito social (e constitucional) de racismo, firmado em 2003 a partir do parecer do professor Lafer.

5. A NAVALHA DO MANDADO DE INJUNÇÃO

Valiosas são as ponderações de Roberto Campos sobre a Constituinte e a Constituição Federal de 1988: "misto de panaceia e paixão" de seus elaboradores[1] que, "como pianistas do Titanic, arranjando a partitura e ajeitando a banqueta, enquanto o navio afunda",[2] imprimiram verdadeiro "toque de surrealismo" no documento com o intuito de criar "condições mágicas para a resolução de vetustos problemas". Campos vê em nossa Lei Maior um "catálogo de utopias" e uma "gaveta de sonhos", "um regulamento enxundioso, descendo a minúcias como a caça das baleias, o conforto das prisões, a construção de creches, o transplante de órgãos, os cemitérios religiosos"; um regulamento que é

> ao mesmo tempo inaplicável e autoaplicável. Inaplicável, porque mais de 90% dos artigos são normas de eficácia limitada, que dependem de lei ulterior. Autoaplicável, porque se cria uma figura do 'mandado de injunção' (art. 6º), que assegurará direitos, mesmo na falta de norma regulamentar. Esse mesmo artigo permite a ação de inconstitucionalidade contra omissão. O país será quintessencialmente um país litigante. Os causídicos encontraram afinal seu paraíso.[3]

---

[1] CAMPOS, Roberto. *A Constituição contra o Brasil: Ensaios de Roberto de Campos sobre a constituinte e a Constituição de 1988*. São Paulo: LVM Editora, 2018, p. 79.

[2] *Idem, ibidem*, p. 120.

[3] *Idem, ibidem*, p. 100.

Por fim, uma ode à *democratice* e não à Democracia, pois "garante a todos e a cada um o direito ao seu pequeno absurdo",[4] o que quer dizer: a Lei Maior, através do mandado de injunção, torna impossível a compreensão do nosso Direito. Direito esse condenado à ineficiência diante do impasse representado por essa ação, que pode ser definida como reconhecimento de um *peculiar sistema interpretativo que garante à interpretação o direito de não mais ser interpretada* (a validação da interpretação desde que ela se anule pela positivação) — e o dinamismo inerente à ideia de Democracia, pois permite que práticas aparentemente democráticas (*democratices*) elevem especificidades, no espaço do ordenamento jurídico, ao lado do tratamento geral e abstrato da mesma matéria, quando o correto seria estarem subordinadas a ele, fato que coloca em risco, assim, a eficácia da proteção mais ampla (em nada discriminatória), cuja versatilidade abstrata já alcançaria (e protegeria) todas as variações específicas típicas de uma mesma natureza jurídica. Ademais, sem contar que, admitida essa positivação *a latere*, além de deixar em aberto a questão da eficácia do tratamento geral (eficácia da própria norma), torna uma proteção jurídica já existente no ordenamento dependente dos humores inconstantes e pouco previsíveis da opinião pública para todos os casos específicos não positivados explicitamente (de maneira especial ou através de enumeração em cláusula geral que, devendo ser essencialmente exemplificativa, toma a forma equivocada de elenco taxativo — engessando a matéria e fazendo da hipótese uma cláusula aparentemente geral ou de generalidade esvaziada).

Não quero dizer nem considerar que a luta contra qualquer conduta discriminatória e motivada pelo ódio seja um absurdo. Não é, e nem poderia ser, um absurdo dentro de um Estado Democrático de Direito em um contexto multicultural originário. Mas há que se concordar com o fato de que o *plano de ação constitucional* é amplíssimo e, quando a isso se somam instrumentos de ação para aplicação acrítica dessas previsões, os intérpretes da

4 *Idem, ibidem*, p. 109.

Constituição precisam de mais *sapiência* do que *técnica* sob pena de ampliar as incertezas jurídicas.[5]

A despeito das especificidades e de toda a construção teórica independente de cada remédio (o que revela a irrelevância da técnica), em 2019, uma ação direta de inconstitucionalidade por omissão e um mandado de injunção foram julgados conjuntamente sem maiores problemas materiais e processuais. Mais ainda: de conteúdos praticamente idênticos, alertam para a possibilidade de que qualquer outro grupamento ou classe pleiteie a mesma medida nos mesmos moldes — de um grupo de mulheres ruivas a uma associação de filósofos.

Sejam terraplanistas, cristãos terríveis, democratas do AI-5, corruptos necessários, amantes que odeiam ou defensores da intolerância laica, não é fácil escapar nem da humilde liberdade de ignorância do autodidata nem da *meia-ciência* do *meio-cientista* que, como ensina Pierre Bourdieu, "aceita sem exame categorias de percepção ligadas a um estado do mundo douto, dos conceitos semiconstruídos, mais ou menos diretamente tirados do mundo social."[6]

Como os *gadgets* e aplicativos, criam-se necessidades de novas opressões, até então inexistentes, para que pessoas sem autonomia de personalidade ainda não subjugadas pelo coletivo descubram a necessidade de serem oprimidas de um modo que jamais o foram. Fundados em uma renúncia à universalidade, Bourdieu reconhece as criações dessa natureza como *grupúsculos de vanguarda que funcionam como seitas nascidas da cisão e condenadas à cissiparidade.*[7]

---

5 Nesse sentido: BOITEUX, Elza Antonia Pereira Cunha. Variações sobre o conceito de equidade. In ADEODATO, João Mauricio; BITTAR, Eduardo C. B. *Filosofia e Teoria Geral do Direito: Estudos em Homenagem a Tércio Sampaio Ferraz Júnior por seu septuagésimo aniversário.* São Paulo: Quartier Latin, 2011, p. 321-345. Nesse texto, a professora retorna a Aristóteles para esclarecer o que significa julgar com prudência e sapiência: "Para determinar o caminho a ser seguido para a solução do conflito, Aristóteles responde que o homem capaz de agir com prudência é o homem culto, aquele que tem conhecimento e vivência para agir. Em outras palavras, o homem prudente é aquele que se dedica à descoberta do significado e do propósito da vida, é aquele que observa e procura entender tudo que acontece, sem se preocupar com o poder ou com a riqueza."

6 BOURDIEU, Pierre. *O poder simbólico.* 14ª ed. Rio de Janeiro: Bertrand Brasil, 2010, p. 184.

7 *Idem, ibidem.*

A depender da exegese constitucional, todos os dias um novo grupo pode pleitear um novo tipo penal que torne crime a sua discriminação, salvo se optar, sabiamente, pela adoção de uma resposta abstrata e abrangente contra todo tipo de prática discriminatória e veiculadora de ódio, sem categorização das pessoas — e esse era o entendimento do STF construído em 2003 e, infelizmente, aniquilado em 2019 (o que se repetiu em 2023).

6. AFETIVO, MAS ORDINÁRIO

Nas Democracias modernas, o ideal seria que o direito não privilegiasse categorias de pessoas ao conferir qualquer proteção contra práticas discriminatórias (todas as manifestações de discriminação e de ódio, independentemente de serem expressas em razão da cor da pele, da orientação sexual, do sexo, da condição física, da nacionalidade ou do contexto social). Assim é o texto constitucional; assim reconheceu o STF em 2003. Todavia, dezesseis anos mais tarde, a Corte parece ter esquecido.

Além de solucionar, em definitivo, a questão da discriminação e do ódio direcionados, uma legislação não taxativa quanto às hipóteses de racismo evita que uma nova classe pleiteie uma nova legislação específica e permaneça sem proteção efetiva, durante décadas, até que seja positivada a nova modalidade de preconceito.

Logo, a luta por uma legislação específica que proteja determinado grupo só traz desvantagens e prejuízos ao próprio grupo interessado, pois:

(i) não soluciona a discriminação, porque não educa (veja-se a questão do racismo étnico);

(ii) aumenta a discriminação espontânea (ódio/fobia), pois, com a chancela do Estado, desafia, como provocação, o agressor, que sente que sua "categoria" — até então considerada *correta, normal e querida pelo próprio Deus que protegeu o Constituinte em 1988* — foi oficialmente menosprezada, rebaixada. Ao mesmo tempo, ele entende que deveria ser glorificada, gerando um duplo impacto negativo na sua percepção do acontecimento;

(iii) cria uma silenciosa *discriminação técnica* (*discriminação preventiva*) que pode refletir na queda de contratação da nova classe especificamente "protegida" por lei penal especial — no caso dos homossexuais e transexuais, essa diminuição na admissão laboral se daria como meio de evitar eventual posterior acusação de homofobia em qualquer circunstância, da promoção à dispensa injustificada (inclusive para contratantes ou empregadores homossexuais, uma vez que a militância identitária já enraizou o conceito de *homofobia internalizada*);

(iv) faz esconder o agente discriminador, impedindo sua imediata identificação para a tomada das medidas cabíveis;

(v) oferece oportunidade legislativa para salvo-conduto de outros grupos identitários antagônicos (*v.g.*, o antagonismo identitário entre homossexuais e cristãos neopentecostais);

(vi) fere a lógica e a segurança jurídica que existiria em uma lei abstrata, ampla e geral; e, por fim,

(vii) incentiva outros grupos a buscarem proteções específicas similares, cavando-se, assim, um fosso cada vez mais profundo entre os mais variados grupos sociais, afastando qualquer ideal de povo dentro do território estatal.

Acrescente-se a tais aspectos negativos o alongamento do já moroso (quando existente) processo penal, em razão da criação de uma nova circunstância legal que ampliará as matérias de acusação e defesa — especialmente tratando-se de questão de foro íntimo do criminoso, questão de maior dificuldade probatória. Além disso, o Código Penal brasileiro, conforme exposto, já prevê o motivo torpe, no qual se inserem todas as formas de práticas discriminatórias, aumentando assim todas as penas.

Por tudo isso, a militância LGBT...+ foi, no mínimo, imprudente, pois, desde 2003 (a partir do acórdão no Caso Ellwanger), a homotransfobia já era considerada crime de racismo no Brasil.

A histórica decisão afastou, inclusive, a pertinência de qualquer defesa em benefício da liberdade de líderes religiosos para, em suas homilias e livros, por exemplo, continuarem a execrar os homossexuais, pois, pelo conceito de raça nela demonstrado e adotado, a homofobia já seria racismo — crime, portanto.

O entendimento se coaduna com a jurisprudência da Corte Europeia de Direitos Humanos: uma expressão, mesmo que religiosa, que apele à violência e ao ódio, jamais pode ser admitida, ainda mais quando o pacto internacional relativo aos direitos civis e políticos proíbe e impõe que a lei nacional interdite as manifestações religiosas que impliquem em alguma forma de propaganda em favor da guerra ou que apelem a um ódio nacional, racial ou religioso, que constituam uma incitação à discriminação, à hostilidade ou à violência.

À defesa das palavras como mera opinião a ser protegida e intocada em nome do direito fundamental à livre expressão do pensamento, deve-se contrapor o seguinte argumento: cada pessoa tem o mais absoluto direito de expressar sua opinião apenas sobre a própria vida e os atos públicos, e não sobre a vida privada e honesta dos outros. Mas sendo, nas palavras de Plutarco, delicado e difícil empreender a cura da tagarelice — "pois seu remédio, a palavra, é feito para aqueles que ouvem, e os tagarelas não ouvem ninguém, já que estão sempre falando" —, mesmo que a natureza não tenha protegido "nada com tanto cuidado em nós como a língua, diante da qual postou a guarnição dos dentes para que, se ela não obedecer às 'rédeas rutilantes' que o pensamento puxa para dentro e se não se contiver, nós possamos controlar sua incontinência mordendo-a até arrancar sangue",[1] deve-se tolerar a opinião no limite do seu potencial ofensivo.

Logo, embora sempre rejeitando a hipótese da censura prévia, a liberdade de expressão do pensamento, dentro ou fora do espectro religioso, não pode ser tutelada caso a palavra, escrita ou falada, e qualquer outro signo através do qual se expresse o pensamento atinjam, injustamente, outra pessoa que não o próprio tagarela, principalmente se essa terceira pessoa não tiver se intrometido, direta ou indiretamente, na sua esfera pessoal.

1 PLUTARCO. *Sobre a tagarelice; Sobre a demora da justiça divina; Das doenças da alma e do corpo.* São Paulo: Landy Editora, 2008, p. 11.

Afinal, opinião também pode agredir e causar danos (e negar tal fato é negar a existência do dano moral e da sua *compensabilidade*). Se nem mesmo o direito fundamental à vida é absoluto em uma hipótese ensejadora de legítima defesa, por que razão o seria o direito fundamental da liberdade religiosa ou de expressão?

Enfim, a militância LGBT...+ deveria ter estudado um pouco mais, pois, caso tivesse, a partir de 2003 teria reagido juridicamente aos primeiros sinais de homotransfobia, bem como às primeiras negativas policiais de registro e investigação desses casos como crimes de racismo e, certamente, há mais de uma década, já teria condenado muitos homotransfóbicos.

Se a questão da homotransfobia se encerrasse conforme o acórdão Ellwanger, restando contida na definição constitucional de racismo (e não ao lado como coisa diversa), o resultado prático das condenações penais seria o mesmo e não haveria margem de manobra para grupos antagônicos. Portanto, mesmo com a futura aprovação do crime, os homossexuais e transexuais já perderam duplamente.

Em seu voto sobre a homotransfobia no acórdão de 2019, o ministro Celso de Mello, que participara do julgamento do Caso Ellwanger, por exemplo, citou o professor Celso Lafer apenas uma única vez (na página 75 das suas 155 páginas) — e, não há dúvida, foi o parecer do professor Lafer que definiu toda a linha argumentativa que fez prevalecer, em 2003, o conceito constitucional de racismo estendido (ou conceito social de racismo) —, fazendo transparecer que o STF, em 2019, estava tomando uma decisão inédita quando, na verdade, não estava. Naquela oportunidade, os Ministros do STF esqueceram que o racismo já englobava a homofobia, a transfobia e qualquer outra espécie de ação preconceituosa.

A falta de técnica foi além: se o conceito de racismo já englobava a homotransfobia, não poderia, obviamente, existir omissão ou mora inconstitucional do Poder Legislativo; afinal, já existe lei que atende ao preceito constitucional invocado como não regulamentado e que possibilita o exercício pleno da cidadania aos homossexuais e transexuais. Esquematizo para melhor compreensão:

(a) uma vez que homofobia e transfobia são práticas discriminatórias baseadas em preconceito ou ódio;[2]

(b) considerando que, desde 2003, o STF entende que racismo compreende toda forma de ação discriminatória baseada em preconceito ou ódio contra indivíduo ou grupo social; e

(c) já existindo, no ordenamento pátrio, normas que criminalizam e punem ações racistas, que, por definição constitucional, são todas as formas de práticas discriminatórias nas quais se incluem as práticas homofóbicas e transfóbicas;

(d) é errado dizer que não exista previsão legal que proteja as vítimas de homotransfobia; e

(e) porque já existe lei que atenda tal pretensão, carece de qualquer sentido dizer que exista mora ou omissão do legislador no seu dever de legislar (comando constitucional a cuja inobservância a própria Constituição combate via ação direta de inconstitucionalidade por omissão ou mandado de injunção previstos, respectivamente, nos seus artigos 103, § 1º, e 5º, LXXI).

Se, por um lado, inexiste expresso programa constitucional para defesa legislativa específica da sexualidade, por outro — da mesma forma que o comando "cair" é decorrência silenciosa e natural da lei gravitacional —, diversidade sexual e identidade de gênero decorrem, obrigatória e inevitavelmente, da lei constitucional. Negar esses temas tornaria o reconhecimento da dignidade da pessoa humana tão inútil quanto negar a queda gravitacional na Terra. Logo, além da ausência de necessidade, definir a pauta do Poder Legislativo nessa matéria e, mais do que isso, dizer qual deve ser o resultado da votação nessa pauta

[2] Quanto ao sentimento de ódio, v. ESPINOSA, Baruch de. *Breve tratado de Deus, do homem e do seu bem-estar.* Trad. Emanuel Angelo da Rocha Fragoso; Luís César Guimarães Oliva. Belo Horizonte: Autêntica, 2014, p. 104-105. Para o excomungado filósofo, o ódio é uma inclinação a apartar de nós o que nos tenha causado algum mal, um sentimento do qual nasce a tristeza, que nos obriga a fugir da coisa odiada, ou, quando é muito grande, transmutando-se em ira, nos faz querer destruí-la; nasce dele também a inveja, que se transforma em aversão a desembocar em nova tristeza, haja vista se tratar, na realidade, do privar-se de uma coisa que, sendo existente, deve ter sua essência e sua perfeição. Portanto, "se nos servimos bem de nossa razão, não podemos ter nenhum ódio nem aversão contra algo porque, ao fazê-lo, nos privamos da perfeição que há em todas as coisas."

é uma clara e inescusável interferência do Judiciário em outro Poder, desequilibrando e ferindo a tripartição exigida pela República.

O Poder Judiciário, mais uma vez, estendeu a mão à população LGBT...+. É por obra do STF que homossexuais podem se unir em matrimônio ou terem reconhecidas suas relações familiares. Contudo, no caso da homotransfobia, não fosse a preocupação populista, a conclusão dos Ministros dessa Corte poderia ter sido mais técnica: bastava reconhecer inexistir qualquer omissão inconstitucional legislativa, pois a homotransfobia já está, desde 2003, pelo menos, contida no racismo (afinal, tem a mesma natureza jurídica) e, portanto, já era crime — e fazer daí, talvez, uma Súmula Vinculante.

7. RACISMO COMO ABUSO DA LIBERDADE

Bobbio ensina que, da finalidade visada pela busca do fundamento, nasce a ilusão do fundamento absoluto. Tal ilusão vai tomando corpo à medida que se acumulam argumentos e está pronta quando se acredita ter descoberto razões e argumentos de tal forma irresistíveis que ninguém poderia recusar-lhes sua própria adesão. A partir daí, para o iludido, o fundamento último não pode mais ser questionado e quem resistir a ele deverá ser posto fora da comunidade das pessoas racionais. Assim é que muitos direitos, os mais diversos entre si e até mesmo os menos fundamentais, foram subordinados à generosa e complacente natureza do homem.[1]

Embora ainda inspire "paixões ardentes", Orlando Gomes sempre advertiu que "o pensamento de que existem leis eternas e imutáveis, a que se devem subordinar as regras jurídicas, em todos os tempos e latitudes", foi profundamente abalado pela revolução científica que abriu "novas clareiras ao espírito humano".[2] Tal pensamento, "insculpido na mente humana como substrato do senso de justiça" é sedutor "por sua simplicidade", mas não basta para ser válido.[3]

As liberdades garantidas na Constituição da República, todas elas — de expressão, religiosa e artística, por exemplo — são, obviamente, direitos.

---

1 BOBBIO, Norberto. *A era dos direitos*. Trad. Nelson Coutinho. Rio de Janeiro: Elsevier, 2004, p. 36.

2 GOMES, Orlando. *Raízes históricas e sociológicas do Código Civil brasileiro*. 2ª ed. São Paulo: Martins Fontes, 2006, p. 91.

3 *Idem, ibidem*, p. 93.

Mesmo que o direito das liberdades tenha a natureza de direito fundamental, é um direito — e, se eu pudesse definir o direito em uma só palavra, ela seria limite.

Definir as possibilidades contidas no direito das liberdades é tarefa sempre incompleta (ou inútil) e, porque não tenho interesse em ficar, como os cegos hindus, apalpando um elefante, é mais acertado dizer que as liberdades são, essencialmente e sempre, ilimitadas. Se não fossem, não seriam liberdades.

Por sua vez, a expressão "direito das liberdades" não tem a mesma essência da palavra "liberdade". Se o direito é limite, falar em "direito das liberdades" equivale a dizer "permissão para tudo dentro dos limites", pois, quando essa "permissão para tudo" cai nas graças do agente limitador, ou seja, o legislador, é certo que, não tendo sido ela o *fiat lux* do ordenamento jurídico, já estejam estabelecidos limites — ou seja, outros direitos dentro do direito — com os quais deverá conviver e se desenvolver em harmonia. Cabe lembrar, por fim, que esses limites, identificados externamente, podem ser alterados, o que muda, restringindo-se ou expandindo-se, o espaço de "passeio" das liberdades positivadas (mesmo que constitucionalmente garantidas em cláusulas pétreas).

Desse modo, dizer que o direito das liberdades é o direito de exteriorizar o sentimento (religioso, artístico ou as próprias convicções), que se confunde com a autonomia da vontade (essencial e absolutamente livre), equivale a afirmar que o sentimento só pode extrapolar os limites da reserva mental porque o direito assim o estabeleceu: que a experimentação social das liberdades se deve ao direito e, portanto, o direito das liberdades, por ser parte do direito, é o próprio direito — mas não todo o direito.

Somente a dimensão interna, subjetiva, desse direito das liberdades é absoluta e não suscetível de restrição, haja vista que a reserva mental é, em qualquer caso, a última e, até o momento — e a depender do desenvolvimento das neurociências —, intransponível barreira de que dispõe o indivíduo e na qual, como Álvaro de Campos, podemos sentir tudo de todas as maneiras, ter todas as opiniões, ser sinceros contradizendo-nos a cada minuto, desagradar a nós mesmos pela plena liberdade de espírito, ir para a cama com todos os sentimentos, ser *souteneur* de todas as emoções e trocar olhares com todos os motivos de agir.[4]

Portanto, o direito das liberdades é como uma célula que, no corpo animal, coabita com incontáveis outras células e, caso sua mitose se acelere e vá além dos limites estipulados para o conjunto, torna-se câncer e prostra todo o corpo. Tal como a mitose é fundamental para a célula no corpo, a liberdade é fundamental para o indivíduo no Estado Democrático de Direito. Contudo, tanto o corpo humano quanto o Estado, para que não padeçam e morram, devem combater o anormal aceleramento e manter dentro de certos padrões, respectivamente, as mitoses e as liberdades — rejeitando-se, é claro, a censura prévia, do mesmo modo que não se submete um sujeito saudável à quimioterapia.

Insisto: qualquer direito de liberdade será sempre a possibilidade de fazer tudo o que quisermos dentro dos mutáveis limites (fatores exógenos) do direito, o todo do qual faz parte e sob o qual se assenta. Seja pela possibilidade de colisões, seja pelo evolver da sociedade, é oportuna a observação de Giuseppe Capograssi: "na última fase da vida jurídica e do pensamento jurídico, manifesta-se uma viva e quase irresistível tendência de não desvalorizar aquela que é a norma legal, tomada na sua significação de comando, mas de adequar a norma legal à realidade da vida jurídica."[5]

Adequar-se, portanto, é também expressão da vida dos direitos, havendo até mesmo quem defenda, como Ronald Dworkin, que um direito abstrato pode ser invalidado quando concorrer com outros interesses importantes, grandes o suficiente e de impacto muito forte, independentemente de qualquer questão acerca de direitos concorrentes.[6]

Considerando uma liberdade selvagem, se o sujeito pretende preservá-la, ele deve, obviamente, preservar também a sua integridade física, sua saúde, sua vida. Então, se o gozo dessa liberdade ao natural encontra os seus limites na natureza, o direito da liberdade os encontra no direito.

---

4 Fernando Pessoa, Passagem das horas, in *Poemas de Álvaro de Campos*. Disponível em: http://www.dominiopublico.gov.br/download/texto/pe000010.pdf. Acesso em: 10 nov. 2017.

5 CAPOGRASSI, Giuseppe. *La vita etica*. A cura di Francesco Mercadante. Milano: Bompiani, 2008, p. 1045 (Tradução minha).

6 DWORKIN, Ronald. *Levando os direitos a sério*. Trad. Nelson Boeira. São Paulo: Martins Fontes, 2002, p. 473.

Assim e sempre, quer na selva quer na civilização, não pode haver liberdade que perdure sem responsabilidade, de modo que a inobservância de qualquer limite finaliza a experimentação da liberdade: da mesma forma que é inútil ao selvagem, que desafiando os limites impostos pela natureza pulou de um penhasco, dizer que é livre para pular novamente na manhã seguinte, não é razoável que alguém que tenha publicado uma mensagem racista possa tornar a fazer o mesmo.

Por mais fundamentais que sejam quaisquer das liberdades elencadas e garantidas constitucionalmente, elas, sem exceção, encontrarão limites exógenos mutáveis no ordenamento jurídico dentro do qual se inserem e, em razão deles, poderão ser condenáveis — mesmo que não expressamente previstos no texto constitucional, porque se trata, conforme Jorge Reis Novais, de "um problema estruturalmente avesso a soluções fechadas e definitivas."[7]

Nesse sentido, a lição de Konrad Hesse:

> o Direito Constitucional depende das ciências da realidade mais próximas, como a História, a Sociologia e a Economia.
>
> Isso significa que o Direito Constitucional deve preservar, modestamente, a consciência dos seus *limites*. Até porque a força normativa da Constituição é apenas uma das forças de cuja atuação resulta a realidade do Estado. E esta força tem limites. A sua eficácia depende da satisfação dos pressupostos acima enunciados.[8]

Menciono, a título de exemplo, o caso das entidades religiosas: nelas, infelizmente, não são incomuns opiniões e argumentos que desprestigiem as mulheres. Esse pensamento de natureza discriminatória para o direito moderno, e cuja origem se perde na noite dos tempos, modulou, até meio século atrás, o próprio ordenamento jurídico. Se, antes da igualdade entre os sexos consagrada pela Constituição em vigor, a liberdade religiosa era garantia de discursos e exigências de subordinação feminina absoluta, inclusive para impedir o acesso da mulher ao mercado de trabalho ou para obrigá-la ao

---

7 NOVAIS, Jorge Reis. *As restrições aos direitos fundamentais não expressamente autorizadas pela Constituição.* Coimbra: Coimbra Editora, 2003, p. 31-35.

8 HESSE, Konrad. *A força normativa da constituição.* Trad. Gilmar Ferreira Mendes. Porto Alegre: Sergio Antonio Fabris, 1991, p. 26.

ato sexual com seu marido todas as sextas-feiras, mesmo que a contragosto, a partir de 1988, essas mesmas exigências, fossem centenárias ou milenares, passaram a promover (ao menos teoricamente) o aniquilamento dessa mesma liberdade.

Ainda hoje, apesar do triunfo constitucional da igualdade dos sexos e dos tipos penais que condenam a discriminação, há quem defenda que as entidades religiosas — por serem privadas e frequentadas espontânea e voluntariamente por pessoas que se refletem em uma determinada multividência e que podem, sempre que assim desejarem, abandoná-las — não podem ser responsabilizadas por discurso discriminatório contra as mulheres.

Mas nem sempre é assim: muitas vezes, na prática, é inútil falar em voluntariedade para refutar a discriminação confessional, sendo quimera quando a mulher — mesmo que, da boca pra fora, alegue ser essa a sua vontade[9] — for dependente econômica e socialmente do chefe da família e, mais ainda, quando não tiver instrução e qualificação para buscar sustento fora do lar e da comunidade — o que se agrava se a ela foi negada a educação secular e se nunca trabalhou (realidade comum a muitas mulheres muçulmanas e judias ultra ortodoxas).

A mesma ponderação para o exame do fim da liberdade e início da discriminação na esfera religiosa deve ser feita com relação aos discursos que envolvem a sexualidade, desde aqueles que pregam que o sexo só pode ser feito dentro do matrimônio e para fins de procriação até os que abordam as relações homossexuais e outros aspectos da sexualidade ou identidade de gênero: nem sempre a crítica teológica aos grupos LGBT...+ pode ser confundida com incitação à violência ou como discurso homotransfóbico.

Ao falar de sexualidade, identidade e orientação sexual, o discurso religioso não pode intimidar e prejudicar o desenvolvimento psicossocial

[9] O problema é ilustrado com clareza na festejada literatura distópica de Margaret Atwood ao falar da fictícia República de Gilead, um Estado totalitário, teocrático e fundamentalista cristão, surgido em território que outrora compunha os Estados Unidos da América. Nesse regime, as mulheres, transformadas em propriedade governamental às quais era proibido ler — restando-lhes apenas o direito de rezar –, tinham como única função procriar. Quando duas de suas cidadãs são abordadas pelo intérprete de turistas japoneses "ocidentalizados", ele lhes pergunta se são felizes. Após um silêncio, Offred, a protagonista, raciocina consigo mesma que "às vezes é igualmente perigoso não falar" e, sem outra opção de resposta, mente: "Sim, somos muito felizes." (ATWOOD, Margaret. *O conto da aia*. Trad. Ana Deiró. Rio de Janeiro: Rocco, 2017, p. 41).

saudável dos envolvidos. Aversão, ostracismo e abnegações podem, aliás, implicar em dano extrapatrimonial mais grave, o dano existencial — um dano que ultrapassa prejuízos à integridade psicofísica, pois conturba, quase que de forma definitiva, o cotidiano da pessoa, que é levada a escolhas que aniquilam a realização de sua personalidade. Ou seja, o discurso religioso pode não as aceitar como corretas e desejadas, mas nunca pode satanizá-las, interessando adotar como ponto de equilíbrio o conceito neotestamentário de "falar a verdade com amor" (Carta aos Efésios 4,15).

Em suma, para que exista vida em sociedade, para que se imponha uma civilização, por mais incivilizado que seja o elenco, é imperioso que tudo tenha limite: não há espaço para agressões físicas, verbais ou qualquer forma de discriminação ou incitação ao ódio sob qualquer pretexto.

Toda liberdade garantida pelo Direito, por mais fundamental e sagrada que seja, deixa de ser juridicamente tutelada e se transforma em ato ilícito quando exercida de forma abusiva — *e, no exercício de qualquer direito, o abuso se revela quando, desse exercício, não se verifica nenhum proveito objetivo ao seu titular, mas, tão somente, prejuízo material ou moral a qualquer outra pessoa ou coletividade.*[10]

[10] Sem correspondência na codificação revogada (embora sempre aceito por maior parte da doutrina), o Código Civil em vigor dispõe, no seu artigo 187, sobre o abuso do direito, que é ato ilícito identificado quando o titular de qualquer direito, ao exercê-lo, excede manifestamente os limites impostos pelo seu fim econômico ou social, pela boa-fé ou pelos bons costumes.

8. A IMPOSTURA DA MILITÂNCIA IDENTITÁRIA

Alegando exercício legítimo do direito à diversidade — direito expressamente enaltecido no parecer do professor Lafer para o Caso Ellwanger —, as militâncias identitárias têm, contudo, prejudicado o próprio direito que sustentam. *Mutatis mutandis*, agem da mesma maneira daqueles que abusam do direito das liberdades e transformam, consequentemente, um ato lícito garantido pelo direito em ato ilícito, que deve ser reprimido sob o risco de pavimentar-se uma estrada de mão única que sai da sociedade com destino às tribos.

Cumpre esclarecermos que *identitarismo* não se confunde com *identidade*. O *identitarismo* é resultado de um desvio político-partidário no curso do debate acerca da *multiculturalidade* na pauta das políticas de Estado, uma questão levantada na Inglaterra no apagar das luzes da década de 1960 — e, talvez, nem tivesse ali aparecido ou, uma vez ocorrido, poderia ter se desenvolvido de maneira mais razoável, sem que acabasse corrompida em *multiculturalismos* e confundida com o *identitarismo* (ou *militância identitária*) — como pronta reação acadêmica ao desastroso discurso de Enoch Powell, então membro do Parlamento pelo Partido Conservador, apresentado durante uma reunião em Birmingham em 20 de abril de 1968. Nesse discurso, conhecido como "Rivers of Blood" (Rios de Sangue), Powell parte de dois relatos que recebera — não se sabe se reais ou anedóticos, mas ambos de conteúdo racista — para convocar seus pares à missão de estancar a onda de imigrações e promover o máximo de deportações sob o risco de, não o fazendo, testemunharem o Reino "acender a sua própria pira fúnebre", encerrando-o com as seguintes palavras: "como o romano, eu pareço enxergar 'o Rio Tibre espumando com muito sangue.'"[1]

O *identitarismo* é um movimento político-social divorciado de uma genuína luta pela identidade. Embora se apresente como tal, trata-se de uma identidade aparente, partidariamente engendrada, pois propugna, na realidade, pela quebra da verdadeira identidade pessoal, que é, naturalmente, personalíssima e humanamente individual, pretendendo vê-la dissolvida e substituída por um cardápio extenso de identidades artificiais e enganadoramente personalíssimas criadas (e ininterruptamente criáveis) com o pretexto da diversidade. É como se características diferenciais fossem os fatores determinantes da pessoalidade, ou seja, como se a identidade pessoal decorresse dos traços e maneiras diferenciais que identificam cada grupo militante — e não o inverso, em que a diversidade como atributo que é da identidade pessoal).

Em outras palavras, *o identitarismo, derivado da identificação e não da identidade*, promove uma alteração quase imperceptível do conceito de diversidade: de algo que promove a individualidade por caracterizar a personalidade (que é identidade que tem começo e fim no próprio indivíduo) para um elemento anterior que moldaria a própria personalidade (a identificação da identidade dentro do rol apresentado pela militância, que o cria a partir de bases alegadamente "científicas" — tão "científicas" quanto o fundamento racial de Gobineau[2]).

---

1 POWELL, Enoch. Speech delivered to a Conservative Association meeting in Birmingham on April 20th, 1962. Disponível em: http://www.telegraph.co.uk/comment/3643823/Enoch-Powells-Rivers-of-Blood-speech.html. Acesso em: 18 out. 2017 (Tradução minha).

2 Nesse sentido, ARENDT, Hanna, *Il razzismo prima del razzismo, op. cit.*, p.42. Esclarece a autora que Gobineau se gabava de ter fundamentado sua teoria racial nas ciências naturais, por ter descoberto "na lei natural do desenvolvimento de todos os eventos, a redução de todas as expressões espirituais e fenômenos culturais a algo 'que, graças a uma ciência exata, nossos olhos podem ver, nossos ouvidos ouvir e nossas mãos tocar.'" (Tradução minha).
Destaco também a opinião de SUPIOT, Alain. *Homo juridicus*: *Ensaio sobre a função antropológica do Direito*. Trad. Maria Ermantina de Almeida Prado Galvão. São Paulo: Martins Fontes, 2007, p. 46-48. Ao tratar do identitarismo ("discursos delirantes"), que, na França, chegou a propor o "direito de ser louco", classifica-o como uma diversificada e diversificável continuação da "reviravolta revolucionária do jurídico e do científico, que foi a marca dos totalitarismos do século XX."

Movimentadas e embaralhadas, sutilmente, as balizas da matéria, o identitarismo obnubila o tema para fazer prevalecer o insustentável equívoco de que o direito à diversidade é anterior à própria personalidade individual.

Por seu turno, o *direito à identidade* é decorrência natural dos direitos da personalidade e pressuposto necessário (porque é elemento constituinte essencial e insubstituível) da dignidade da pessoa humana. Segundo a professora Maria Cristina de Cicco, "traduz o direito de ser si mesmo compreendido como o conjunto de características físicas, convicções religiosas, ideológicas e morais que servem para individualizar e distinguir as pessoas perante o meio social",[3] de modo que falar em *direito à identidade* — e o poético pensamento de Alain Supiot afirma que "(v)incular um significado a si mesmo e ao mundo é vital para não soçobrar no absurdo"[4] — é falar em direito à diversidade, um direito que informa a liberdade que os indivíduos têm para expressar a sua identidade e desenvolver sua existência nos planos individual — este sempre mais amplo, conforme a ética (que é, para Bernard Williams[5], pessoal e informa respeito e responsabilidade para consigo mesmo) — e coletivo, no qual existem as balizas da responsabilidade moral (que informa o respeito pelo outro).

O raciocínio filosófico de Ronald Dworkin é bastante didático e elucidativo acerca do caráter fundamental do *direito à diversidade*. Ao tratar da *dignidade*, ideal concretizado apenas quando uma pessoa *vive bem*, Dworkin apresenta e justifica a contento dois requisitos essencialmente necessários para que ela seja, de fato, alcançada. Esses dois requisitos, assim, são tratados como dois princípios éticos sem os quais é impossível *viver bem*:

(i) o princípio do *respeito próprio*, que informa que cada pessoa, individualmente, deve levar a própria vida a sério: tem de aceitar que é importante que a sua vida seja uma realização bem-sucedida; e

---

[3] CICCO, Maria Cristina de. O novo perfil do direito à identidade pessoal: O direito da diversidade. In CICCO, Maria Cristina de; MENEZES, Joyceana de; RODRIGUES, Francisco Luciano Lima. *Direito Civil na legalidade constitucional: Algumas aplicações*. Indaiatuba: Foco, 2021, p. 249.

[4] SUPIOT, Alain. *Homo juridicus*, *op. cit.*, p. VII.

[5] WILLIAMS, Bernard. *Moral: Uma introdução à ética*. Trad. Remo Mannarino Filho. São Paulo: Martins Fontes, 2005.

(ii) o princípio da *autenticidade*, pelo qual cada um "tem a responsabilidade especial e pessoal de criar essa vida por meio de uma narrativa ou de um estilo coerente que ela própria aprova."[6]

Logo, o *direito à diversidade* é expressão do princípio ético da *autenticidade*, um princípio informador da *dignidade da pessoa humana,* e que só pode ser verdadeiramente observado pelo titular desse direito quando é exercido de acordo com o princípio anterior do *respeito próprio*, de forma que a pessoa até pode pensar, por exemplo, que a admissão de tradições religiosas ou comandos de uma militância sejam o caminho certo para sua vida, o seu *bem viver*, mas, adverte Dworkin, "isso deve ser o que *ela* pensa, e não porque os outros exijam que viva desse modo."[7] Afinal, ensina-nos o professor Celso Lafer, "(a) capacidade de pensar por conta própria não pode ser inibida pela lealdade."[8]

É na qualidade de titular do direito à diversidade que a pessoa, respeitando-se e valorizando-se como indivíduo autônomo, pode rumar àquilo que o poeta Matthew Arnold[9] denominou *best self*, porque, conforme a lição de Schiller, cada pessoa carrega consigo, de forma individual e exclusiva, um arquétipo de ser humano que é somente seu. Por esse motivo, cabe a cada um a responsabilidade de se harmonizar com essa unidade ideal.[10]

Em suma, a cultura da diversidade — que é, nas palavras do professor Lafer, "ingrediente constitutivo da condição humana a ser respeitado e tutelado"[11] — e dos direitos nos quais ela se manifesta deve impedir, conforme Stefano Rodotà, que escolhas pessoais sejam refutadas ou estigmatizadas, situações que privam qualquer pessoa da dignidade.[12]

Todavia, o jusfilósofo italiano alerta, expressamente, sobre o perigo do *identitarismo*, pois, mesmo se apresentando como defensor de uma escolha *diversa*, sua *diversidade* é reduzida a um esquema identitário impositivo, que tira do indivíduo o poder de construção da sua própria diversidade ao forçar

---

6 DWORKIN, Ronald. *Justiça para ouriços*, *op. cit.*, p. 210-211.

7 *Idem, ibidem*, p. 211-212.

8 LAFER, Celso. *A reconstrução dos direitos humanos*, *op. cit.*, p. 244.

9 ARNOLD, Matthew. *Culture and Anarchy*. London: J. Dover Wilson, 1960, p. 95.

10 SCHILLER, Friedrich. *On the Aesthetic Education of Man*. Oxford: Clarendon Press, 1967, p. 17.

11 LAFER, Celso. *A reconstrução dos direitos humanos*, *op. cit.*, p. 255.

12 RODOTÀ, Stefano. *Il diritto di avere diritti*. Roma: Laterza, 2015, p. 204.

que seu caminho siga uma só estrada quando o itinerário é, na verdade, multiforme.[13]

Dessa maneira, o militante identitário, qualquer que seja (em matéria de sexo, sexualidade, gênero, religião ou política), tem sempre o mesmo objeto. Sua pauta tem sempre a mesma natureza, idêntica dinâmica, igual estética: na esteira do pensamento de Levinas[14], ao mesmo tempo que a fundamentação do pluralismo não congela os termos que constituem a pluralidade no isolamento, ela os exclui da totalidade que os absorveria, deixando-os à mercê do comércio ou dos conflitos, já que promove tão somente o isolamento da categoria identitária "como deuses epicurianos, que vivem nos interstícios do ser ou como os deuses imobilizados no meio tempo da arte", ou seja, *estátuas que se olham com olhos vazios.*[15]

Longe de humanizar a diversidade, a ação é, no fundo, desumanizadora na medida em que afasta sua "clientela" da essência humana, que está além de todo atributo, reduzindo-a ao elemento identificador dentro do seu recorte e, por fim, subordinando a finalidade de suas vidas ao argumento fundamental heterodoxo, arbitrário e comunitário (violência simbólica).

A subordinação radical da essência humana à finalidade do grupo é a realidade que se esconde nas demandas identitárias que só fazem anular a humanidade do seu público reificado a partir da intencional manipulação e amplificação de diferenças "espontâneas" de estilos de vida — um processo que passa a exigir o *status* de diferença natural para esses recortes artificiais (em um sentido involutivo que permitirá, até mesmo, a volta da cogitação de *raças humanas*) obtidos através daquilo que Weber já denominava *Stilisierung des Lebens* (estilização das vidas).[16]

O direito à diversidade é também corrompido quando embala as minorias através do chamado *lugar de fala* que, explica Bourdieu, não passa de estratégia discursiva, cuja finalidade é produzir uma aparência de objetividade que esconde a real dinâmica das relações de força simbólicas manifestadas na interação, em forma de estratégias retóricas. Isso garante a hegemonia do

---

13 *Idem, ibidem*, p. 310.

14 LEVINAS, Emmanuel. *Totalidade e Infinito*, 3ª ed., Lisboa, 70, 2020.

15 *Idem, ibidem*, p. 217.

16 WEBER, Max. *Wirtschaft und Gesellschaft*. 5a. ed. Tübingen: Mohr Siebec, 2002, p. 93 (Tradução minha).

discurso, conferindo uma fachada de naturalidade às determinações arbitrárias sobre os legitimados à pronunciar palavra, a cortá-la, a questionar, a fugir de respostas, a interromper, a interromper as interrupções etc.[17] Bourdieu chama essa disciplina para a unanimidade de *adestramento*,[18] pois ela demanda cumplicidade e compromisso com regras de submissão forçada ou eletiva que os próprios agentes introduzem no corpo da militância, haja vista o fato inescapável de ela ser apenas mais um entre muitos sistemas de defesa coletivos que lutam por monopólio ou destaque dentro de um universo no qual seus *clientes* são sempre potenciais *concorrentes*.

Disso decorre ser toda tentativa de deslegitimar o discurso daqueles que estão fora do recorte identitário, outro fenômeno do abuso do direito à diversidade, pois fere o direito das liberdades — da mesma forma, o abuso do direito das liberdades fere o direito à diversidade quando busca legitimar a discriminação.

Entretanto, o abuso do direito à diversidade também é prejudicial ao próprio direito à diversidade: é o caso de toda luta por normas específicas que protejam categorias específicas e, consequentemente, limitem a diversidade, pois discriminam outras categorias não mencionadas pela norma (o que foi consentido pelo STF em 2019 em descompasso com o seu histórico entendimento de 2003).

---

[17] BOURDIEU, Pierre. *O poder simbólico*, *op. cit.*, p. 158.

[18] *Idem, ibidem*, p. 199.

9. CONCLUSÃO

O racismo está para a liberdade da mesma maneira equivocada que o identitarismo está para a diversidade.

Liberdade e diversidade são bens jurídicos fundamentais. Qualquer um que pretenda reclamar o racismo como expressão da liberdade ou a imposição identitária como direito à diversidade estará, na verdade, agindo abusivamente em relação a esses bens. E, porque são práticas abusivas, são atos ilícitos; porque são ilícitos, devem ser reprimidos pelo direito.

De todo o exposto, revela-se que, atualmente, a incompreensão de direitos fundamentais como o direito das liberdades e o direito à diversidade — direitos indispensáveis, sem os quais não é possível a realização da dignidade da pessoa humana — que, lamentavelmente, têm sido exercidos de maneira abusiva e levam, invariavelmente, a pressões políticas que resultam em verdadeiros privilégios (algumas vezes apenas aparentes, porque, na prática, resultam em desvantagem e, decerto, resvalam em discriminação), fomentam uma verdadeira guerra de normas desnecessárias que afastam o ordenamento do ideal sistêmico, bem como geram impasses às vezes insuperáveis para a satisfação do próprio direito que se quis garantir.

Na qualidade de sistema, o direito deve ser um conjunto coerente, harmônico e unitário, o mais abstrato possível, de normas coordenadas e coerentes entre si (como se fossem engrenagens de um motor hábil a funcionar em qualquer lugar ou situação). E, sendo assim, o ordenamento ideal — e uma vez que a realidade, nem um pouco estática e longe de ser ideal, é dinamistíssima e composta por fatos muitas vezes imprevisíveis —, outro não poderia ser o método de pensamento jurídico condizente: harmonizar com *uma coisa muito importante* as *muitas coisas que se sabe.*

Arquíloco, poeta grego, dizia que *a raposa sabe muitas coisas e, o ouriço, uma coisa muito importante.*[1] A partir dessa frase, Isaiah Berlin passou a classificar escritores e pensadores como ouriços (de perspectiva centrípeta, já que tudo remetem a uma visão unitária e coerente, a qual operam como um projeto organizador fundamental) ou raposas (entregues à força centrífuga, interessam-se por coisas várias e perseguem múltiplos fins e objetivos de interconexão nem óbvia nem explícita).[2]

Ao mesmo tempo em que a dicotomia apresenta risco de simplificação, ela traz elementos valiosos. É o que nos ensina o professor Lafer a partir da obra de Hanna Arendt, pensadora que é tanto ouriço quanto raposa: um ouriço no diagnóstico e na avaliação e, simultaneamente, uma raposa na sua percepção da realidade, de maneira que, assim, é capaz de perceber o perigo da ruptura de uma coisa muito importante (porque é ouriço) sem deixar de compreender as muitas outras coisas (porque é raposa).

Consequentemente, o pensamento arendtiano é permeado de juízos reflexivos e raciocinantes, que são esforços de mediação entre o particular e um universal fugidio[3] com o objetivo de evitar um novo estado totalitário de natureza e assegurar um mundo comum, diverso e plural[4] — elementos que, incompatíveis ao ambiente centrípeto, só têm chance de surgir e vingar em "mundo centrífugo, que permita ao homem vários fins e caminhos."[5]

Saber de uma coisa muito importante sem ignorar outras muitas coisas é, sem dúvida, qualidade indispensável ao nosso tempo — tempo no qual os ouriços correm risco de extinção e as raposas muitas coisas sabem e querem, mas delas pouco (ou nada) entendem.

Apenas o velho ouriço é capaz de esclarecer à raposa deste terceiro milênio que todas as muitas coisas que ela sabe guardam relação, de natureza e importância, com aquela coisa muito importante que ele sabe; quer dizer: o ouriço sabe integrar (e não existe verdade sem integração[6]). De igual maneira,

---

1 BERLIN, Isaiah. *The Hedgehog and the Fox: An Essay on Tolstoy's View of History.* Chicago: Ivan R. Dee Publisher, 1993, p. 3.

2 LAFER, Celso. *A reconstrução dos Direitos Humanos, op. cit.*, p. 19.

3 *Idem, ibidem*, p. 20-28.

4 *Idem, ibidem*, p. 272.

5 *Idem, ibidem, op. cit.*, p. 251.

6 DWORKIN, Ronald. *Justiça para ouriços, op. cit.*, p. 17.

o ouriço é suficientemente sensível para perceber quando as raposas abusam daquilo que dizem saber — e, longe dele, condenam-se ao falso triunfo das vitórias aparentes que, provavelmente, revelar-se-ão derrotas.

Especificar diversidades e liberdades através de normas específicas é o mesmo que produzir, respectivamente, discriminação e escravidão. Se a diversidade é tão conceitualmente infinita quanto é a liberdade, quando qualquer elemento ou hipótese dentre os infinitos elementos ou hipóteses desses valores é recortado e recebe tratamento especial, os próprios valores da diversidade e da liberdade restam aniquilados, porque, ao definir o indefinível, a norma delimita essências nada delimitáveis — criando uma liberdade e uma diversidade sem essência, desnaturadas.

Por derradeiro, o mau emprego do direito das liberdades e da diversidade tem resultado em retrocesso e vulgarizado o princípio da igualdade, à medida que grupos sociais preconceituosos (bradando "Liberdade!") ou ressentidos (gritando "Diversidade!") clamam por uma isonomia que, nas palavras do professor Manoel Gonçalves Ferreira Filho, trata "desigualmente os desiguais, o que enseja a contínua descoberta de desigualdades a serem corrigidas..."[7] E, assim, o nosso ordenamento jamais será sistema nem justo será o nosso direito.

---

7 *Curso de Direito Constitucional*, 41ª ed., Rio de Janeiro: Forense, 2020, p. 248.

OBRAS CITADAS

ALEGRE, Luis. *Elogio da homossexualidade*. Trad. Jorge Melícias. Lisboa: Edições 70, 2022.

ALEKSIÉVITCH, Svetlana. *O fim do homem soviético*. Trad. Lucas Simone. São Paulo: Companhia das Letras, 2016.

ARENDT, Hannah, *Il razzismo prima del razzismo*. Trad. Massimo De Pascale. Roma: Castelvecchi, 2018.

ARNOLD, Matthew. *Culture and anarchy*. Londres: J. Dover Wilson, 1960.

ARON, Raymond. *O ópio dos intelectuais*. Trad. Jorge Bastos. São Paulo: Três Estrelas, 2016.

ATWOOD, Margaret. *O conto da aia*. Trad. Ana Deiró. Rio de Janeiro: Rocco, 2017.

BADIOU, Alain. *São Paulo: A fundação do universalismo*. Trad. Wanda Caldeira Brant. São Paulo: Boitempo, 2009.

BAUMAN, Zygmunt. *O mal-estar da pós-modernidade*. Trad. Mauro Gama; Cláudia Martinelli. Rio de Janeiro: Zahar, 1998.

BERGERET, Jean. Prélude à une étude psychanalytique de la croyance. *Revue Française de Psychanalise de Paris*: Croyances, 3, t. LXI, p. 877-896, jul.-set. 1997.

BERLIN, Isaiah. *The Hedgehog and the Fox: An Essay on Tolstoy's View of History*. Chicago: Ivan R. Dee Publisher, 1993.

BITENCOURT, Cezar Roberto. *Código Penal comentado*. 9ª ed. São Paulo: Saraiva, 2015.

BOBBIO, Norberto. *A era dos direitos*. Trad. Nelson Coutinho. Rio de Janeiro: Elsevier, 2004.

BOITEUX, Elza Antonia Pereira Cunha. Variações sobre o conceito de equidade. In ADEODATO, João Mauricio; BITTAR, Eduardo C. B. *Filosofia e Teoria Geral do Direito: Estudos em Homenagem a Tércio Sampaio Ferraz Júnior por seu septuagésimo aniversário*. São Paulo: Quartier Latin, 2011.

BOURDIEU, Pierre. *O poder simbólico*. 14ª ed. Rio de Janeiro: Bertrand Brasil, 2010.

BROOK, Thimothy. *Great State: China and the World*. New York: Harper, 2020.

BUSTAMANTE, Celso Sampaio; BRITO, Letelba Rodrigues de. Princípios Gerais da Legislação Penal da URSS e das suas Repúblicas. In *Código Penal Soviético*. Trad. Célio Sampaio Bustamente; Letelba Rodrigues de Brito. Rio de Janeiro: Edições Contemporâneas, 1959.

BUTLER, Judith. *Discurso de ódio: Uma política do performativo*. Trad. Roberta Fabbri Viscardi. São Paulo: Unesp, 2021.

CAPEZ, Fernando. *Curso de Direito Penal – Parte Especial: Arts. 121 a 212. 23ª ed.* São Paulo: SaraivaJur, 2023. v. 2.

CAPOGRASSI, Giuseppe. *La vita etica*. A cura di Francesco Mercadante. Milano: Bompiani, 2008.

CAMPOS, Roberto. *A Constituição contra o Brasil: Ensaios de Roberto de Campos sobre a constituinte e a Constituição de 1988*. São Paulo: LVM Editora, 2018.

CASTELLS, Manuel. *Redes de indignação e esperança: Movimentos sociais na era da internet.* Trad. Carlos Alberto Medeiros. Rio de Janeiro: Zahar, 2013.

CASTELLS, Manuel. *Networks of Outrage and Hope: Social Movements in the Internet Age.* 2ª ed. Cambridge: Polity Press, 2015.

CASTRO, Manuella Santos de. A Literatura como testemunha da História: o caso Reinaldo Arenas como paradigma da perseguição aos homossexuais durante a Revolução Cubana. In PAVINATTO, Tiago (Coord.). *Tratado de Proteção da Diversidade: Sexualidade, gênero e direito.* São Paulo: Almedina, 2023.

CHANG, Jung. HALLIDAY, Jon. *Mao: A história desconhecida*. Trad. Pedro Maia Soares. São Paulo: Companhia das Letras, 2012.

CHIANG, Howard H. Rethinking 'style' for historians and philosophers of science: converging lessons from sexuality, translation, and East Asian studies. In *Studies in History and Philosophy of Biological and Biomedical Sciences.* jun. 2009. v. 40.

CICCO, Maria Cristina de. O novo perfil do direito à identidade pessoal: o direito da diversidade. In CICCO, Maria Cristina de; MENEZES, Joyceana de; RODRIGUES, Francisco Luciano Lima. *Direito Civil na legalidade constitucional: Algumas aplicações.* Indaiatuba: Foco, 2021.

CORDÓN, Juan Manuel Navarro; MARTINEZ, Tomás Calvo. *História da filosofia*: *Dos pré-socráticos à filosofia contemporânea*. Lisboa: Edições 70, 2019.

CUBA. Declaración del Primer Congreso Nacional de Educación y Cultura. In *Revista Casa de las Américas.* Año XI. n. 65-66, mar.-jun. 1971.

DONNINI, Rogério; DONNINI, Oduvaldo. *Responsabilidade civil dos meios de comunicação: Imprensa livre, mídias sociais, pós-verdade,* fake news *e* deepfake. 3ª ed. São Paulo: JusPodivm, 2023.

DOVER, Kenneth James. *Greek Popular Morality in the Time of Plato and Aristotle.* Indiana: Hackett Publishing, 1994.

DWORKIN, Ronald. *Levando os direitos a sério*. Trad. Nelson Boeira. São Paulo: Martins Fontes, 2002.

DWORKIN, Ronald. *Justiça para ouriços*. Trad. Pedro Elói Duarte. Coimbra: Almedina, 2016.

ECO. Umberto. "I *social media* danno diritto di parola a legioni di imbecilli". Disponível em: <https://www.huffingtonpost.it/2015/06/11/umberto-eco-internet-parola-agli-imbecilli_n_7559082.html>. Acesso em: 22 jul. 2021.

ENGELS, F. *Der Ursprung der Familie, des Privateigentums und des Staats*. 1884. (edição original)

ENGELS, F. Carta para Friedrich Adolf Sorge de 8 de fevereiro de 1890. Disponível em: <https://wikirouge.net/texts/en/Letter_to_Friedrich_Adolph_Sorge,_February_8,_1890> Acesso em: 22 abr. 2024.

ESPINOSA, Baruch de. *Breve tratado de Deus, do homem e do seu bem-estar*. Trad. Emanuel Angelo da Rocha Fragoso; Luís César Guimarães Oliva. Belo Horizonte: Autêntica, 2014.

FERREIRA FILHO. Manoel Gonçalves. *Curso de Direito Constitucional*, 41ª ed., Rio de Janeiro: Forense, 2020.

FOUCAULT, Michel. *História da sexualidade: A vontade de saber*. Trad. Maria Thereza da Costa Albuquerque e J. A. Guilhon Albuquerque. 18ª ed. São Paulo: Graal, 1998. v. 1.

FOUCAULT, Michel. *Os anormais: Curso no Collège de France (1974-1975)*. Trad. Eduardo Brandão. São Paulo: Martins Fontes, 2002.

FOUCAULT, Michel. *História da loucura: Na idade clássica*. 9ª ed. Trad. José Teixeira Coelho Netto. São Paulo: Perspectiva, 2010.

GOMES, Fabrício Vasconcelos; SALVADOR, João Pedro Favaretto; LUCCAS, Victor Nóbrega (Coord.). *Discurso de Ódio: Desafios jurídicos*. São Paulo: Almedina, 2020.

GOMES, Orlando. *Raízes históricas e sociológicas do Código Civil brasileiro.* 2ª ed. São Paulo: Martins Fontes, 2006.

GROOT, Cornelis Hofstede. *A catalogue raisonné of the works of the most eminent Dutch painters of the Seventeenth Century.* Trad. Edward G. Hawke. Londres: Macmillan and Co., 1916. v. VI.

HABERMAS, Jürgen. *Fé e saber.* Trad. Fernando Costa Mattos. São Paulo: Editora UNESP, 2013.

HEGEL, Georg Wilhelm Friedrich. Aphorismen aus der jenenser zeit. In: HOFFMEISTER, Johannes (Hrsg.). *Dokumente zu Hegels Entwicklung.* Stuttgard-Bad Cannstat: Frommann, 1974.

HESSE, Konrad. *A força normativa da constituição.* Trad. Gilmar Ferreira Mendes. Porto Alegre: Sergio Antonio Fabris, 1991.

HOFFER, Eric. *Fanatismo e movimentos de massa.* Trad. Sylvia Jatobá. Rio de Janeiro: Lidador, 1968.

HOUELLEBECQ, Michel. *Submissão.* Trad. Rosa Freire d'Aguiar. Rio de Janeiro: Objetiva, 2015.

HUNGRIA, Nelson. *Comentários ao Código Penal.* 5ª ed. Rio de Janeiro: Forense, 1979. v. VI.

JESUS, Diego Santos Vieira de. O camarada de um amor sem nome: Medo e desejo na União Soviética. *Revista de História Comparada.* Rio de Janeiro: UFRJ, 2010. v. 4. n. 1.

KELSEN, Hans. *A teoria comunista do Direito.* Trad. Pedro Davoglio. São Paulo: Contracorrente, 2021.

LAFER, Celso. *A reconstrução dos Direitos Humanos: Um diálogo com o pensamento de Hannah Arendt.* São Paulo: Companhia das Letras, 1988.

LEVINAS, Emmanuel. *Totalidade e infinito.* 3ª ed., Lisboa, 70, 2020.

LOBATO, Monteiro. *Urupês.* 2ª ed. São Paulo: Globo, 2009.

LOTUFO NETO, Francisco. *Psiquiatria e religião: A prevalência de transtornos mentais entre ministros religiosos.* Tese (Livre-docência em Psiquiatria). Faculdade de Medicina, Universidade de São Paulo, São Paulo, 1997.

LOZANO, Álvaro. *Stalin: El tirano rojo.* Madri: Nowtilus, 2012.

MÁRQUEZ, Nicolás. *A máquina de matar: Biografia definitiva de Che Guevara.* Trad. Bruno Alexander. Campinas: Vide Editorial, 2023.

MARX, K. *Manuscritos Económico-Filosóficos.* Trad. port. Artur Morão a partir da trad. ing. de T. B. Bottomore. Lisboa: Edições 70, 1993.

MARX, K. *Crítica da Filosofia do Direito de Hegel.* Trad. Rubens Enderle e Leonardo de Deus. 2ª ed. São Paulo: Boitempo, 2010.

MARX, K. *Diferença entre a filosofia da natureza de Demócrito e a de Epicuro.* Trad. Nélio Schneider. São Paulo: Boitempo, 2018.

MARX, K. Parecer ao comunicado do Conselho Geral Comunista datado de 1º de janeiro de 1870. Disponível em: <https://wikirouge.net/texts/en/The_General_Council_to_the_Federal_Council_of_Romance_Switzerland>. Acesso em: 23 abr. 2024.

MARX, K.; ENGELS, F. *Die Deutsche Ideologie.* 1846. Disponível em: <http://www.mlwerke.de/me/me03/me03_017.htm#I_I>. Acesso em: 22 abr. 2024.

MARX, K.; *Das Kapital: Kritik der politischen Ökonomie.* 1867. Buch 1. Disponível em: <https://oll.libertyfund.org/pages/marx-k1-1890#K2>. Acesso em: 22 abr. 2024.

MARX, K.; ENGELS, F. *Der Briefwechsel zwischen F. Engels und K. Marx*, Stuttgart, 1919.

MOSSÉ, Claude. *O Cidadão na Grécia Antiga.* Trad. Rosa Carreira. Lisboa: Ed. 70, 2022.

MURRAY, Douglas. *A loucura das massas: Gênero, raça e identidade.* Trad. Alessandra Bonrruquer. Rio de Janeiro: Record, 2021.

NAPHY, William. *Born to be gay: História da homossexualidade*. Trad. Jaime Araújo. Lisboa: Edições 70, 2006.

NOVAIS, Jorge Reis. *As restrições aos direitos fundamentais não expressamente autorizadas pela Constituição*. Coimbra: Coimbra Editora, 2003.

ORTEGA Y GASSET, José. *Lições de metafísica*. Trad. Felipe Denardi. Campinas: Vide Editorial, 2019.

OZ, Amós. *Como curar um fanático: Israel e Palestina: Entre o certo e o certo*. Trad. Paulo Geiger. São Paulo: Companhia das Letras, 2016.

PACHUKANIS, Evgeni Bronislávovich. *Teoria Geral do Direito e Marxismo*. Trad. Paula Vaz de Almeida. Rev. Alysson Leandro Mascaro; Pedro Davoglio. São Paulo: Boitempo, 2017.

PAN, Guangdan. Zhongguo wenxianzhong tongxinglian juli [Exemplos de homossexualidade nos documentos chineses]. In PAN, Guangdan. *Xingxinlixue* [*Psicologia do Sexo*]. Beijing: Sanlian Shudian, 1966.

PAVINATTO, Tiago (Coord.). *Tratado de Proteção da Diversidade: Sexualidade, gênero e direito*. São Paulo: Almedina, 2023.

PEREIRA, Joseane. Fidel Castro: a repressão aos homossexuais. In *Aventuras na História*. 25 de novembro de 2019. Disponível em: <https://aventurasnahistoria.uol.com.br/noticias/reportagem/historia-a-homofobia-no-regime-fidel-castro.phtml>. Acesso em: 5 mai. 2024.

PERSSOA, Fernando. *Poemas de Álvaro de Campos*. Disponível em: <http://www.dominiopublico.gov.br/download/texto/pe000010.pdf>. Acesso em: 10 nov. 2017.

PLATÃO (Πλάτων). Πολιτεία. Texto original em: Harvard, *Loeb Classical Library*. Acesso em: 30 jun. 2024.

PLATÃO (Πλάτων). Νόμοι. Texto original em: Harvard, *Loeb Classical Library*. Acesso em: 30 jun. 2024.

PLUTARCO. *Sobre a tagarelice; Sobre a demora da justiça divina; Das doenças da alma e do corpo.* São Paulo: Landy Editora, 2008.

POWELL, Enoch. Speech delivered to a Conservative Association meeting in Birmingham on April 20th, 1962. Disponível em: <http://www.telegraph.co.uk/comment/3643823/Enoch-Powells-Rivers-of-Blood-speech.html>. Acesso em: 18 out. 2017.

PRADO, Luiz Regis. *Curso de Direito Penal Brasileiro.* 19ª ed. Rio de Janeiro: Forense, 2021.

RAEDERS, Georges. *O inimigo cordial do Brasil: O Conde de Gobineau no Brasil.* São Paulo: Paz e Terra, 1988.

RCP. *On the question of homosexuality and the emancipation of women.* Disponível em: <https://bannedthought.net/USA/RCP/Journals/Revolution/Revolution-56.pdf>. Acesso em: 2 mai. 2024.

REIS, Luís Gustavo. Antes do preconceito: um imperador homossexual na China. In *Pragmatismo Político.* 14 de novembro de 2023. Disponível em: <https://www.pragmatismopolitico.com.br/2023/11/antes-do-preconceito-um-imperador-homossexual-na-china-antiga.html>. Acesso em: 27 jan. 2024.

RISÉRIO, Antonio. *Sobre o relativismo pós-moderno e a fantasia fascista da esquerda identitária.* 2ª ed. Rio de Janeiro: Topbooks, 2020.

RODOTÀ, Stefano. *Il mondo nella rete: Quali i diritti, quali i Vincoli.* Roma: Laterza, 2014.

RODOTÀ, Stefano. *Il diritto di avere diritti.* Roma: Laterza, 2015.

RODOTÀ, Stefano. *Tecnologie e diritti.* 2ª ed. Bolonha: Il Mulino, 2021.

SAINTE THÉRÈSE DE L'ENFANT-JÉSUS. *Histoire d'une âme: Manuscrits autobiographiques.* Paris: Cerf/DDB, 1996.

SANTOS, Boaventura de Sousa. *Se Deus fosse um ativista dos Direitos Humanos.* 2ª ed. São Paulo: Cortez, 2014.

SCHILLER, Friedrich. *On the Aesthetic Education of Man*. Oxford: Clarendon Press, 1967.

SMITH, John. *A catalogue raisonné the works of the most eminent Dutch, Flemish, and French painters*. London: Smith and Son, 1836. v. VII.

SRIKANTH, H. Marxism, radical feminism, and homosexuality. *Economic and Political Weekly*. v. 32. n. 44/45. 8-14 nov. 1997.

SUPIOT, Alain. *Homo juridicus: Ensaio sobre a função antropológica do Direito*. Trad. Maria Ermantina de Almeida Prado Galvão. São Paulo: Martins Fontes, 2007.

SWP. Disponível em: <http://archives.econ.utah.edu/archives/marxism/2004w16>. Acesso em: 31 mar. 2024.

URSS. *RSFSR CRIMINAL CODE*: 1956 Edition. Disponível em: <https://www.cia.gov/readingroom/docs/CIA-RDP65-00756R000400010003-4.pdf>. Acesso em: 29 abr. 2024.

URSS. *Código Penal Soviético*. Trad. Célio Sampaio Bustamente; Letelba Rodrigues de Brito. Rio de Janeiro: Edições Contemporâneas, 1959.

VILLANUEVA, Fernando Díaz. *A contra-história do comunismo: A grande utopia do século XX em 35 episódios*. Trad. Carlos Alvim. Madri: La Esfera de los Libros, 2023.

VOEGELIN, Eric. *Hitler e os alemães*. Trad. Elpídio Mário Dantas Fonseca. São Paulo: É Realizações Editora, 2008.

VOLKOGONOV, Dimitri. *Stalin: Triunfo e tragédia*. Trad. Joubert de Oliveira Brízida. 2ª ed. Rio de Janeiro: Nova Fronteira, 2017. v. 1.

WEBER, Max. *Wirtschaft und Gesellschaft*. 5ª. ed. Tübingen: Mohr Siebec, 2002.

WEIL, Simone. *Notes sur la suppression générale des partis politiques*. Paris: L'Herne, 2014.

WHYTE. Harry. Carta ao Camarada Stálin. Disponível em: <https://www.marxismo.org.br/pode-um-homossexual-ser-comunista-carta-de-harry-whyte-a-stalin-1934/>. Acesso em: 22 abr. 2024.

WILLIAMS, Bernard. *Moral: Uma introdução à ética.* Trad. Remo Mannarino Filho. São Paulo: Martins Fontes, 2005.

WOODS, Gregory. "1. The Homintern Conspiracy". WOODS, Gregory. *Homintern: How Gay Culture Liberated the Modern World.* New Haven: Yale University Press, 2016, pp. 1-30. Disponível em: <https://doi.org/10.12987/9780300219562-004>. Acesso em: 29 jun. 2024.

ŽIŽEK, Slavoj. *The Plague of Fantasies.* Londres: Verso, 2008.

ŽIŽEK, Slavoj. *Living in the End Times.* Londres: Verso, 2010.

ŽIŽEK, Slavoj. Problemas com identidades. In *Adital.* São Leopoldo: Instituto Humanitas Unisinos. Publicado em 6 de junho de 2018. Disponível em: <https://www.ihu.unisinos.br/categorias/188-noticias-2018/579664-problemas-com-identidades>. Acesso em: 13 mai. 2024.

ŽIŽEK, Slavoj. Amor e sexo sob o gelo dos contratos. In *Outras Palavras.* São Paulo. Publicado em 10 de janeiro de 2018. Disponível em: <https://outraspalavras.net/sem-categoria/zizek-amor-e-sexo-sob-o-gelo-dos-contratos/>. Acesso em: 10 mai. 2024.

JULGADOS

BRASIL. SUPREMO TRIBUNAL FEDERAL (STF). HC 82424-RS, Rel. Min. Moreira Alves, j. 17.09.2003.

BRASIL. SUPREMO TRIBUNAL FEDERAL (STF). Julgamento conjunto da ADO 26, Rel. Min. Celso de Melo, e do MI 4733, Rel. Min. Edson Fachin, mai.-jun. 2019.

BRASIL. SUPERIOR TRIBUNAL DE JUSTIÇA (STJ). 5ª TURMA, HC 401.965/RJ, Rel. Min. Ribeiro Dantas, j. 26/09/2017, DJe 06.10.2017

Este livro foi impresso nas oficinas gráficas da Editora Vozes Ltda.,
Rua Frei Luís, 100 – Petrópolis, RJ.